本书是北京市教育科学"十四五"规划重点课题"基于学校、部门、项目、学生四类对象的北京大中小学成本核算、成本控制与绩效评价研究"（AGAA22053）的结题成果

学校成本核算、成本控制与绩效评价

张曾莲 樊星 车钰佳 著

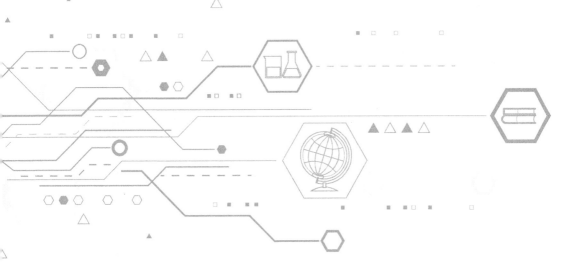

The School Cost Accounting, Cost Control and Performance Evaluation

经济管理出版社
ECONOMY & MANAGEMENT PUBLISHING HOUSE

图书在版编目（CIP）数据

学校成本核算、成本控制与绩效评价 / 张曾莲，樊星，车钰佳著. -- 北京：经济管理出版社，2024.

ISBN 978-7-5096-9901-0

Ⅰ．G47

中国国家版本馆CIP数据核字第2024SC7986号

组稿编辑：杨　雪
责任编辑：杨　雪
助理编辑：付姝怡
责任印制：张莉琼
责任校对：王淑卿

出版发行：经济管理出版社
　　　　　（北京市海淀区北蜂窝 8 号中雅大厦 A 座 11 层　100038）
网　　址：www. E-mp. com. cn
电　　话：(010) 51915602
印　　刷：唐山玺诚印务有限公司
经　　销：新华书店
开　　本：720mm×1000mm/16
印　　张：17. 25
字　　数：273 千字
版　　次：2024 年 12 月第 1 版　2024 年 12 月第 1 次印刷
书　　号：ISBN 978-7-5096-9901-0
定　　价：88. 00 元

前　言

随着教育事业的蓬勃发展，教育资源的高效配置与利用成为提升教育质量、促进教育公平的关键议题。面对教育资源有限性与教育需求不断增长之间的矛盾，如何科学地进行学校成本核算、实施有效的成本控制，并构建合理的绩效评价体系，成为教育领域亟待解决的问题。本书正是在此背景下应运而生，旨在通过深入的理论探讨与丰富的案例分析，为教育管理者、研究者及政策制定者提供一套系统、实用的操作指南。

随着教育改革的不断深入，教育经费的投入逐年增加，如何确保这些资金用得其所，实现效益最大化，成为摆在我们面前的重要问题。成本核算作为教育资源管理的基础，能够清晰反映出学校各项活动的成本构成，为资源配置提供科学依据；成本控制则通过设定合理的成本目标，采取有效措施降低不必要的开支，提升资金使用效率；绩效评价则是对教育成果进行客观评估，为改进工作、提升质量指明方向。因此，本书不仅有助于优化教育资源配置，提高教育经费使用效益，还能促进教育管理的科学化、精细化，推动教育事业的可持续发展。

本书在继承前人研究成果的基础上，进行了以下四方面的创新尝试：一是构建了以学校整体、学校部门、学校项目、学生为对象的成本核算、成本控制与绩效评价的完整理论体系，填补了以往研究中对象单一的空白；二是采用理论分析与案例分析相结合的方式，既有理论深度，又具实践指导性；三是引入目标成本法等多种成本控制方法，结合学校的实际情况，提出了切实可行的成本控制策略；四是构建了包含成本指标的绩效评价指标体系，使绩效评价更加全面、客观。

展望未来，随着信息技术的飞速发展，成本核算的信息化、智能化将成为必然趋势。本书虽已初步探讨了成本核算信息化的可能性，但未来还需深入研究，开发适用于不同学校的成本核算软件，实现数据的自动采集、处理与分析。成本控制与绩效评价的深度融合也是未来研究的重要方向，通过构建成本控制与绩效评价的联动机制，实现成本控制与绩效评价的相互促进、共同提升。此外，随着教育体制改革的深入，如何更好地将成本核算、成本控制与绩效评价融入学校管理体系，形成一套完整、高效的教育资源管理机制，也是值得我们深入思考的问题。

总之，本书是对当前教育成本管理研究的一次系统梳理与深化，更是对未来教育资源配置与管理模式的一次积极探索与展望。我们期待本书能为广大教育工作者、研究者及政策制定者提供有益的参考与借鉴，共同推动我国教育事业迈向更加辉煌的明天。

本书是北京市教育科学"十四五"规划重点课题"基于学校、部门、项目、学生四类对象的北京大中小学成本核算、成本控制与绩效评价研究"（AGAA22053）的结题成果。

目　录

第一章　绪论

第一节　研究背景

教育强国战略背景下，教育被赋予了重要地位。随着知识经济的兴起和全球化的深入发展，一个国家的综合国力在很大程度上取决于其教育水平的高低。因此，提升教育质量、优化教育资源配置，是培养创新型人才、推动社会进步的内在需求，也是实现国家长治久安、持续繁荣的必由之路。

学校，特别是中小学作为教育体系的基础，其重要性不言而喻。然而，长期以来，我国中小学在财务管理方面，尤其是在成本核算与控制领域存在诸多不足。传统的学校管理模式往往注重教学与行政管理，而忽视了经济效益的分析与提升。这种局面在一定程度上制约了学校的发展，也影响了教育资源的有效利用。

近年来，政府会计制度的逐步实施为学校成本核算提供了制度上的可能。政府会计制度的推行，旨在规范公共部门的财务管理，提高财政资金的使用效率。对于学校而言，这既是一个挑战，也是一个机遇。挑战在于，学校需要适应新的会计制度，建立起完善的成本核算体系；机遇在于，通过精确的成本核算，学校可以更加清晰地了解内部财务状况，从而为成本控制和绩效评价提供有力的数据支撑。

然而，在现实中，许多学校还未真正进行成本核算。教育经费的日趋紧张与学校和师生对成本核算、成本控制意识的缺乏形成了鲜明的对比。目前，学校的成本控制工作主要由财务人员承担，师生很少参与。这种局面导致了成本控制的片面性和局限性，难以形成全员参与、全方位控制的良好氛围。

学校绩效评价的现状也不容乐观。目前，学校的绩效评价主要由上级主管部门进行，侧重于学校整体绩效的评价。虽然这种评价方式在一定程度上能够反映学校的整体状况，但是忽视了学校内部各部门、各项目的差异性和特殊性。因此，建立起科学、全面的绩效评价体系，对激发学校内部活力、提升教育质量具有重要意义。

在这样的背景下，本书应运而生。本书旨在通过理论分析和案例研究的方法，深入探讨学校在成本核算、成本控制和绩效评价方面的现状和问题，并提出切实可行的改进策略。期望本书能引起更多教育工作者和管理者对学校财务管理的关注，推动学校，尤其是中小学在财务管理领域的改革和创新，从而为教育强国战略的实施贡献一份力量。

第二节 研究目的与意义

在教育强国背景下，学校作为教育体系的基础，承载着培育未来人才的重要使命。然而，长期以来，学校在财务管理方面，尤其是成本核算与成本控制领域存在诸多不足。这制约了学校的发展，也影响了教育资源的有效利用。因此，本书旨在通过深入的理论分析和案例研究，推动学校在财务管理方面的改革和创新，提高教育资源的利用效率，进而促进教育质量的提升。具体而言：首先，通过对学校整体、部门、项目和年级学生四类对象的成本核算进行深入研究，建立起完善的成本核算体系，为学校的财务管理提供有力的数据支撑。其次，基于成本核算结果，探索有效的成本控制方法，降低学校的运营成本，提高教育经费的使用效率。最后，通过绩效评价的研究，建立起科学、全面的绩效评价体系，激发学校内部活力，提升教育质量。

在理论意义上，本书有助于丰富和发展教育财务管理理论，为学校财务管理提供新的视角和思路。通过深入的理论分析，揭示了学校成本核算、成本控制与绩效评价之间的内在联系和作用机制，为学校财务管理的改革和创新提供了理论支撑。

在实践意义上，本书对于指导学校财务管理实践具有重要的现实意义。首先，通过成本核算的研究，可以帮助学校更加清晰地了解自身的财务状况，为学校的决策提供有力的数据支持。其次，通过成本控制的研究，可以帮助学校降低运营成本，提高教育经费的使用效率，从而缓解教育经费紧张的问题。再次，通过绩效评价的研究，可以帮助学校建立起科学、全面的绩效评价体系，激发学校内部的活力，提升教育质量。最后，本书采用理论分析和案例分析相结合的研究方法，使研究更具针对性和实效性。通过对一所九年一贯制学校的案例进行详细分析，将理论与实践相结合，展示了整体、部门、项目和年级的成本核算、成本控制与绩效评价在实际操作中的应用和效果，为其他学校提供了可借鉴的经验和启示。

第三节　研究内容与框架

本书通过理论研究和案例分析依次研究学校成本核算、成本控制与绩效评价。首先，构建四类对象（整体、部门、项目、年级学生）进行成本核算、成本控制和绩效评价的理论体系；其次，进行四类对象成本核算的理论分析和案例分析；再次进行四类对象成本控制的理论分析和案例分析；最后，进行四类对象绩效评价的理论分析和案例分析。

第一章为绪论。介绍研究背景，研究目的与意义，研究内容与框架，研究方法，研究难点、创新与不足。

第二章为文献综述。分别综述学校成本核算的文献，学校成本控制的文献，学校绩效评价的文献，学校成本核算、成本控制与绩效评价三者关系的文献，四类对象的学校成本核算、成本控制与绩效评价的文献，最后进行文献述评。

第三章为理论基础与概念界定。首先介绍学校成本核算理论、学校成本控制理论和学校绩效评价理论，其次分析学校成本核算、成本控制与绩效评价三者的关系，最后分别对四类对象的成本核算、成本控制与绩效评价的概念进行界定。

第四章为学校成本核算的理论和案例分析。依次分析整体成本核算、部门学校成本核算、项目成本核算和年级学生成本核算。每部分均首先分析学校成本核算的基础；其次从核算过程和成本报表编制两方面进行分析；再次介绍案例主体 Z 学校的基本情况，分析 Z 学校成本核算的现状与原因；又次分析 Z 学校进行成本核算的准备；最后从核算过程和成本报表编制两方面分别分析 Z 学校的整体成本核算、部门成本核算、项目成本核算和年级学生成本核算。

第五章为学校成本控制的理论和案例分析。首先分析学校成本控制的基础。其次基于成本核算的结果，采用目标成本法依次进行整体成本控制、部门成本控制、项目成本控制和年级成本控制，并提出四类学校成本控制的建议。再次是案例部分，分析 Z 学校成本控制的现状与原因，基于第四章 Z 学校四类成本核算的结果，明确四类成本控制的重点，分别明确四类成本控制的原则，采用目标成本法，从事前、事中和事后全流程分别对四类成本进行控制。最后分别提出四类成本控制的建议。

第六章为学校绩效评价的理论和案例分析。首先明确学校绩效评价的基础。其次从绩效评价的指标构建与权重确定，评价过程、结果与分析，绩效提升建议三个方面，依次对学校整体绩效、部门绩效、项目绩效和年级绩效进行分析。案例部分分析 Z 学校绩效评价的现状与原因。最后按照考虑成本指标构建绩效评价指标体系、绩效评价过程、绩效评价的结果与分析、绩效提升的建议这样的思路，依次对 Z 学校的整体绩效、部门绩效、项目绩效和年级绩效进行分析。

第七章为结论与展望。总结了本书四类对象的学校成本核算、成本控制与绩效评价的理论分析与案例分析的结论，并从四类对象的学校成本核算、成本控制与绩效评价的改进分别提出未来研究展望。

本书的研究框架如图 1-1 所示。

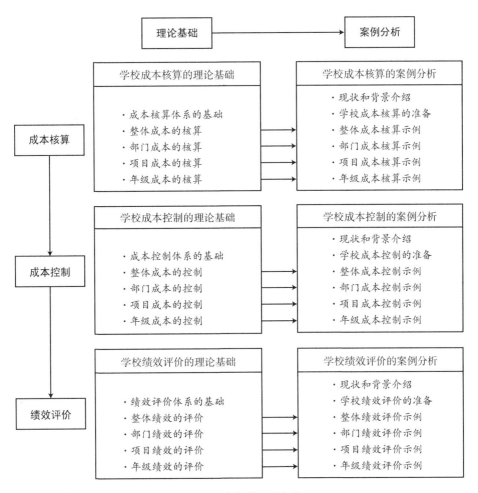

图 1-1　本书的研究框架

第四节　研究方法

一是理论分析法。运用财务成本等理论，探讨学校成本核算、成本控制与绩效评价的各种手段，在保证满足教育教学水平的前提下，降低不合理的成本消耗，提高资金使用效率，为学校的资金管理提供参考。

二是案例分析法。本书采取案例研究的形式，将基础理论体系运用于实际，解决 Z 学校成本核算、成本控制与绩效评价的问题，以期为学校成本核算与控制体系规范建设的出台和绩效评价的进一步推进提供参考和借鉴。

三是描述性统计分析法。在案例分析中，对于整体、部门、项目、年级学生的成本核算、成本控制和绩效评价的结果，均采用柱状图、饼图等进行描述性统计分析，分析成本构成、绩效得分情况等。

四是比较分析法。在案例分析中，对于整体、部门、项目、年级学生的成本核算、成本控制和绩效评价的结果，通过比较来找出成本控制的薄弱环节（如通过七个部门的成本控制结果数据的对比，分析每个部门成本控制的好差）、绩效的薄弱之处（如通过七个部门的绩效评价结果数据的对比，找到每个部门绩效较差的三级指标）。

第五节　研究难点、创新与不足

一、研究难点

第一，目前我国行政事业单位成本核算与成本控制体系不健全，其方法需借鉴一般企业。然而，一般企业的特性与学校相比差异过大，因此在核算方法的选择上要高度考虑适用性和可操作性，否则将丧失了实用性。

第二，非财务基础资料的完整性和准确度有待进一步核实。由于此前并未进行成本核算，对业务部门相关资料是否完整留存归档、信息是否准确存疑，若基础资料不完备，将会导致研究结果存在偏差。

第三，目前虽然已有学者提出基于成本核算进行绩效评价，但是仅停留在理论探讨层面，并没有具体的深入分析，更没有使用具体案例进行展示。

第四，需要将成本核算的结果分别运用于成本控制和绩效评价，基于成本核算进行成本控制及绩效评价，缺乏已有理论和实务支撑，研究难度较大。

第五，需要从整体、部门、项目、年级学生四类对象，分别进行成本核算、成本控制和绩效评价。理论上和实务中很少见，同时从四个维度进行分析，研究难度较大，尤其在部门维度上更是少见。

二、可能的创新

首先，本书不是以单一的角度，而是从整体、部门、项目和年级学生四个维度分别进行了学校成本核算、成本控制和绩效评价的研究。

其次，本书紧密结合了成本核算、成本控制与绩效评价三部分内容。学校成本核算、成本控制与绩效评价相互促进，融为一体。从学校成本核算的结果能分析出学校成本控制的重点；学校绩效评价是事后的学校成本控制措施；学校成本控制能为学校绩效评价的结果的绩效提升提供具体措施。

最后，本书从基础理论体系构建和具体案例分析的实务操作两个方面进行了分析，既具有理论深度，又具有实践的可操作性。

三、存在的不足

一是案例选择局限于公立中小学校，后续需要进一步拓展到公立高校。因为考虑到成本核算的复杂性，本书选择了一所九年一贯制的体育类学校作为案例对象，该校学生人数、班级相对较少，在学校成本核算、成本控制和绩效评价研究刚起步时，方便厘清学校四类对象的成本核算内容，但对整体、部门、项目和年级等都更加复杂的公立高校，具体的内容还需进一步细化。

二是学校成本核算、成本控制与绩效评价三者是相互影响的，本书仅考虑了基于学校成本核算进行学校成本控制、基于学校成本核算进行学校绩效评价两个方面，后续可以考虑其他影响路径。

三是学校成本核算的结果可以运用到成本控制和绩效评价中，后续还可以拓展运用到预算管理、学校投融资管理等方面。

四是涉及的绩效评价方法是非常基础的打分加总，后续希望将考虑成本核算的结果作为教育财务投入指标，构建更科学的学校绩效评价指标体系，并采用熵值法、DEA 等综合绩效评价方法，让评价结果更加科学、合理。

五是本书只对案例学校一年的成本核算、成本控制和绩效评价进行分析，后续希望对多年、多所学校、不同教育阶段的学校的成本核算、成本控制与绩效评价进行分析，以便更好地进行横向比较和纵向比较。

第二章 文献综述

第一节 相关文献

一、学校成本核算的文献

（一）学校成本的概念

学校成本的概念来自英国研究教育经济学家约翰·维泽（John Vaizey，1962）最早提出的"学校成本"一词。他提出在计量学校成本方面，要同时计量教育的直接成本和间接成本这一观点。他分析了从 20 世纪初到 20 世纪 50 年代英国有关教育经费的变化趋势，可以明显看出他把教育经费看作了学校成本，学校成本的概念也是在此基础上一步步发展起来的。

经济学家舒尔茨（Theodore W. Schultz，1963）提出的观点是"教育全部构成要素成本"。他理解的教育全部构成要素成本既涵盖维持学校正常运行而负担的教师、教辅员与管理者成本，也包含学校建筑物的折旧和因此产生的利息成本，同时包含学生因为上学而放弃获得收入的成本。此外，舒尔茨还关注到了学校成本与统计学角度的教育经费概念的不同。

科恩（Elehanan Cohn，1979）将学校成本分为直接成本和间接成本两大类。其中，直接成本包括学校、家庭和学生自身的成本，即学校提供的教育服务产生的成本、学生因为上学而给自身和所在家庭带来的相应成本；间接成本包括学生因上学行为而放弃就业收入带来的机会成本、学校享受国家减免税款的成本、学校因开展教育与教学活动而占用的土地与建筑物等资源，以及由此丧失的利息收入与租金收入等。

阎达五和王耕（1989）认为学校成本是在教育活动开展过程中所消耗的有形成本和无形成本的总和。从理论上来说，有形成本就是直接成本，是在教育开展时用于直接培养学生的、以货币形式计量和表现的劳动耗费；而无形成本就是间接成本，也就是经济学上讲的机会成本，指达到劳动年龄的学生由于上学而未就业所放弃的收入。

王善迈（1996）对于学校成本的概念有两种观点：首先，在培养学生的过程中，消耗的教育资源均应作为学校成本看待；其次，成本既然是以货币的形式来计量的，那么学校成本也不例外。学生在接受教育的同时，其本人和家庭为此而付出的各类费用都可以看作是学校成本。

袁连生（2000）认为学校成本的概念不是单一的，而是可以用于多种目的。在直接成本和间接成本划分的基础上，可以包含社会成本和个人成本，也可以包含经常性成本和资本性成本，还可以包含标准成本和边际成本等企业成本上运用的概念。

在《教育大百科全书：教育经济学》中对于学校成本做出的解释为：学校成本既包括公共支出的人员经费、学校设施经费、供给和仪器经费等学校支付的费用，也包括父母和学生在教育上投入的资金和学生因上学而放弃就业的机会成本，还包括个人、家庭或组织对教育事业付出的现金或实物贡献（杜育红，2006）。

有些学者从投入产出角度定义学校成本，强调为获得一定数量和质量的教育产品所必须消耗的资源；有的学者从机会成本角度出发，认为学校成本是个人或社会因接受教育而放弃的其他可能获得的最大收益。

总之，学校成本是一个经济学概念，它是培养学生所耗费的社会劳动，包括物化劳动和活劳动，其货币表现为培养学生由社会和受教育者个人及其家庭直接和间接支付的全部费用。这些费用包括教职员工成本、教学设备费用、场地费用等。需要注意的是，学校成本不仅包括上述直接成本，还包括一些间接成本，如学生因接受教育而放弃的收入等。但本书主要站在学校角度来看学校整体、学校部门、学校项目和学校年级的成本，仅核算直接成本，不考虑相关间接成本。

（二）学校成本核算的内容划分

曲景山（2011）认为可以将学校成本核算内容划分为人员经费、公用经费、资本性成本、对个人和家庭的补助成本及其他五大类，并单独设置成本核算会计科目，将获取的成本核算相关资料按对象和核算期进行金额的填列，最终编制学校成本报表。

刘莉（2007）认为可以按支出的经济内容将高校成本核算划分为教学、行政管理、学生事务、固定资产折旧、服务和其他等内容。参照企业一般成本核算的流程，归集并分配相应费用计算成本。

宗晓洁（2013）完全按照现行事业支出的大类进行划分。将中职学校的学校成本分为人员支出、商品和服务支出、对个人和家庭的补助支出及其他资本性支出四大类。

初宜红（2019）认为学校成本需要从支出中进行识别。因此，要想正确核算学校成本，需对学校支出逐项分析。支出中的工资福利、对个人和家庭的补助属于人员经费，应纳入成本核算，但其中的生活补助、抚恤金等应予以剔除。

王琳和刘燕（2021）认为学校成本核算内容的划分应考虑学校的服务特点和多元化类型，可以将其划分为教育教学、招生、科研、行政和其他等，并且可以根据学校自身规模和实操难度进行调整。

张锐陶（2013）认为要想正确进行学校成本的核算，必须摒弃收付实现制，采用权责发生制，应对目前的支出科目进行重新分类，并对固定资产计提折旧，还要加强在建工程的核算，这样可以准确核算学校成本，并通过学校成本的比较分析，使教育均衡发展。戴薇（2021）认为应在政府会计制度的"双体系"下，增设学校成本相关的明细科目单独进行核算，即在现有的费用体系下，增设二级科目进行辅助核算，反映学校成本项目。费用应以直接和间接区分看待，计入学校成本的方式也应有所不同，戴薇（2021）特别提出离退休费用不应计入学校成本。

章维（2016）认为学校的成本核算内容包括：参与学校建设的所有教职员工的工资、奖金、社保及公积金等；学校为培养在校学生而在教育教学活动中购置的教学设备、实验耗材、活动用品等；学校内部图书阅览室、电教机房、信息处等教学辅助部门为支持教育教学活动所发生的费用；学校后勤管理部门、医务室等为保障学校正常运转而购买的办公用品、家具、用具、卫生保洁用品；学校支付的设备维修维护费、水费、电费、供暖费、保安保洁劳务费等费用，可以据此进行更为细致的核算。

综上所述，学校成本核算的内容通常被划分为多个项目，以便更准确地衡量和分析教育过程中的各项成本。一是人员经费，包括教职工的基本工资、津贴、奖金、社会保险费用等。王善迈（1996）在《教育投入与产出研究》中详细介绍了人员经费的核算方法。二是公用经费，涉及教学、科研、行政等方面的日常开支，如办公费、印刷费、水电费和差旅费等。袁连生（2020）在《学校成本计量探讨》中对公用经费的核算范围和方法进行了深入探讨。三是固定资产折旧费，是指学校建筑物、对折旧费的核算办法进行了研究设备、图书等固定资产在使用过程中因磨损而减少的价值。汪伟和周宁等（2003）对折旧费的核算办法进行了研究。四是学生事务费用，包括学生奖学金、助学金、勤工俭学补助、学生活动经费等。王小男（2007）在对高校进行成本核算探讨时将学生事务费用考虑在内。五是科研费用，主要是学校进行科学研究所需的经费，包括科研项目经费、科研设备购置费等。周元武（2000）在《教育投资的项目管理》中提到科研费用的管理和核算。六是其他相关费用，包括校园绿化、环境维护、安全保卫等间接费用。

（三）学校成本核算的方法

目前，在成本核算方法上，我国一般企业可选择的空间较大。而对于学校而言，学者的研究大多采取在企业核算方法基础上进行调整。学校成本核算的具体方法多种多样，不同学者提出了不同的方法。

1. 倒挤法

倒挤法是一种通过已知的总成本和已核算的部分成本来推算剩余部分成本的方法。在学校成本核算中，可以通过已知的总学校成本和已核算的直接成本来推算间接成本或其他未核算的成本。

在学校成本核算文献中，没有明确提及倒挤法，但一些学者在讨论学校成本核算方法时提到了类似的思想。王善迈（1992）提到通过已知数据推算未知数据的方法，与倒挤法的思路吻合，他提出每名在校生的社会直接成本＝（学年度各项费用支出总和－无关费用）/学生数。其他学者如袁连生（2000）、陈敬良（2001）等在其学校成本核算的研究中也隐含了类似倒挤法的思想。约翰·维泽（John Vaizey，1962）在其著作《教育经济学》中，提出利用成本核算手段建立学校成本计量信息系统。

虽然直接探讨倒挤法在教育领域适用性的文献不多，但是可以从理论上分析其在学校成本核算中的应用。比如，在学校的间接成本分配中，有时需要通过已知的总间接成本和已分配的部分间接成本来推算剩余部分的分配，就可以借鉴倒挤法的思路。

2. 会计调整法

会计调整法是一种基于学校现行会计资料，通过调整相关会计科目来得到学校成本的方法。这种方法充分利用了学校现有的会计信息系统，但需要对相关会计科目进行合理的调整和转换，以得到符合学校成本核算要求的数据。

王善迈（1996）在《教育投入与产出研究》中提出了会计调整法的基本思路。齐丽娜（2015）通过会计调整法，以直接和间接作为标准，来区分培养学生所产生的全部费用。在此过程中，她还特别考虑到学校固定资产发生的折旧费用，认为培养学生的总成本应是以上全部费用金额。

需要注意的是，虽然会计调整法在学校成本核算中已有一些应用，但是该方法仍然存在一些局限性。比如，学校的会计记录可能并不完全符合学校成本核算的要求，因此需要进行适当的调整。此外，会计调整法还需要考虑到学校内部管理制度、会计制度等因素的影响。

3. 统计法

统计法是一种通过收集、整理和分析相关数据来推算学校成本的方法。这种方法需要大量的数据支持，并需要运用统计学原理和方法对数据进行处理和分析。

早期一些统计学家和教育经济学家，虽然没有直接提出统计法这一术语，但是使用统计数据来描述和分析教育现象，这为后来统计法在学校成本核算中的应用奠定了基础。20 世纪中后期，随着教育经济学的兴起和发展，一些学者开始尝试将统计法应用于学校成本核算。比如，经济学家和教育政策分析师在对教育资源分配和教育财政进行研究时，开始使用统计法来估算和比较不同教育项目的成本。进入 21 世纪后，随着高校成本管理需求的增加和统计技术的不断进步，统计法在高校成本核算中的应用逐渐增加。一些学者开始使用复杂的统计模型和方法来估算高校的学校成本，如回归分析、时间序列分析等。

任伟等（2017）认为，高校在进行学校成本核算所采纳的统计法，数据的准确度并不高。他们提出，成本核算应从专业到学院，再到学校，分为三个层面来进行。每个层面都应根据成本核算对象的特点采用更有针对性的核算方法和程序。成本动因的不同可以提高间接费用分配的准确度，学科培养系数的引入也可以进一步增强成本分配的合理性。

虽然统计法在学校成本核算中有一定的应用和发展，但是它也存在一些局限性。比如，统计数据的质量和可靠性对学校成本核算的准确性有着重要影响，而且统计法也需要结合其他方法（如会计法、调查法等）来进行综合分析和核算。

4. 分步法

分步法是一种按照产品或服务的生产步骤来逐步核算成本的方法。在教育领域，可以尝试将教育过程划分为若干个相对独立的步骤或阶段，然后分别核算每个步骤或阶段的成本，最后汇总得到总的学校成本。

武雷和林钢（2016）认为，学校在进行成本核算时可以同时采用层次法、专业法、年级法及作业成本法，四种方法是层层递进关系。其中，层次法是基础，它以学生层次为核算对象，核算方法较为简便、易行，核算结果可直接应用于收费政策的细化制定；专业法是在层次法的基础之上以学生专业为核算对象，不同专业之间需要交互分配，核算较为复杂，但成本核算较为合理；年级法是在前两种方法的基础上，以年级为核算对象，核算内容进一步细化且全面，核算过程也更为复杂；作业成本法则是综合以上方法，更为系统地进行核算，但对学校现有的管理水平和信息系统情况也有更高的要求。

侯锦婷（2020）认为学校是基础教育阶段，对于民族综合素质的提升起着至关重要的作用。因学校教学具有分阶段、分年级的特点，所以在学校成本核算方法的选择上采纳了企业成本核算中的分步法，即每完成一年学业视为完成其中一步，当完成了所有学业后，即为"完工"，并进行成本结转。同时，她认为学校成本核算的对象既可以是某一年级的学生，也可以是某一届学生，明确在《政府会计制度》的财务会计体系中仅考虑业务活动费用和单位管理费用部分。成本的计算时间跨度应设为一个学年度。

还有学者尝试将分步法应用于高校科研项目的成本核算中。使高校科研项目的核算更加精准且富有逻辑性，这为分步法的后续推广提供了可能。

当然，虽然分步法在学校成本核算中有一定的应用和发展前景，但是它也存在一些挑战和需要解决的问题。比如，如何合理划分学校成本的阶段或步骤、如何准确核算每个阶段或步骤的成本等。

5. 会计核算法

会计核算法通过会计学的原理和技术手段，对学校成本进行详细的记录、分类、汇总和核算。它通过会计学的原理和技术手段提供准确、可靠的学校成本信息，有助于学校做出合理的经济决策。

随着教育经济学的发展，学者们开始将会计核算法应用于学校成本核算。龙宗庭（2009）认为教学设备成本的核算是教育成本的主要内容之一，他对中职学校的教学设备购入、折旧、处置的会计核算方法进行了探讨。

田景仁（2012）认为高校教育成本核算主要有统计调查法、会计调整法和会计核算法三种。而理论和实践表明，只有采用会计核算法核算高校教育成本，才能较准确、分类地提供高校教育成本信息。他运用会计确认的基本理论，分别从标准、基础、内容三个方面探讨了高校教育成本核算的路径并对成本项目体系进行了构建。

魏安琪（2021）以《事业单位成本核算基本指引》《政府会计制度》作为指导，以 G 大学为例，通过对学校部门、科目、项目及经济分类等基本构架的设计，制定高校成本核算流程及方法，实现行政运行成本的确认、归集和分摊。

当然，随着教育体制不断改革和学校成本的不断变化，如何进一步完善和发展教育核算法，以及如何与其他方法结合使用，仍然需要继续探讨。

6. 作业成本法

作业成本法，全称"以作业量为基础的成本计算方法"，是一种以作业为基础，通过对作业成本的确认、计量和报告来提供相对准确的产品或服务成本信息的方法。在教育领域，可以通过识别和分析教育过程的各项作业，将资源消耗分配到各项作业上，从而得到各项教育服务的成本。在大量的研究中，利用作业成本法核算学校成本的居多。

蒋鸣和（2000）认为作业成本法是将学校在教育教学活动过程中发生的各项成本区分成若干项作业，在明确资源动因后，先将费用归集至各类作业中，再归集到不同学生的培养成本中去。

杨世忠等（2012）根据我国高等学校进行教育成本核算与管理的必要性，在阐明高等学校教育成本概念基础上，根据高校费用开支核算现状及其特点，应用作业成本法对某高校的教育成本进行了核算与论证。

李秋南（2012）认为受到现在学校管理整体水平及会计制度的影响，选择作业成本法存在较大的困难。在作业成本法中确定成本动因十分关键，而面对没有成熟成本核算体系的学校而言，成本动因难以确定。若想准确选择大量成本动因，需耗费众多的人力资源、物力资源甚至是技术支持，这样会给成本核算增加难度；若选取的成本动因较少，又会降低成本核算的准确度；因此在实际操作时，应根据学校可获得的一手财务数据资料，结合实际情况，将学校成本的计算方法进行适当调整转换。

（四）学校成市核算的原则

高校成本核算原则与财务基础核算原则大致相同，因而我们可以类推到中小学中，以填补中小学成本核算原则的相对空白。

蔡兰（2009）认为现代市场经济条件下，效益对整个社会发挥着越来越重要的作用。因此，各高校也要注重教育成本的核算与管理，改善高校的综合效益。学校进行成本核算只有遵循权责发生制原则、收益成本配合原则、区分收益性支出和资本性支出原则、专款专用原则才能控制教育成本，发挥有限资源的最大效益。

曾玲和李捷（2007）依据现代成本管理理论，借鉴企业成本管理经验和前人的研究成果，结合普通高校的自身特点，在国家现有政策规定的基础上，对高校教育成本的核算前提和原则进行了研究。他们认为学校进行成本核算应遵循权责发生制原则、配比原则、相关性原则、划分收益性支出与资本性支出原则、固定资产折旧原则及分类核算原则。

马立春和袁求真（2005）则认为学校进行成本核算需要遵循的原则大致可分为以下几种：客观性原则、权责发生制原则、配比原则、支出划分原则、历史成本原则、费用确认原则、费用计量原则、灵活实用原则、适度规范原则及稳健性原则。

（五）学校成市核算的结果运用

学校成本核算结果对于学校整体的发展起到一定的助推作用，它既可以帮助学校合理配置教育资源，也可以辅助学校绩效评价等。

姚小玲等（2021）认为在成本核算的过程中可以发现资源耗费的主要环节，从而可以有针对性地进行成本控制，以达到合理配置学校有效教育资源的目的。

赵西卜等（2021）进行了成本会计体系框架的构建，认为成本会计的核算是绩效管理和评价的基础，成本相关信息可设置为相应的绩效评价指标，用以衡量单位整体、某个部门或者项目等的运行效率；同时，可以通过同行业间的横向比较和不同时间的纵向比较确定绩效评价的结果。

薛肇东（2020）认为全成本核算对于绩效管理具有重大的意义。成本核算的结果应用于绩效管理中可以提高资源的优化配置，提升整体经济效益，还可以激励员工，提升个人工作素质，因此成本核算与绩效管理应紧密结合。

姜宏青和王翔（2020）认为成本信息可以反映单位开展的活动能否促进预期目标的达成，对单位评价具有支持性的作用。此外，成本信息还可以完善绩效管理体系。

二、学校成本控制的文献

（一）学校成本控制的必要性

不仅是企业需要进行成本的控制，学校同样需要进行成本的控制，这既符合当前经济形势的要求，又有利于学校治理，为学校奠定长期发展的根基。

周常青（2019）认为学校是培养人才之地。在当前财政体制下，学校的成本主要由政府负担。而在经济新常态背景中，却要求学校具有较高的成本效益，这就对学校提出了更高层次的要求。高质量、高效率的发展模式使学校必须进行成本的有效控制。

王莹（2019）认为学校成本控制的目的一方面是精简机构，控制人员费用，减少闲置、超编等现象的发生；另一方面可以提高教育资产的使用效率，减少闲置、低效设备，同时成本控制可以帮助学校提高管理水平，获得最佳的投入产出比。

宋满（2013）认为公共事业单位特别是学校长期采用预算会计模式，由此导致成本意识不强；然而就目前的形势来看，公共事业单位特别是学校需兼具社会效益与经济效益。在市场经济体制下，公共事业单位特别是学校想要站稳脚跟，获得更长远的发展，就需要进行成本管理，避免浪费。

（二）学校成本控制的原则

学校成本控制应紧密结合学校非盈利及相关拨款的现状，全覆盖、以学校发展为核心地去进行控制。

龙力钢（2019）在对高校的成本控制进行探讨时，提到了学校成本控制的原则：一是非营利性原则，学校是非营利性的，因此成本控制与一般企业有所不同；二是最大效益原则，即学校培养学生所投入的成本与教育成果之间的衡量；三是全面控制原则，即全校控制、全员控制和全过程控制；四是分级分口控制原则，按职能部门实行专人负责制；五是企事业分开控制原则，这一点仅针对高校；六是发展优先原则，即维持和发展相较，后者对于学校更为重要。

涂湘琼（2016）认为高校的成本控制除了同样需遵循全员参与、成本效益原则之外，还应遵循战略发展原则。即成本控制要与学校的办学目标、教学计划及发展理念相匹配，不能仅仅追求成本的绝对降低，而是要科学地控制。

黄祥林（2003）详细探讨了学校成本控制的基本原则，强调了全面性原则，即成本控制应涵盖教育活动的各个方面；效益性原则，即成本控制应以提高教育效益为目标；动态性原则，即成本控制应适应教育环境的变化进行动态调整。

韩英（2009）详细阐述了学校成本控制应遵循的原则包括：合理性原则、全面性原则、可控性原则、效益最大化原则等。

（三）学校成市控制的方法

国内对于现代意义上的成本控制理论和方法的研究始于 20 世纪 80 年代，许多专家从不同角度进行了研究和探讨。

1. 目标成本法

目标成本法将成本控制划分为事前、事中、事后三个阶段，在学校中运用具有一定的可行性。

王博（2019）运用目标成本法，从人力资源、物力资源等方面落实目标成本，通过事中考核和事后评价对成本管控效果进行反馈，并通过实际案例验证了目标成本法在成本管控方面的可行性。

路帷（2017）认为民办高校自身更加具有求发展的迫切希望，同时面临着同行业间激烈的竞争，因此采用一套科学合理，并且具有一定可行性的成本管理方法对民办高校的教育成本进行管理显得非常有必要。而目标成本法是一种以市场为导向，对有独立的制造过程的产品进行利润计划和成本管理的方法，在很多企业的财务管理活动中得到了广泛的推崇和使用，能够更加科学合理地有效管理和控制会计主体的主要成本。民办高校具备了企业自负盈亏的特征，正好符合目标成本法的应用原理；而在高校办学中，教育成本无疑是最大的成本项目。因此，可以将目标成本法的管理原理引入民办高校的教育成本管理中，对其应用进行研究和分析。

王亚军（2013）认为目标成本法是对成本进行"全员、全方位、全过程"的精细化管理，是提高成本管理水平、提升盈利能力、增强核心竞争力的重要途径。高校作为能耗大户，在节能减排方面成效不明显，存在节能意识淡漠、节能措施实效性不够等问题。因此，他采用目标成本法进行分析，提出在高校节能减排工作中如何应用目标成本管理法进行能耗控制。

2. 内部控制

内部控制相较于成本控制而言是很好的基石，为成本控制的开展提供了现实可行且相对较为熟悉的思路，是学校成本控制可参考的依据。

黄培源（2016）根据有关统计数据发现，成本控制与内部控制建设密不可分。他认为要想加强成本控制，有效途径之一就是强化内部控制制度建设。在内部控制建设过程中，可以有效提高领导层和工作人员的成本控制观念，在内部控制过程中对于关键风险点的把控更是有助于达到成本控制目标。

张友昌（2017）以内部控制原则为基础，通过设置后勤财务科，实行财务人员调派制，规范和再造业务流程，使用供应链系统管理软件等在高校饮食成本控制上取得了较好成效，使高校内部控制环境有了极大改善。他认为高校饮食行业成本控制不应以盈利为目的，要对各环节进行全面的风险管控，实现全员控制。

丛培才等（2018）建立完善了高校成本核算内部控制管理体系，进行科学化、精细化内控管理。在信息化环境下建立内部控制管理平台，全面、高效采集财务相关基础数据，运用云计算进行数据分析、挖掘，及时发现成本核算存在的问题，实现成本核算的高效运行、利用，具有一定的创新意义。

3. 预算

以预算来控制成本，符合学校现行的财务思路，相对来说更加具有针对性，且简便易行。

鞠骐丞和韩梅（2017）认为，要想加强成本控制必须要提高各部门对预算的重视程度，培养工作人员目标成本管理意识。同时将预算细化，与工作计划挂钩，提高资金运用的透明度，坚决做到专款专用。

郭志丹（2010）认为随着高校规模的不断扩大，高校经费投入不足与资源利用率低下的矛盾日益突出，办学成本控制变得非常急需。他指出了高校办学成本控制的现状，对高校办学成本失控的原因进行了分析，提出了基于预算下的高校办学成本控制的对策，并以此为基础得出了高校进行办学成本控制的框架图。

刘千等（2019）认为教育成本控制是高校预算管理的核心，而预算管理作为一种成本管理手段，在高校教育成本控制过程中起着贯穿始终的作用。他通过对 M 大学近五年教育成本及预算成本情况的对比分析，揭示高校在教育成本预算控制管理方面的问题，并提出相应解决措施。

4. 成本理念

明确成本的核心概念，以此探寻成本控制的要义，是以其本质出发进行成本的管理，有助于探寻更加适合学校成本控制的具体途径。

赵善庆（2014）认为成本控制的出发点应是明确相关理念，包括成本领先理念等。然后建立健全成本管理制度，抓重点项目的成本控制，实施标准成本管理，重视成本预算，降低年级设备成本，建立成本公开指导机制和成本否决制。

宋巧姐（2019）简单分析了当前高校设备管理中存在的问题，重点讨论了成本控制理念在高校设备管理中的有效应用，认为随着社会经济的飞速发展，我国各个高等院校的办学规模正在逐渐扩大，为了进一步提升办学质量，高校亦引进了大量的现代教学设备、科研设备，在此过程中成本管理起着重要作用。

廖志超等（2016）提出采用加强成本核算与控制的基本理论来实现对地方高校硕士生的科学管理。他们从成本内涵、成本支出现状、成本上升原因等方面进行了分析探讨，同时结合地方高校实际，提出了加强地方高校硕士生培养成本控制对策措施。

5. 作业成本法

何晓红（2012）探讨了作业成本法在高校成本控制中的应用。通过案例分析，展示了如何准确地将间接成本分配到各个作业活动中，为高校提供更准确的成本信息。她也强调了作业成本法在识别无效或低效作业、优化资源配置和提高管理决策质量方面的潜力。

宗文龙（2005）从理论和实践双角度分析基于作业成本法的学校成本控制策略。她认为作业成本法有助于学校理解成本结构和成本行为，从而制定更有效的成本控制策略。他还提出建立作业成本管理制度、加强成本动因分析等具体实施建议。

何昊（2015）分析了作业成本法在学校成本控制的应用。通过对比分析传统成本管理方法与作业成本法的优劣，突出作业成本法在提供精确成本信息、改善成本控制和支持战略管理等方面的优势。

三、学校绩效评价的文献

（一）学校绩效评价的含义

学校绩效评价与常规意义上的绩效评价含义应当保持一致。

陈曦（2019）认为所谓的绩效评价就是专业评审人根据单位相关绩效目标，采用有效且适宜的方法，对单位进行全面、客观的评价。绩效评价工作的开展大多引进第三方评价机制。

庄丽霞（2022）认为绩效评价既可以是单位自行组织实施，也可以是财政部门行使监督权进行评价，还可以采用第三方机构进行。绩效评价是绩效管理的重要组成部分。

张纪轩（2015）认为教育财政绩效评价应以财政资金支出增长论、成本收益论和新公共管理理论为理论依据，建立相关绩效评价制度，做好教育资金的绩效自评。绩效评价的结果可以作为自我完善的依据，以提高未来资金的使用效率。

张宝玲等（2012）认为学校绩效评价是一种基于结果导向的评价方法，旨在衡量学校在实现预定目标过程中的效果、效率和效益。

赵玉梅等（2010）认为学校绩效评价是一种系统性的评价方法，旨在通过收集和分析相关数据来评估学校的绩效水平，从而为改进和提升教育质量提供决策支持。

（二）学校绩效评价指标体系的构建

学校绩效评价指标体系的构建思路很多，本部分主要介绍投入产出、改进的平衡计分卡和全流程来构建的文献。

1. 基于投入产出角度来构建学校绩效评价指标体系

学校绩效评价可以借鉴企业，从投入与产出的角度进行体系的构建。

毕超越（2018）基于投入产出理论构建了高校学校绩效评价的指标体系，投入指标包括教育资源、经费、人力等，产出指标包括毕业生就业率、科研成果和社会声誉等。

魏一鸣和冯向前等（2014）探讨了如何从投入产出角度构建学校绩效评价指标体系，认为投入指标应关注教育资源的质量和数量，产出指标应反映教育的直接成果和间接成果。

童俊杰（2011）基于投入产出理论构建了学校绩效评价指标体系。投入指标应涵盖人力、物力和财力等方面，而产出指标应包括教育质量、科研水平和社会服务等方面。

2. 基于改进的平衡计分卡角度来构建学校绩效评价指标体系

郑颖等（2021）通过 BSC-AHP 法构建了学校绩效评价指标体系，内容包含了 4 个一级指标和 15 个二级指标。其中，一级指标以用户、运维、成效和财务四个维度展开。

党建宁等（2019）通过成本、可用性、效率和效用四个维度构建了学校绩效评价指标体系，他们认为这是基于经济学角度的分类，可以凸显出教育的本质，符合学校的工作实际。

李艳（2015）在对学校绩效评价指标体系进行研究时提出财务类指标、产出效果指标、可持续发展指标与社会评价指标。财务类指标包含资金执行率等五个指标；产出效果指标包含人才培养、教学及科研成果等四个指标；可持续发展指标包含办学条件与师资能力两个指标；社会评价指标包含学生满意度等四个指标。

刘宜鑫（2012）探讨了如何借鉴平衡计分卡的理念来构建高校绩效评价指标体系，从财务、顾客、内部流程和学习与成长四个维度出发，提出相应的绩效评价指标，并通过案例分析展示了该指标体系的实际应用。

王同孝等（2008）以平衡计分卡为基础构建高校绩效评价指标体系，强调了平衡计分卡在整合财务指标和非财务指标方面的优势，以及其在促进高校战略目标实现方面的重要作用。

这些方法在高等学校中已经取得了一定的研究成果，后续将为中小学开展绩效评价提供方法参考。

3. 基于全流程角度来构建学校绩效评价指标体系

成刚和袁佩琦（2007）认为教育支出绩效评价指标体系应当根据教育的全过程设计，包含投入、过程与产出等。同时，他们建议引入公共评价指标，以表现出学生的满意度。

曲京山等（2021）以全流程视角构建了高校学校绩效评价指标体系，从输入、过程、输出三个环节出发，涵盖了教育资源配置、教育教学过程、教育成果产出等方面，提出了具体的绩效评价指标。

孟海峰等（2022）探讨了如何从全流程视角构建学校绩效评价指标体系，强调了全流程评价的重要性，只有全面关注教育的各个环境，才能准确评估学校绩效。他们还提出了涵盖教育资源投入、教育教学过程、教育成果产出等多个环节的绩效评价指标。

黄莉莉（2020）以全流程为基础构建学校绩效评价指标体系，强调了全流程评价在提升教育质量和优化教育资源配置方面的重要作用。通过对比不同学校全流程绩效评价数据，展示了该指标体系在评价学校绩效方面的有效性和实用性。

（三）学校绩效评价的方法

学校绩效评价的方法很多，包括因子分析、层次分析法、DEA、熵值法等。这些方法在高等学校中已经取得了一定的研究成果，后续将为中小学开展绩效评价提供方法参考。

1. 投入产出的 DEA 评价法

前文基于投入产出来构建学校绩效评价指标体系的文献，一般采用各种 DEA 模型进行评价。DEA 模型适用于多投入、多产出的绩效评价。

王珂（2018）利用 DEA 模型进行了 31 个省份的实证分析，并从绩效评价指标体系中筛选了部分输入输出指标，最后获得了显著性差异的结论。

杨正（2010）将 DEA 评价法运用于高校绩效评价中，通过对多所高校的实证分析，揭示各高校在教育资源配置和利用效率方面的差异，为高校改进管理和提升效率提供了决策依据。

殷俊明和王平心（2011）以某省属高校为例，采用 DEA 评价法对其学校绩效进行评价。结果表明，该校在教育资源配置和利用效率方面存在不足，需要通过优化资源配置和提升管理效率来改进学校绩效。

2. 基于平衡计分卡或全流程来构建绩效评价指标体系的综合评价法

前文基于平衡计分卡四个维度或者基于全流程三个环节构建学校绩效评价指标体系，通常各种综合评价的方法均适用，比如因子分析法、层次分析法、熵值法、熵权法等。这些方法有些需要先计算指标权重，比如层次分析法；有些不需要计算指标权重，比如因子分析法。当然，很多需要计算权重的文献会将几种综合评价的方法结合起来运用，比如将层次分析法和模糊综合评价组合运用；一般采用一种方法确定指标权重，采用另一种方法进行综合评价。

童敏慧（2020）利用改进的客观权重赋权法（CRITIC 法）进行指标权重的设定，再利用优劣解距离法（TOPSIS 法）进行综合的排序和分析，在比较各省的高等学校绩效时可以获得较满意的结果。

金荣学等（2017）运用 AHP-熵权法对高等职业教育进行绩效评价，从教育经费、师资水平、基础设施和学生质量四方面进行绩效评价指标体系的构建。他提到熵权法是定量评价，摒弃了主观评价的偏差，能使结果更加符合实际。

吴高波等（2022）在对普通高校进行绩效评价时，指标权重的确定采用了层次分析法，以此计算基础分值，再与创新项的分值合并计算总分；而绩效评价指标体系的构建则利用了平衡计分卡。在设计平衡计分卡时包含了四个维度：财务、教学与科研、社会认可度、学习与成长。

3. 专家打分法

对于有些相对简单的学校绩效评价指标体系，尤其是不需要计算指标权重时，可以直接由专家打分，通过加总分数来评价。

阿儒涵等（2020）认为我国的绩效评价制度和相关体系已基本建立，目前绩效评价普遍采用综合打分制法，该方法的优点是施行简便、更标准和透明。财政绩效评价多用此方法，但在科技领域使用会存在较大的风险和挑战。目前，仍有优化改进的空间。

杨葵（2022）认为当前绩效评价的方法除了平衡记分卡外，还大多采纳案例法及专家咨询法。案例法主要是通过审计、预算和决算的公开数据进行研究分析；专家咨询法主要是通过聘请专业领域的人才进行评估，构建适宜的指标体系，并就指标值进行分析。

蒋静（2022）认为绩效目标的填报是绩效评价的基础，可以直接利用绩效目标表进行绩效评价。因此，要设置个性化的绩效指标体系。绩效目标表的填报可以将"填空题"变成"选择题"。

（四）学校绩效评价的程序

学校绩效评价程序的确定有助于学校顺利开展此项工作。

孙晓松（2022）在进行绩效评价时，首先进行了基础调研与核实工作，为绩效评价的开展做了基础准备；其次根据基础数据创建了适宜的评价指标体系，确定了指标权重及各项分值；最后以原始资料和评价分数进行总结，得出最终结论。

曾晓东（2004）认为学校绩效评价程序包括明确评价目的、设计评价方案、实施评价活动和利用评价结果等步骤。

张男星等（2015）从理论和实践两方面对学校绩效评价的程序进行分析。在理论层面，梳理了学校绩效评价的相关理论；在实践层面，介绍了包括确定评价目标、构建指标体系、选择评价方法、组织实施评价和反馈评价结果在内的完整评价流程。

张昱华（2013）首先从学校管理、教学质量、办学满意度等方面，构建了一套学校绩效评价指标体系，并在此基础上讨论评价的算法流程，通过两个区的试用验证了该指标体系的有效性；其次完成了学校绩效评价系统的需求分析、体系结构设计、数据架构设计、软件架构设计及功能详细设计等，实现了学校办学绩效评价系统主要模块的功能。

目前，学校绩效评价无论是采取何种方法，其评价的过程均应经历前期调查、基础资料收集与整理、开展绩效分析、计算分值，最后得到结果并加以综合评价。

（五）学校绩效提升的建议

学校绩效提升的建议有助于学校在后期真正开展绩效评价工作时挖掘重点。

周奇杰等（2022）在对财政性高校教育经费做绩效评价研究时提到：为了使学校管理者注重绩效，学校应施行专项资金绩效评价制度，将全面预算管理的理念引入学校，形成内部激励与约束并轨模式。同时，要落实主体责任，以绩效评价促进成本控制，以最大限度发挥财政性资金效益。此外，学校还可以借助第三方机构的力量，开展专家打分、校间互评等多种方式促进绩效提升。

黄晓燕（2020）认为学校绩效要想得到提升，应科学地规范评价指标体系。可以进一步关注教师专业素质、固定资产配置、学校声誉、社会影响力等多方面因素。

黄琪和方州闽（2022）认为提升教育教学绩效的途径除了完善评价指标体系，将指标体系结果与预算安排相结合外，还应加强对学校教职员工的培训力度，同时增强部门间的沟通。

四、学校成本核算、成本控制与绩效评价三者关系的文献

（一）基于学校成本核算进行学校成本控制的文献

较多文献提倡基于学校成本核算结果进行学校成本控制，这样的成本控制措施更加精准。

潘洹（2008）认为成本控制体系的构建需要构建内部成本核算制度，需要将成本核算的内容与成本的目标管理进行结合，将服务项目成本和部门成本区分开来并加强成本管理和优化人力资源。此外，可以设计成本控制考核指标及约束机制。

郭丽蓉（2020）认为新政府会计制度为成本管理提供了必要的支持，《事业单位成本核算基本指引》的出台将加强资金使用效益与绩效评价之间的关系，同时也给成本管理提供了指导。现阶段，优化成本核算与控制势在必行，单位应制定相应预算管理计划，严控收支、采购环节，发现问题及时整改。

王雪冬（2021）认为学校成本核算与学校成本控制应结合在一起。学校成本控制是在学校成本核算的过程中进行的，学校要明确经费的用途，对成本较高的大额资金支出进行审查，对非必要的支出进行控制。

刘千等（2014）认为学校成本要想得到有效控制，就要进行学校会计制度改革，进行精细、准确的学校成本核算。只有在测定出学校成本值的基础之上，才能采取有效的纠正措施，进而达到成本控制的目的。

宗文龙（2006）分析了基于学校成本核算进行高校成本控制的必要性和可行性，认为精确的成本核算是有效成本控制的基础，并提出基于成本核算结果制定成本控制目标、优化资源配置和改善管理流程的策略。

李兰云和李虹（2003）认为通过对学校成本进行准确核算，可以揭示成本结构和成本行为，为学校提供决策支持。

（二）学校成本控制影响学校成本核算的文献

上面提到可以基于学校成本核算结果进行学校成本控制，学校成本控制也可以反作用于学校成本核算。

韩英（2009）探讨了学校成本控制对学校成本核算的影响，指出成本控制的有效性直接关系到成本核算的准确性和完整性，并通过案例分析阐述成本控制不当对成本核算造成的负面影响和优化策略。

张艳（2011）分析了学校成本控制对学校成本核算的多方面影响，有效的成本控制能够提高学校成本核算的效率和准确性。

宗文龙（2005）将作业成本法引入学校成本控制中，旨在提高成本核算的精细度和准确性。

（三）基于学校成本核算进行学校绩效评价的文献

较多文献从理论探讨层面基于学校成本核算的结果进行学校绩效评价，这使教育经费财务投入数据更加准确。

王善迈（1996）探讨了教育投入和产出的关系，提出基于学校绩效的学校成本控制理念，通过对教育过程的绩效评估，可以更加精准地控制学校成本，实现教育资源的高效利用。

刘泽云（2008）通过建立科学的学校成本核算体系，结合学校绩效评价结果，可以有效地控制学校成本，优化资源配置，提高教育投资效益。

殷雅竹（2002）提出基于绩效的教育财政拨款模式，旨在通过绩效评估结果来合理分配教育资源。这种模式不仅可以激励教育机构提高学校绩效，还可以有效控制学校成本，实现教育财政的可持续发展。

袁连生（2011）提出基于学校绩效的成本计量模型。通过准确计量学校成本，结合绩效评估结果，可以更加精准地控制学校成本，提高教育资源的利用效率。

（四）学校绩效评价影响学校成本核算的文献

上面分析了基于学校成本核算结果进行学校绩效评价，学校绩效评价也可以反作用于学校成本核算。

曹原等（2023）从绩效评价角度提出优化学校成本核算的策略，将绩效评价纳入成本核算体系，可以提高教育资源的利用效率，降低不必要的成本开支。

陈燕等（2019）分析了学校绩效评价在学校成本核算中的具体应用及其影响。绩效评价结果可以为成本核算提供重要依据，帮助决策者更准确地了解教育资源的消耗和效益。

刘晓凤（2012）认为高校绩效评价不仅能影响高校成本核算的方法和过程，还能通过反馈机制对成本核算结果产生修正作用。因此，在学校成本核算中应充分考虑绩效评价因素。

（五）基于学校绩效评价进行学校成本控制的文献

关于成本控制方面的研究，国外众多学者针对非营利组织提出了绩效评价的观点。如 Greenlee 等（1998）分析了西方国家通过财务比率对慈善组织的业绩进行的评价。美国学者 Paul R. Niven（2004）提出政府及非营利组织可以采用平衡计分卡进行绩效评价，并且利用大量的例证，深入分析了不同类别的非营利组织应如何设计平衡计分卡；同时，阐述了在今后的工作中应如何利用该计分卡指导成本控制。Ritchie 和 Kolodinsky（2003）详细且系统地分析了非营利组织有关绩效评价方法的选择，并且通过因子分析法对现行的方法进行了改良。

国内学者也提出了基于绩效评价进行学校成本控制的观点。有的学者强调了绩效评价在成本控制的重要性，分析了基于绩效评价的高校成本控制方法。通过对比不同高校的实践，分析了基于绩效评价的成本控制在提高教育质量和经济效益方面的潜力；有的学者认为绩效评价可以为学校提供有关成本效益的重要信息，有助于制定更有效的成本控制措施；还有的学者强调绩效评价在连接成本投入和教育产出上的关键作用，提出以绩效评价为基础的成本控制框架，包括设定绩效目标、建立绩效指标体系、实施绩效评估和反馈等环节。

（六）学校成本控制影响学校绩效评价的文献

学校成本控制与学校绩效评价之间也存在密不可分的联系。

叶显明（2008）认为有效的学校成本控制能够提高教育资源的利用效率，进而提升学校绩效。通过实证分析揭示了成本控制与绩效评价的正相关关系。

刘晓凤（2011）从成本控制角度提出优化学校绩效评价的策略，将成本控制纳入绩效评价体系，可以更全面地反映学校的运营效率和绩效水平。

陈乳燕（2016）分析了学校成本控制对学校绩效评价的多方面影响，有效的成本控制可以为绩效评价提供准确可靠的数据支持，从而提高评价的客观性和公正性。

（七）学校成本核算、成本控制与绩效评价三者关系的文献

学校成本核算、成本控制与绩效评价三者之间同样可以相辅相成，共同为学校发展提供支撑。

李强等（2012）认为准确的学校成本核算是实施有效学校成本控制的基础，而成本控制又是提高学校绩效评价的关键。通过构建科学的学校成本核算体系，结合成本控制策略，可以实现教育资源的优化配置和高效利用。

刘天佐（1998）认为合理的经费分类有助于建立准确的学校成本核算体系，进而实现有效的成本控制。同时，学校绩效评价是推动高校加强成本核算和成本控制的重要动力。

王同孝等（2008）认为通过建立基于绩效的学校成本控制模式，可以实现教育资源的优化配置和高效利用，进而提高学校绩效评价水平。同时，还提出了一系列具体的成本控制策略和方法。

五、四类对象的学校成本核算、成本控制与绩效评价的文献

（一）学校整体的成本核算、成本控制与绩效评价的文献

一是关于学校整体成本核算的文献。任伟等（2017）探讨了学校整体成本核算的制度与方法，分析了学校成本核算的特殊性，提出学校整体成本核算的步骤、方法和技术手段，为学校整体成本核算提供了理论基础和实践指导。李强等（2012）引入作业成本法的理论和方法，探讨学校整体成本核算的新途径，分析作业成本法在学校整体成本核算的适用性和优势，提高了学校整体成本核算的准确性和精细化程度。王莹（2019）阐述了高校整体成本核算与控制体系，包括高校整体成本核算的目标、原则与要素。宗晓洁（2013）从学校整体成本核算面临的困境出发，分析当前学校整体成本核算存在的问题与挑战，建议加强学校整体成本核算制度建设、完善学校整体成本核算方法等措施。曲京山（2011）探讨了高校整体成本核算的方法与实践，通过建立科学、完善的学校成本核算体系，结合有效的成本控制策略，可以实现学校资源的高效利用和可持续发展。

二是关于学校整体成本控制的文献。涂湘琼（2016）从学校整体角度出发探讨成本控制的策略和方法，提出包括预算控制、支出管理等学校整体成本控制措施。毛素平（2020）将成本控制理念引入学校整体绩效管理中，构建基于成本控制的绩效模式。陈乳燕（2016）结合高校实际情况，分析整体成本控制面临的挑战，提出相应的对策。高燕（2005）探讨了作业成本法在整体成本控制中的应用。宗文龙（2006）引入作业成本法的理念，探讨学校整体成本控制的新途径，更准确地反映学校各项活动的成本消耗情况。

三是关于学校整体绩效评价的文献。翟婷婷（2019）从学校整体绩效评价角度出发，分析了我国高校绩效预算控制的问题与对策，认为通过建立基于绩效的成本控制模式，可以优化学校资源配置。狄韶珏（2023）构建了高校整体绩效评价体系，将平衡积分卡与关键绩效指标法相结合。王同孝（2008）将平衡计分卡引入学校整体绩效评价中，阐述平衡计分卡在学校整

体绩效评价中的应用步骤。李霞（2022）探讨了KPI在学校整体绩效评价中的运用。陈乳燕（2016）基于模糊综合评价法构建学校整体绩效评价模型。

（二）学校部门的成市核算、成市控制与绩效评价的文献

一是关于学校内部部门成本核算的文献。秦顺红和于生生（2023）探讨了高校内部各部门的成本核算问题。通过介绍了高校部门成本核算的过程，对高校成本核算结果的运用进行了分析，对高校部门的人员成本、公用成本和财政支出经费进行了核算，强调成本核算对于学校资源合理分配和效益最大化的重要性。王同孝和王以涛（2013）研究高校二级单位的成本核算与控制机制，提出基于二级单位的成本核算框架，旨在提高成本管理的透明度和效率，以及如何结合预算管理和内部控制来加强二级单位的成本核算。陈乳燕（2016）将作业成本法作为高校内部各部门成本核算的新方法。李连霞（2007）主张建立健全高校内部成本核算制度，确保学校内部各部门成本核算的准确性和一致性。

二是关于学校内部部门成本控制的文献。李连霞（2007）探讨了高校内部后勤部门成本控制的一系列问题。从开源与节流两方面入手，提出科学化、系统化的部门成本控制措施。李霞（2022）从绩效视角分析高校内部各部门成本控制的重要性，提出基于绩效的内部成本控制模式。陈乳燕（2016）引入作业成本法作为高校内部成本控制的新方法，分析了作业成本法在高校内部各部门成本控制中的具体应用步骤和优势。

三是关于学校内部部门绩效评价的文献。张川和张景可（2023）从平衡计分卡角度构建了高校内部各部门的绩效评价体系，包括财务、客户、内部业务过程、学习与成长四个维度的指标设计，为学校内部部门绩效评价提供了全面的理论框架与实践指导。李霞（2022）基于KPI构建高校内部部门绩效评价体系，通过分析高校内部各部门的职责和目标，提取关键绩效指标，建立相应的评价标准和权重分配方法，为高校内部绩效评价提供更加具体和可操作的工具。陈乳燕（2016）提出基于模糊综合评价的高校内部部门绩效评价方法，将定性评价和定量评价相结合，处理高校内部部门绩效评价中的

不确定性和模糊性问题。谭建伟和陈理涛（2009）提出：通过科学划分职能部门类型，合理确定高校职能部门评价主体，合理设计考核指标体系，科学使用考核结果，可以改变目前实际中存在的诸多问题。

（三）学校项目的成本核算、成本控制与绩效评价的文献

一是关于学校内部项目成本核算的文献。王婧（2011）探讨了高校科研项目全成本核算的力量框架与实践方法，提出基于作业成本法的项目成本核算模式。王琳和陈乳燕（2022）聚焦于学校基建项目的成本核算，揭示了基建项目成本核算存在的问题与挑战，并提出相应的优化策略，这为学校基建项目成本管理提供参考。李鹏和逯进（2016）将权重比例法引入学校化工类项目成本核算中，对科研项目类型和间接成本属性进行定性定量分析，确定衡量成本费用的成本动因或属性权值，从而提高科研成本核算的准确性。冯建明（2003）探讨了学校后勤服务项目的成本核算问题，提出基于标准成本法的项目成本核算模式。

二是关于学校内部项目成本控制的文献。李华等（2014）针对高校科研项目成本控制问题，提出一个完整的成本控制体系构建框架，包括成本控制目标、成本控制流程、成本控制方法和成本控制评价等方面。曾亚玲（2022）以全过程成本管理理论和 EVM 方法等为指导，运用系统思维方法，以 EPC 模式下 Y 大学新校区一期工程项目作为研究案例，开展全过程成本管理研究。陈铁权（2019）针对学校信息化项目的成本控制问题，提出一系列成本控制策略，包括预算控制、采购管理、进度控制和风险管理等方面，通过案例分析验证这些策略的有效性，为学校信息化项目的成本控制提供了实践指导。陈燕（2019）从学校基建项目角度，探讨项目成本控制与管理优化问题，提出包括成本控制流程优化、成本控制方法创新、成本控制意识提升等方面的优化措施，并通过案例分析展示了优化效果，为学校基建项目成本控制提供了有益的参考。

三是关于学校内部项目绩效评价的文献。赵茜和相华伟（2023）构建了高校项目支出的绩效评价体系，涵盖了项目的投入、过程、产出和影响等多

个维度，并通过实证分析验证了该评价体系的有效性和可靠性。张虹（2023）将平衡计分卡引入学校信息化项目绩效评价中，从财务、客户、内部流程、学习和成长四个维度构建绩效评价体系；通过案例分析，展示平衡计分卡在信息化项目绩效评价中的应用效果。陶林凤（2021）针对学校基建项目的特点，构建包括项目质量、进度、成本和安全等多个维度的绩效评价体系；通过实际项目的应用分析，验证了该评价体系的适用性和可操作性。刘欢欢（2023）从高校绩效评价存在的问题入手，提出建立绩效评价体系的思路，主要对高校科研项目提出了绩效评价的相关原则和思路。

（四）学校学生的成市核算、成市控制与绩效评价的文献

一是关于学校生均成本核算的文献。刘晓凤（2011，2012）探讨了高校生均成本核算的理论框架和实践应用，包括生均成本的概念界定、核算方法的选择、成本项目的划分等；通过实证分析，验证了生均成本在高校财务管理中的重要性和应用价值。王同孝和王以涛（2013）提出基于作业成本法的高校生均成本核算模式，阐述了作业成本法在生均成本核算中的具体应用，包括作业划分、成本动因确定等，并通过案例进行实证分析。李丹彤（2023）从生均成本角度探讨了高校成本核算的切入点和核算方法，生均成本是反映高校教育资源配置效率和效益的重要指标，并提出相应的核算方法和建议。杨世忠等（2012）将作业成本法应用于高校学校成本核算中，阐述了作业成本法在高校生均学校成本核算中的具体应用步骤和方法。

二是关于学校生均成本控制的文献。王文辉等（2014）针对高校生均成本控制问题，提出一系列管理策略，包括建立组织体系、实行目标成本预算、建立配套的评估保障机制等。邹雨桐（2022）将作业成本法用于高校生均成本控制，通过构建作业成本库和成本动因分析，阐述作业成本法在生均成本控制的具体应用步骤和方法。陈乳燕（2016）探讨了生均成本控制的现状、问题和优化策略。李桂兰（2007）针对高校生均成本控制机制构建问题，提出一个完整机制框架，并提出优化对策。

三是关于学校生均绩效评价的文献。刘德坤等（2019）针对高校生均绩

效评价需求，构建一个综合性的评价体系，涵盖了教学、科研和社会服务多个维度。陈乳燕（2006）将作业成本法引入高校生均绩效评价中，旨在更准确地衡量每位学生的资源消耗和成本产出。黄钰莹和李琳（2021）用文献法和德尔菲法构建高校学生干部绩效评价体系结构，结合层次分析法的原理和步骤获得高校学生干部绩效评价模型，并结合实例完成了绩效评价的实证分析。汪也（2020）以 S 高校 MPAcc 专业为例，借助平衡记分卡理念，从专业学生培养目标出发，设计相应的学生绩效评价体系。

第二节　文献述评

（一）学校成市核算的文献述评

在学校成本概念方面，通过众多国内外学者对学校成本所做出的定义可以发现，教育经济学界普遍认为学校成本既包含学校、学生及其家庭为培养学生而消耗的所有资源总和，即以货币形式存在的成本，也包含因从事教育教学而使学校丧失的获得利益的无形成本，以及学生个人因上学行为而丧失的获得收入的机会成本。然而从我国目前实际操作角度看，政府和教育主管部门在计算学校成本时，主要核算的是学校为培养学生所耗费的人工成本和有形物质成本。本书以学校为核算研究主体，将着重分析学校层面所形成的学校成本。在学校成本核算内容的划分方面，众多学者对于核算内容的划分略有不同，成本核算内容的不同直接影响成本值。因此，在成本核算内容的划分方面应综合分析学校的职能和职责，充分且全面地考虑，合理进行划分。本书将根据成本核算对象的不同，结合资金性质，从人员类、运转类、折旧与摊销类等方面进行细致的核算。对于学校成本核算方法的选取，众多学者的选择各有不同，侧重点也不同。作业成本法、会计调整法等进行成本核算很好地借鉴了企业成本核算的方法，为下一步全面开展学校成本核算工作奠定了基础，验证了可行性。然而核算方法设定过于简单会影响数据的准确度，核算方法过于繁杂又不切实际。在实际案例研究中，还应根据案例对象自身的特点选择合适的核算方式，以便增加核算结果的精准度、可信度。因此，本书将利用会计核算法测算学校整体成本、部门成本及项目成本，利用作业成本法核算年级成本，既能提高核算的效率，又能提升结果的准确性。基于学校成本核算结果的运用，已有文献从理论上对成本信息可运用于成本控制、成本信息可运用于绩效评价两方面进行了一定的理论分析，但一方面是教育领域的研究较少，另一方面缺乏具有操作性的理论阐述和更详细的真实案例分析。此外，已有的关于学校成本核算、成本控制和绩效评价基本分析高校的居多，但高校因为业务更加复杂，目前很难进行四个维度的成本核算、成本控制和绩效评价。因此，本书选取业务相对简单的中小学为对象进行分析，先厘清四个维度，后续等条件成熟，再运用到高校的成本核算、成本控制和绩效评价中。

本书将通过办学成本、部门成本、项目成本及年级成本四个方面进行核算，同时将成本核算的结果继续用于核算对象的成本控制及绩效评价中。本书的学校成本将从理论构建和案例分析两个维度分别展开。

（二）学校成本控制的文献述评

学校成本控制可以推进学校高效率、高质量发展，无论是从国家财政资金的角度还是从学校自身管理的角度来看，学校成本控制势在必行。学校成本控制要结合学校自身情况，根据学校的发展目标有针对性地进行控制。区分刚性支出与非刚性支出，不应一味削减成本。此外，在成本控制过程中要保证全员、全过程参与，以达到成本的有效控制。成本控制可以采用特定的方法，如平衡计分卡、因子分析法、目标成本法，也可以采用制度考核的方式进行，如制定成本考核指标及约束机制、以内部控制制度促进成本控制等。本书结合学校管理水平及日常办公流程，最终选择目标成本法进行学校成本的全程控制。目前，我国各财经学者在一般企业的成本控制理论方面的研究较广泛深入，并且已经取得了很好的研究成果。而对事业单位，尤其是学校成本控制的研究，虽然受到越来越多人的关注，一些学者也提出了一些合理的建议和措施，但总的来说，学校成本有效控制的研究还不够深入，且缺乏一定的实践验证。

本书学校成本控制将在成本核算结果的基础上进行，因此将从学校整体、各职能部门、项目、年级学生四个角度分别进行成本控制的论述，同时从理论构建和案例分析两个维度展开。

（三）学校绩效评价的文献述评

在学校绩效评价指标体系方面，指标的确定是核心。指标应充分反映出被评价方的整体情况，根据不同地域、生源及整体层次做出设定，其结果可作为学校自我完善的依据。评价的对象可以是整体，可以是部门，还可以是项目和年级学生。目前，我国财政支出绩效评价工作的开展广度和深度愈发浓烈。学校作为全额拨款的事业单位，应对其财政资金的使用效率和效果进行全面的评价。无论是学校自评还是财政部门评审，抑或引入第三方机构进行评价，都有进行的必要。在学校绩效评价方法的选取上，应重点考虑绩效评价指标体系的构建，明确各指标的权重，再综合进行分析评价。本书结合学校现状，绩效评价采用综合打分制法。在学校绩效评价过程中，学校应遵循一般流程，即前期调研、收集资料、整理归纳后，确定评价指标及权重，根据得到的资料进行赋值，最终得到总分后，结合评价对象特点进行分析。在学校绩效提升的建议上，已有文献从内部激励、对教职员工进行培训、制定相关制度、强化理念等方面提出了具体措施。本书基于绩效评价的结果，重点从成本角度提出学校绩效提升的建议。

本书绩效评价同样以成本核算为基础，从学校整体、部门、项目和年级学生四个角度进行。现行的绩效评价仅包含整体支出绩效评价和项目支出绩效评价两部分内容，本书将原有的评价体系进一步拓展，将更全面地反映学校的现状和问题。目前现有的绩效评价主要是构建绩效评价指标体系，采用某种方法来得出绩效评价结果，据此提出具体建议。而本书基于成本核算数据进行绩效评价，虽然有些文献已提出基于成本核算的绩效评价，但还处于理论探讨阶段。本书基于学校成本核算的学校绩效评价同样从理论构建和案例分析两个维度展开。

（四）学校成本核算、成本控制与绩效评价三者关系的文献述评

从上面的文献可知，学校成本核算、成本控制和绩效评价三者相互影响。本书主要关注基于成本核算结果进行成本控制和绩效评价，主要分析其中的两个方面：学校成本核算对学校成本控制的影响、学校成本核算对学校绩效评价的影响。

（五）四类对象的学校成本核算、成本控制与绩效评价的文献述评

从以上文献可知，学校成本核算、成本控制和绩效评价，每个方面均包括学校整体、学校部门、学校项目和学校学生四类对象，但已有文献很少同时基于四类对象进行分析，也很少同时采用理论研究和案例分析相结合的方法，实际操作性较差。本书针对四类对象，同时采用理论研究和案例分析相结合的方法，进行学校成本核算、成本控制和绩效评价，这样既具有一定的理论深度，又对实践具有很好的指导作用。具体而言，第四章探讨四类对象的学校成本核算的理论分析与案例分析；第五章探讨四类对象的学校成本控制的理论分析与案例分析；第六章探讨四类对象的学校绩效评价的理论分析与案例分析。

第三章 理论基础与概念界定

根据最新的事业单位分类改革政策，我国公立学校属于财政给予经费保障的、需要承担管理职能和社会服务的公益一类事业单位。目前，学校尚未开展成本核算和成本控制，绩效评价也仅限于单位整体支出绩效评价和项目绩效评价。本章将基于学校成本核算进行学校成本控制和学校绩效评价，并且学校成本核算、学校成本控制和学校绩效评价均从学校的整体、内部部门、内部项目、年级学生四个维度进行详细分析，为实操提供理论基础。

第一节 理论基础

一、学校成本核算理论

学校成本核算理论是指对教育过程中发生的各种耗费进行分类、记录、归集、分配和计算，以确定学校成本的过程和方法的理论体系。它旨在为学校管理者提供关于教育资源使用情况和成本效益的信息，以支持决策制定和资源分配。

学校成本核算理论主要包括四个方面：一是成本分类。将教育过程中发生的各种耗费按照性质、用途等进行分类，如人员经费、教学业务费、行政管理费等。二是记录与归集。对教育过程中发生的各项耗费进行及时、准确的记录和归集，以便后续的成本计算和分配。三是成本分配。根据各项耗费的性质和用途，采用合理的方法将其分配到不同的成本对象上，如学校整体、部门、项目或学生个体等。四是成本计算。通过汇总和计算分配后的各项耗费，得出不同成本对象的总成本和单位成本。

学校整体成本核算是指对学校在教育过程中发生的所有耗费进行总和计算，以确定学校整体的成本。通过运用学校成本核算理论，学校可以对各项耗费进行分类、记录和归集，然后采用合理的方法将耗费分配到学校整体上，从而计算出学校整体的成本。这有助于学校了解自身教育资源的整体投入和使用情况，为学校的财务管理和资源配置提供重要依据。

学校内部部门成本核算是指学校对各个部门在教育过程中发生的耗费进行分别计算和核算。通过运用学校成本核算理论，学校可以将各项耗费按照部门进行分类、记录和归集，然后采用适当的方法将耗费分配到各个部门，从而计算出每个部门的成本。这有助于学校了解各部门在教育资源使用上的效率和效益，为部门间的资源分配和绩效考核提供依据。

学校内部项目成本核算是指学校对各个项目在教育过程中发生的耗费进行分别计算和核算。通过运用成本核算理论，学校可以将各项耗费按照项目进行分类、记录和归集，然后采用合理的方法将耗费分配到各个项目上，从而计算出每个项目的成本。这有助于学校了解各项目的成本构成和效益情况，为项目的决策、预算和经费管理提供支持。

学校生均成本核算是指学校对在教育过程中每个学生所承担的平均成本进行计算和核算。通过运用学校成本核算理论，学校可以将各项耗费按照学生人数进行分配和计算，从而得出每个学生所承担的学校成本。这有助于学校了解学生个体在教育资源使用上的成本情况和学校整体的成本结构，为学校的学费标准制定、奖学金设置等提供依据。

总之，学校成本核算理论在学校整体成本核算、部门成本核算、项目成本核算和生均成本核算中都具有重要的应用价值。通过运用该理论，学校可以更加全面、准确地了解和掌握自身教育资源的投入和使用事情，为学校的财务管理、资源配置和决策提供有力支持。

二、学校成本控制理论

学校成本控制理论是指在教育过程中，通过一系列管理手段和方法，对学校成本进行控制，以实现教育资源的高效利用和教育质量的持续提升。该理论强调在保障教育质量的前提下，通过合理规划和有效管理，降低教育过程中不必要的成本，优化资源配置。

学校成本控制理论包括四个方面：一是成本预算。根据教育目标和计划，对学校成本进行阈限估算和规划，确定合理的成本预算标准。二是成本核算。对教育过程中发生的实际成本进行准确核算，包括人员经费、教学业务费、行政管理费等各项费用。三是成本控制。通过对比分析实际成本与预算成本的差异，找出成本偏高的原因，并采取相应措施进行有效控制。四是成本效益分析。评估教育投入与产出的关系，分析学校成本控制的效益，为决策提供科学依据。

学校整体成本控制是指对学校在教育过程中发生的所有成本进行总体控制。通过制定成本预算、加强成本核算、实施成本控制和开展成本效益分析，学校可以全面掌握成本情况，发现成本偏高的环节和原因，采取有效措施降低学校整体成本，提高资源利用效率。

学校内部部门成本控制是指学校对部门在教育过程中发生的成本进行分别控制。通过制定部门成本预算、加强部门成本核算、实施部门成本控制和开展部门成本效益分析，学校可以了解各部门成本构成和效益情况，发现部门内部存在的成本浪费和不合理支出，并采取针对性措施进行优化和改进。

学校内部项目成本控制是指对学校内部各个项目在教育过程中发生的成本进行分别控制。通过制定项目成本预算、加强项目成本核算、实施项目成本控制和开展项目成本效益分析，学校可以掌握各项目的成本情况和效益评估结果，发现项目执行过程中存在的成本问题和风险，并及时采取调整措施确保将项目成本控制在合理范围内。

学校年级成本控制是指学校对学生教育过程中每个年级学生所承担的成本进行控制。通过制定年级成本预算、加强年级成本核算、实施年级成本控制和开展年级成本效益分析，学校可以了解学生个体在教育资源使用上的成本情况和学校各年级的成本结构，发现学生培养过程中存在的成本浪费和不合理支出，并采取相应措施进行优化和改进，实现教育资源的合理分配和高效利用。

总之，学校成本控制理论在学校整体成本控制、部门成本控制、项目成本控制和年级成本控制中都具有重要的应用价值。通过运用该理论，学校可以更加有效地控制学校成本，提高资源利用效率和教育质量。

三、学校绩效评价理论

学校绩效评价理论是运用科学的方法、标准和程序，对教育组织或个人在教育活动中的绩效进行全面、客观、公正的衡量和评判，旨在提高教育质量，优化资源配置，促进教育公平和可持续发展。该理论强调以目标为导向，关注结果和过程，重视量化评价和质性评价相结合，强调多元评价主体的参与。

绩效评价理论包括五个方面：一是绩效目标设定。明确评价的目的、对象和范围，设定具体、可衡量、可实现的绩效目标。二是绩效指标体系构建。根据绩效目标，构建科学、全面、具有可操作性的绩效指标体系，包括学术成果、教学质量、资源利用效率、社会满意度等方面。三是绩效评价方法选择。根据评价对象和评价目标，选择合适的绩效评价方法，如目标管理法、关键绩效指标法、平衡计分卡等。四是绩效评价实施。按照设定的绩效指标和评价方法，收集相关数据和信息，对教育组织或个人的绩效进行评价。五是绩效评价结果反馈与运用。将评价结果及时反馈给被评价对象，帮助其了解自身绩效状况，明确改进方向；同时，将评价结果作为资源分配、奖惩决策、政策调整等的依据。

学校整体绩效评价是学校对整体办学水平、教育质量、资源利用效率等方面进行全面、客观的衡量和评判。通过设定学校整体绩效目标、构建绩效指标体系、选择评价方法、实施评价并反馈结果，学校可以全面了解自身办学状况，发现优势和不足，明确改进方向，提升整体办学水平。

学校内部部门绩效评价是学校对部门在履行职能、完成任务、资源使用等方面的绩效进行衡量和评判。通过设定部门绩效目标、构建部门绩效指标体系、实施评价并反馈结果，学校可以了解各部门的工作状况，促进部门间的比较和竞争，优化资源配置，提高部门工作效率。

学校内部项目绩效评价是学校对内部各个项目在执行过程、完成效果、资源利用效率等方面的绩效进行衡量和评判。通过设定项目绩效目标、构建项目绩效指标体系、实现评价并反馈结果，学校可以掌握各项目的执行情况和效果，发现项目执行过程中存在的问题和风险，为项目调整、优化和后续决策提供依据。

学校年级绩效评价是学校对教育过程中每个年级学生所获得的教育成果、资源利用效率、个人发展等方面的绩效进行衡量和评判。通过设定年级绩效目标、构建年级绩效指标体系、实施评价并反馈结果，学校可以了解学生个体的教育成果和发展状况，发现学生培养过程中存在的问题和差异，为个体化教育、因材施教提供依据和支持。

总之，学校绩效评价理论在学校整体绩效评价、部门绩效评价、项目绩效评价和学校年级绩效评价中具有重要的应用价值。通过运用该理论，学校可以更加全面、客观地了解和衡量学校绩效，为教育质量的提升、资源配置的优化和教育的公平与可持续发展提供有力支持。

第二节　学校成本核算、成本控制与绩效评价的关系界定

一、学校成本核算与学校成本控制的相互影响

学校成本核算和学校成本控制是教育财务管理中的两个重要环节，它们之间存在着密切的相互影响关系。

首先，学校成本核算为学校成本控制提供了基础数据和信息。学校成本核算是对教育过程中发生的各种费用进行归集、分配和计算的过程，其结果是形成学校成本报表和相关的成本指标。这些成本数据和指标反映了教育资源的消耗情况和学校成本的结构，为学校成本控制提供了重要的参考依据。通过对核算结果的分析，学校可以识别出成本控制的关键点和潜在问题，进而采取相应的措施进行控制和改进。具体到本书中，学校成本核算为学校成本控制提供了数据支撑，作为目标成本法进行学校成本控制所需的实际成本数据。具体而言，学校整体成本核算结果为学校整体成本控制提供目标成本法需要的实际成本数据，方便与目标成本或预算成本进行比较，找到目标与实际的差距，找到学校整体成本控制的重点，来提出针对性的改进建议；学校内部部门成本核算结果为学校内部部门成本控制提供目标成本法需要的实际成本数据，方便与目标成本或预算成本进行比较，找到目标与实际的差距，找到成本控制较好的部门和较差的部门，找到成本控制的重点部门以及影响成本控制效果的原因，并提出针对性的改进建议。

其次，学校成本控制对学校成本核算具有反馈作用。学校成本控制是指在教育过程中采取各种措施和手段，对教育资源的使用进行规划、限制和监督，以达到降低成本、提高效益的目的。通过成本控制，可以优化教育资源的配置和使用效率，减少不必要的浪费和损耗。这些控制措施的实施会直接影响学校成本的发生和核算结果。如果成本控制得当，可以有效降低学校成本，提高学校绩效；反之，如果成本控制不力，则可能导致学校成本上升，影响学校的运营效率和绩效水平。而且，我们可以根据学校成本控制的实践需要，对后续的学校成本核算提出新的具体要求。比如，如果整体成本控制需要的数据，目前的学校整体成本核算没法提供，则后续的学校整体成本核算应按学校整体成本控制的需要来提供，改进学校整体成本核算的内容和学校整体成本报表的编制。

因此，学校成本核算和学校成本控制是相互依存、相互促进的关系。在教育财务管理实践中，应将两者紧密结合起来，通过加强成本核算和成本控制工作，实现教育资源的优化配置和高效利用，提高学校的运营效率和绩效水平。同时，学校应注重成本核算和成本控制方法的改进和创新，以适应不断变化的教育环境和需求。

二、学校成本核算与学校绩效评价的相互影响

学校成本核算与学校绩效评价之间存在一定的关联。

首先，学校成本核算为学校绩效评价提供数据基础。学校成本核算的结果能够反映学校在教育过程中的资源消耗情况，包括人力、物力、财力等方面的投入。这些数据是学校绩效评价的重要依据，通过对这些数据的分析，可以评估学校的运行效率、教育资源的利用情况及教育目标的实现程度。具体到本书中，学校成本核算为学校绩效评价提供成本数据支撑，为学校绩效评价指标体系的成本指标提供实际数据或投入产出绩效评价导向的成本投入数据。比如，为整体绩效评价提供整体成本数据；为部门绩效评价提供部门成本数据；为项目绩效评价提供项目成本数据；为年级绩效评价提供年级成本数据等。

其次，学校绩效评价引导学校成本核算的优化。学校绩效评价的结果可以揭示学校在运行过程中存在的问题和不足，包括资源配置不合理、管理效率低下等。针对这些问题，学校可以通过优化学校成本核算、调整资源配置方式，提高管理效率，从而提升学校绩效。同时，学校绩效评价可以为学校成本核算提供改进方向和目标，因为学校绩效评价结果反馈影响学校成本核算的完善，学校绩效评价的结果往往能够反映出学校成本核算中存在的问题和漏洞。比如，如果评价结果显示某方面的资源投入不足或利用不当，那么在学校成本核算时就需要对这方面的成本进行更加详细和准确的核算，以便更好地了解实际情况并采取相应的改进措施，因此在本书中，应根据学校绩效评价的实践需要，对后续的学校成本核算提出新的要求。又如，针对学校整体绩效评价需要的数据，对学校整体成本核算提出改进建议；针对学校部门绩效评价需要的部门成本数据，与实际部门成本核算产生的成本数据对比，对后续的部门成本核算提出新的要求；针对学校内部项目绩效评价需要的项目成本数据，与实际项目成本核算产生的项目成本数据比较，对后续的项目

成本核算内容和项目成本报表提出改进方向等。

最后，学校成本核算与学校绩效评价共同促进教育管理的科学化。学校成本核算和绩效评价都是教育管理的重要手段。通过对学校成本的精确核算和对学校绩效的科学评价，可以推动学校实现精细化管理，提高教育资源的利用效率，促进教育事业的可持续发展。

综上所述，学校成本核算与学校绩效评价相互依存、相互促进，共同推动着学校向更加高效、科学、合理的方向发展。

三、学校成本控制与学校绩效评价的相互影响

首先，学校成本控制对学校绩效评价的积极影响。一是成本效率提升。有效的学校成本控制能够降低不必要的开支，提高资源利用效率，使学校在有限的资源下获得更好的教育产出。这直接提升了学校绩效，因为绩效评价常常关注资源的有效利用和产出的质量。二是目标一致性。学校成本控制帮助学校更清晰地设定和追求成本效益最大化的目标，这与学校绩效评价中追求高效、高质的教育服务目标相一致。因此，成本控制有助于学校在绩效评价中取得更好的成绩。具体到本书中，学校成本控制可促进学校绩效评价。学校成本控制中的事后成本控制是根据学校绩效评价结果做出分析的；而学校成本控制的效果同样可以促进学校绩效评价的结果。若按照学校采取的具体方法进行的学校成本控制得到了有效的提升，那么学校绩效评价中的成本指标等都会相应提升分值，使学校的绩效评价获得更高的认可。

其次，学校绩效评价对学校成本控制的反馈作用。一是识别改进领域。学校绩效评价能够揭示哪些领域的教育服务效果不佳，资源利用效率低下。这为学校成本控制提供了具体的改进方向，帮助管理者更精准地定位需要优化成本控制的环境。二是激励成本控制创新。绩效评价结果可以作为奖励或惩罚的依据，激励学校在成本控制方面进行创新和改进。当绩效评价显示出良好的成本效益时，学校可能会受到正向激励，进一步探索和实施有效的成本控制措施。具体到本书中，学校绩效评价可促进学校成本控制。学校绩效评价体系中包含成本指标，成本指标由学校计算后的成本值表示。因此，成

本值的高低将会影响绩效评价。有效的学校成本控制将会优化成本值，将成本控制在合理范围内。

最后，学校成本控制与学校绩效评价两者相互循环促进。学校成本控制和学校绩效评价存在一个相互促进的循环。成本控制提升了绩效，而绩效评价的反馈又指导了成本控制的改进。这种循环有助于学校在持续改进的过程中不断提升其教育服务的质量和效率。

综上所述，学校成本控制和学校绩效评价是相互联系，相互影响的。它们在教育管理的实践中共同作用，推动学校实现资源的高效利用和教育质量的持续提升。

第三节　四类对象的成本核算、成本控制与绩效评价的概念界定

本书将学校成本核算对象分为四类，分别是整体、部门、项目及年级学生。因此，如图 3-1 所示，本节分别从整体成本核算、部门成本核算、项目成本核算和年级成本核算四个方面进行。同样地，学校成本控制及绩效评价也由此四类构成。

一、学校整体的成本核算、成本控制与绩效评价

一是学校整体的成本核算。它是对学校运营过程中产生的各类成本进行全面、系统和科学的计算和核算的过程。该过程旨在准确反映学校经济活动的成本耗费情况，为学校管理者提供决算依据，促进资源的合理配置和高效利用。学校整体成本核算包括五个关键方面：第一，成本分类。学校需要对成本进行合理分类，常见的成本分类包括人员经费、公用经费、教学经费及科研经费等。第二，成本核算方法。学校可以采用不同的成本核算方法，如作业成本法、标准成本法和实际成本法等。第三，成本归集与分配。在成本

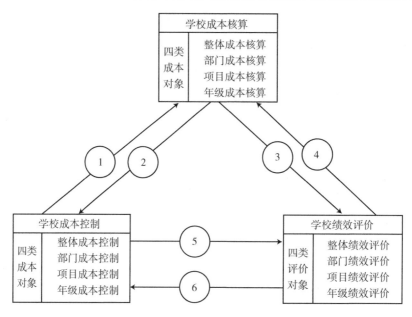

图 3-1 四类成本对象的关系

核算过程中，学校需要将各项成本按照其发生的部门和用途进行归集。第四，成本分析与控制。通过对核算出的成本数据进行分析，学校可以了解成本构成、成本变动趋势及成本效益等信息。第五，成本报告与信息披露。学校需要定期编制成本报告，向内部管理者和外部利益相关者披露学校的成本信息。

二是学校整体的成本控制。它是指学校为降低运营成本、提高经济效益而采取的一系列管理措施和方法，这一过程涉及预算计划、资源配置、流程优化、监控分析等方面，旨在确保学校以最小的成本投入实现教育目标，并保障教育质量和效益的最大化。学校整体成本控制的策略包括预算计划与财务管理、资源配置与优化、流程管理与效率提升、监控分析与持续改进、项目评估与风险控制、创新科技与节能减排、外部合作与资源共享等。

三是学校整体的绩效评价。它是一个系统性、多维度、综合性、全面性的评估过程，需要综合考虑多个方面的因素，旨在全面衡量学校的运营状况、教育质量、管理效率及社会影响力。通过科学、客观、公正的绩效评价，可以帮助学校发现自身存在的问题和不足，明确改进方向，提升整体办学水平和社会竞争力。

总之，学校整体层面的成本核算、成本控制与绩效评价紧密联系，但本书主要基于对学校整体层面的成本核算结果进行成本控制和绩效评价，并未关注整体层面上成本控制和绩效评价对成本核算的反向作用。

二、学校部门的成本核算、成本控制与绩效评价

（一）学校部门的成本核算

学校各部门的成本核算是一个复杂而重要的过程，它涉及对学校运营过程中各种费用的准确计量和合理分配。

一是教学部门成本核算。教学部门是学校最核心的部门之一，其成本核算主要包括教师工资、教学设备购置与维护费用、教材费用、课程开发费用等。这些费用需要根据实际教学情况和学生人数进行合理分摊，以确保教学成本的准确核算。

二是行政部门成本核算。行政部门负责学校的日常管理和运营工作，其成本核算主要包括行政人员工资、办公用品费用、会议费用、培训费用等。这些费用需要按照行政部门的实际工作内容和人员规模进行合理分摊。

三是后勤部门成本核算。后勤部门负责学校的后勤保障工作，如餐饮、清洁、安保等，其成本核算主要包括食材采购费用、清洁用品费用、安保设备费用及后勤人员工资等。这些费用需要根据后勤服务的实际提供情况和学校规模进行合理分摊。

四是科研部门成本核算。科研部门负责学校的科研工作和学术活动，其成本核算主要包括科研人员工资、实验材料费用、科研设备购置与维护费用、学术交流费用等。这些费用需要按照科研项目的实际进展和经费预算进行合理分摊。

五是学生事务部门成本核算。学生事务部门负责学生管理、招生、学生活动等工作，其成本核算主要包括学生管理人员工资、招生宣传费用、就业指导费用、学生活动经费等。这些费用需要根据学生事务部门的实际工作内

容和学生人数进行合理分摊。

总之，在进行各部门成本核算时，学校需要建立完善的成本核算制度和流程，明确各项费用的归属和分摊方法。同时，需要加强内部审计和财务监督工作，确保成本核算的准确性和合规性。通过科学合理的成本核算，学校可以更好地了解各部门的运营成本和效益情况，为优化资源配置和提高管理效率提供有力支持。

（二）学校部门的成本控制

学校各部门的成本控制是确保学校资源得到高效、合理利用，同时降低不必要开支的重要手段。

一是教学部门成本控制。教学部门应关注教师资源的合理配置、教学设备的有效利用和教材的合理选择。通过优化课程安排、提高教室利用率、鼓励教师共享教学资源等方式，可以降低教学成本。同时，建立教材选用和更新机制，确保选用符合教学需求且性价比高的教材。

二是行政部门成本控制。行政部门应推行节约型办公，减少纸张、水电等资源的浪费。通过集中采购、定期维护等方式降低办公用品和设备的采购成本。此外，优化会议和培训安排，减少不必要的会议和培训活动，也可以降低相关成本。

三是后勤部门成本控制。后勤部门应关注食材采购、能源消耗及人力成本等方面，通过选择性价比较高的食材供应商、推广节能减排措施、合理安排人员班次等方式，降低后勤服务成本。同时，建立后勤服务质量评价机制，确保在控制成本的同时不降低服务质量。

四是科研部门成本控制。科研部门应优化科研项目管理流程，确保科研项目经费的合理使用；通过加强项目预算编制和审核、建立科研成果共享机制、鼓励科研人员合作与交流等方式，提高科研经费的使用效率；同时，关注实验材料和设备的采购与维护成本，通过比价采购、定期维护等方式降低成本。

五是学生事务部门成本控制。学生事务部门应关注学生活动经费、招生宣传费用等方面。通过合理规划学生活动、提高招生宣传效果等方式，降低相关成本。同时，建立学生事务服务质量评价机制，确保在控制成本的同时满足学生的需求。

总之，在实施成本控制过程中，学校应建立完善的成本控制制度和流程，明确各部门的成本控制目标和责任。同时，学校要加强内部审计和财务监督工作，确保成本控制的实施效果。通过科学合理的成本控制措施，学校可以优化资源配置、提高管理效率并降低运营成本，为学校的可持续发展提供有力支持。

（三）学校部门的绩效评价

学校各部门的绩效评价是衡量各部门工作效果、效率和贡献程度的重要手段。它有助于学校管理层了解各部门的工作状况，为学校管理层的决策提供依据，并激励各部门不断改进和提升工作水平。

一是教学部门绩效评价。教学部门的绩效评价主要围绕教学质量、教学创新、学生满意度等方面进行。具体指标包括课程设置的合理性、教学方法的有效性、学生学术成本的质量、毕业生的就业率等。通过定期的教学评估、学生反馈、同行评议等方式收集数据，对教学部门的绩效进行全面、客观的评价。

二是行政部门的绩效评价。行政部门的绩效评价注重管理效率、服务质量和成本控制，具体指标包括工作流程的顺畅度、决策执行的时效性、行政服务的满意度、行政开支的合理性等。通过工作效率评估、员工满意度调查、财务预算执行情况分析等方式，对行政部门的绩效进行综合评价。

三是后勤部门绩效评价。后勤部门的绩效评价主要关注服务保障能力、卫生安全、资源配置和成本控制等方面，具体指标包括餐饮服务的质量、校园环境的整洁度、设施设备的完好率、能源消耗的节约程度等。通过定期的卫生安全检查、设施设备维护记录、能源消耗统计等方式，对后勤部门的绩效进行科学评价。

四是科研部门绩效评价。科研部门的绩效评价侧重于科研成果、学术影响力、项目管理和经费使用等方面。评价指标包括科研项目的数量和质量、学术论文的发表情况、科研成果的转化效果、科研经费的使用合规性等。通过科研项目结题验收、学术论文影响力评估、科研经费审计等方式,对科研部门的绩效进行全面评价。

五是学生事务部门绩效评价。学生事务部门的绩效评价主要围绕学生服务、招生就业、学生活动等方面进行,具体指标包括学生满意度、招生录取率、毕业生升学率、学生活动的丰富度和效果等。通过学生满意度调查、招生就业数据统计、学生活动效果评估等方式,对学生事务部门的绩效进行客观评价。

总之,学校在进行各部门绩效评价时,需要建立完善的绩效评价制度和流程,明确评价指标和标准,确保评价的公正性和准确性。同时,学校将绩效评价结果与奖惩机制相结合,激励各部门不断提升工作水平,共同推动学校的发展。

值得注意的是,学校部门层面的成本核算、成本控制与绩效评价紧密联系。但本书主要基于学校部门层面的成本核算结果进行成本控制和绩效评价,并未关注部门层面的成本控制和绩效评价对成本核算的反向作用。具体的影响流程如图3-2所示。

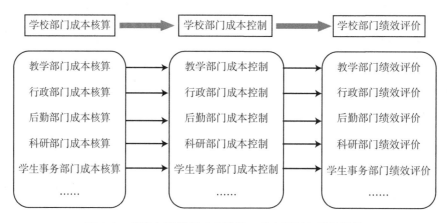

图3-2 学校内部部门成本核算、成本控制与绩效评价

三、学校项目的成本核算、成本控制与绩效评价

(一)学校项目的成市核算

学校项目的成本核算是对特定项目或活动所产生的成本进行详细计算和分析的过程,对于确保项目的经济可行性和资源分配的合理性至关重要。

一是教学类项目成本核算。教学类项目成本核算主要涉及与教学直接相关的成本,比如教师工资、教学材料费、课程开发费、实验室使用费等。这些成本需要按照实际发生的费用进行归集和分配,确保每个教学类项目的成本都能得到准确反映。同时,学校要考虑教学类项目的特殊性,比如是否需要额外的教学设备或场地租赁等,这些费用也应纳入成本核算范围。

二是科研类项目成本核算。科研类项目成本核算包括科研人员工资、实验材料费、设备购置与维护费、调研费用等。由于科研类项目通常具有较长的周期性和较高的不确定性,成本核算需要更加精细,包括对每个科研类项目建立独立的成本核算体系,按照项目进度和预算进行费用的归集和分配,以及及时处理项目过程中的成本变动和调整。

三是学生活动类项目成本核算。学生活动类项目成本核算主要涉及与学生活动相关的成本,比如场地租赁费、活动材料费、宣传费用、奖品费用等,这些成本需要根据活动的规模和需求进行合理预算,并在活动过程中进行实时控制和记录。通过对学生活动类项目的成本核算,学校可以更好地了解每项活动的成本构成和效益情况,为优化学生活动提供有力支持。

四是基建类项目成本核算。基建类项目成本核算包括建筑成本、装修成本、设备购置成本,以及与之相关的设计、监理等费用。这些成本需要按照基建项目的进度和合同约定进行归集和分配,确保每个基建项目的成本都能得到准确反映。同时,学校需要关注基建项目的质量、安全和环保等方面的要求,确保在控制成本的同时不降低项目的质量和效益。

总之,在进行各类项目成本核算时,学校需要建立完善的项目成本核算制度和流程,明确各项费用的归集和分摊方法。同时,学校要加强内部审计

和财务监督工作，确保成本核算的准确性和合规性。通过科学合理的项目成本核算，学校可以更好地了解各项目的成本情况和经济效益，为优化资源配置和提高管理效率提供有力支持。

（二）学校项目的成本控制

学校各项目的成本控制是确保项目在预算范围内进行，同时实现项目目标的重要手段。通过对项目成本的有效控制，学校可以优化资源配置，提高资金利用效率，并降低不必要的开支。

一是教学类项目成本控制。教学类项目成本控制主要涉及教师资源、教学材料、教学设备等方面的费用。为控制成本，学校可以优化课程安排，提高教室和教师资源的利用率；同时选择性价比高的教学材料和设备，通过集中采购和定期维护降低相关成本。此外，学校还可以建立教学项目预算和审批制度，确保项目费用在预算范围内支出。

二是科研类项目成本控制。科研类项目成本控制需要关注科研人员、实验材料、设备购置与维护等方面的费用。学校可以鼓励科研人员共享实验设备和资源，降低单个项目的成本。同时，加强项目预算管理和经费使用监督，确保科研经费的合规性和有效性。对于重大科研项目，可以进行成本效益分析，以评估项目的经济可行性和投资回报。

三是学生活动类项目成本控制。学生活动类项目成本控制主要涉及场地租赁、活动材料、宣传等方面的费用。为控制成本，学校可以合理规划学生活动，提高场地和资源的利用率，同时选择经济实惠的活动材料和宣传方式，降低相关成本。此外，学校还可以建立学生活动类项目预算和审批制度，确保项目费用在预算范围内开支，并鼓励学生组织自筹资金或寻求校外赞助。

四是基建类项目成本控制。基建类项目成本控制包括建筑、装修、设备购置等方面的费用。学校可以通过招标、比价等方式选择性价比高的承包商和供应商，降低基建类项目的成本；同时加强项目管理和监理工作，确保工程进度和质量符合要求，避免因质量问题导致的额外成本。此外，学校还可以建立完善的基建类项目预算和审批制度，对项目费用进行严格把关。

总之，在实施各项目成本控制过程中，学校应建立完善的成本控制制度和流程，明确各部门的成本控制目标和责任；同时，加强内部审计和财务监督工作，确保成本控制的实施效果。通过科学合理的项目成本控制措施，学校可以优化资源配置、提高管理效率并降低运营成本，为学校的可持续发展提供有力支持。

（三）学校项目的绩效评价

学校各项目的绩效评价是对项目执行过程、结果及影响进行全面、客观评估的过程，旨在衡量项目的目标达成度、效率、效果及对学校整体贡献的大小。

一是教学类项目绩效评价。教学类项目的绩效评价主要关注教学质量、学生满意度、教学目标达成度等方面，具体指标包括课程设置与更新情况、教学方法的创新性和有效性、学生学术成果与能力提升、教学资源的利用效率等。通过定期的教学评估、学生反馈、同行评议等方式，对教学项目的绩效进行综合评价，以反映项目在提升教学水平和培养学生能力方面的效果。

二是科研类项目绩效评价。科研类项目的绩效评价侧重于科研成果的创新性、学术价值、社会影响以及经费使用效率等方面。具体指标包括科研论文的发表数量与质量、专利申请与转化情况、科研项目的经费执行情况、科研团队的建设与培养等。通过科研成果评价、经费审计、团队绩效评估等方式，对科研项目的绩效进行全面衡量，以推动科研水平的提升和科研资源的优化配置。

三是学生活动类项目绩效评价。学生活动类项目的绩效评价主要关注学生参与度、活动效果、组织能力及资源利用效率等方面，具体指标包括学生活动的参与人数与满意度、活动目标的实现程度、组织者的策划与执行能力、活动经费的使用情况等。通过学生反馈、活动效果评估、组织者自评等方式，对学生活动项目的绩效进行评价，以促进学生全面发展并提升学校文化建设的水平。

四是基建类项目绩效评价。基建类项目的绩效评价注重项目的质量、进度、成本及后续使用效果等方面，具体指标包括基建项目的完成质量与安全性、进度计划的执行情况、成本控制的合理性、后续使用效果与满意度等。

通过项目验收、质量评估、成本审计、使用效果调查等方式，对基建项目的绩效进行客观评价，以确保基建类项目能够满足学校发展需求并提升校园硬件设施水平。

总之，在进行各项目绩效评价时，学校需要建立完善的绩效评价制度和流程，明确评价指标和标准，确保评价的公正性和准确性。同时，将绩效评价结果与奖惩机制相结合，激励各项目团队不断提升工作水平，共同推动学校的发展。通过科学合理的项目绩效评价，学校可以更好地了解各项目的执行情况和贡献程度，为优化资源配置和提高管理效率提供有力支持。

值得注意的是，学校项目层面的成本核算、成本控制与绩效评价紧密联系。但本书主要基于学校项目层面的成本核算结果进行成本控制和绩效评价，并未关注该层面的成本控制和绩效评价对成本核算的反向作用。具体的影响流程如图3-3所示。

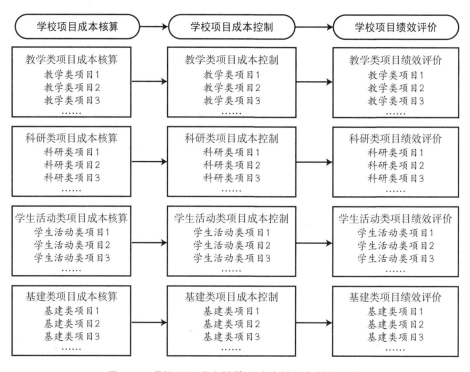

图3-3 学校项目成本核算、成本控制与绩效评价

四、年级学生的成本核算、成本控制与绩效评价

(一) 年级学生的成市核算

学校各年级成本核算或生均成本核算是指根据各年级学生人数或总体学生人数，对学校在教育过程中所产生的各种费用进行分配和计算，从而得出每个学生或每个年级学生所承担的学校成本。这种核算对于了解学校学校成本构成、制定学费标准及优化资源配置具有重要意义。

首先，在进行各年级或生均成本核算时，学校需要收集与教育过程相关的各种费用数据，包括教师工资、教学设备购置与维护费、教室租金、水电费等。这些数据需要按照不同的成本类别进行分类和归集，以便更好地了解各项成本的构成和变动情况。

其次，学校需要根据各年级学生人数或总体学生人数，将各项费用进行分配。分配方法可以采用平均分配或按一定比例进行分配，具体取决于各项费用的性质和用途。例如，对于教师工资这种与学生人数直接相关的费用，可以采用生均分配方法；而对于教学设备购置和维护费等与学生人数间接相关的费用，则可以采用按照一定比例进行分配的方法。在分配过程中，学校还需要考虑一些特殊情况的处理。比如，对于不同年级学生使用不同教学资源的情况，需要按照实际使用情况进行分配；对于某些专项费用，如科研经费、奖学金等，需要单独进行核算和分配。

再次，学校需要将各项分配后的费用进行汇总，得出各年级或生均的学校成本。这些成本数据可以为学校制定学费标准、优化资源配置和评估学校绩效提供重要依据。

最后，由于学校教育过程的复杂性和多样性，各年级或生均成本核算存在一定的难度和不确定性。在进行核算时需要充分考虑各种因素，确保数据的准确性和合理性。学校还需要建立完善的成本核算制度和流程，加强内部审计和财务监督工作，确保成本核算的规范性和有效性。

(二) 年级学生的成市控制

学校各年级或生均的成本控制是确保教育资源有效利用、降低学校成本

并维持高质量教育的重要管理手段。通过对各年级或生均成本的精细控制，学校可以实现教育资源的合理配置、提高经费使用效率，进而为学生提供更优质的教育服务。

首先，在实施各年级或生均成本控制时，学校需要明确成本控制的目标和原则。目标通常包括降低学校成本、优化资源配置、提高教学效益等；而原则包括公平性、效率性、可持续性等。这些目标和原则为学校制定成本控制策略提供了指导。

其次，学校应建立完善的成本控制体系，包括制定详细的成本控制计划，明确各项费用的预算和控制标准；建立成本控制责任制，将成本控制任务落实到具体部门和人员；加强成本核算和审计，确保各项费用真实、合理。在具体操作层面，学校可以采取多种措施来控制各年级成本或生均成本。例如，优化课程设置和教学计划，避免资源浪费；提高教室、实验室等教学设施的利用率，减少空置和浪费；推行节能减排措施，降低水电等能源消耗；加强采购管理，降低物资采购成本；鼓励教职工参与成本控制，提高全员成本意识等。此外，学校还应关注成本控制过程中的特殊问题。比如，对于不同年级学生因教学需求差异而产生的成本差异，学校应进行合理调整，确保资源分配的公平性；对于因政策调整、市场变化等因素导致的成本波动，学校应及时调整成本控制策略，保持成本控制的灵活性。

最后，学校应定期对成本控制效果进行评估和总结。通过对比分析实际成本与预算成本、不同年级或生均成本的变动情况等指标，学校可以了解成本控制的效果和存在的问题，进而对成本控制策略进行改进和优化。

总之，学校各年级或生均的成本控制是一项系统性、长期性的工作，需要学校全体成员的共同努力和持续改进。

（三）年级学生的绩效评价

学校各年级或生均绩效评价是对教育过程和结果的综合评估，旨在衡量各年级或每位学生的教育成果、资源利用效率及教育质量。这种评价有助于学校了解各年级或学生的表现，优化资源配置，提升教育质量，并激励学生全面发展。

首先，各年级绩效评价主要关注年级整体的教育目标完成情况、学生学术表现、德育发展、资源利用效率等方面，具体指标包括学术表现（通过考试成绩、作业完成情况、学科竞赛获奖等指标，评估年级整体学术水平和进步情况）、德育发展（通过学生行为规范、社会实践参与度、志愿服务活动等指标，评价年级在德育方面的成果）、资源利用效率（考察年级在教学设备、图书资料、实验室等资源的使用效率，以及节能减排等环保措施的落实情况）。

其次，生均绩效评价更加关注学生个体的全面发展，包括学术成绩（通过个人考试成绩、课程学习成果等，评价学生在学术方面的表现）、技能提升（考查学生在课外活动、社团组织、实习事件中的技能学习和提升情况）、个性发展（评价学生在兴趣爱好、特长发展、自主创新能力等方面的表现）、社会适应能力（通过学生在团队合作、社交技能、公民责任感等方面的表现，评估其社会适应能力）等方面。

最后，在进行各年级或生均绩效评价时，学校需要遵循公平、公正、全面的原则，确保评价结果的客观性和准确性。同时，学校应将评价结果与奖惩机制相结合，激励学生不断提升自身能力，实现全面发展。此外，学校还应建立有效的反馈机制，将评价结果及时反馈给教师和学生，帮助他们了解自身表现，明确改进方向。学校可以通过持续的改进和优化，不断提升教育质量和资源利用效率，为学生提供更优质的教育服务。

总之，年级学生层面的成本核算、成本控制与绩效评价紧密联系。但本书主要基于年级学生层面的成本核算结果进行成本控制和绩效评价，并未关注年级学生层面的成本控制和绩效评价对成本核算的反向作用。具体的影响流程如图3-4所示。

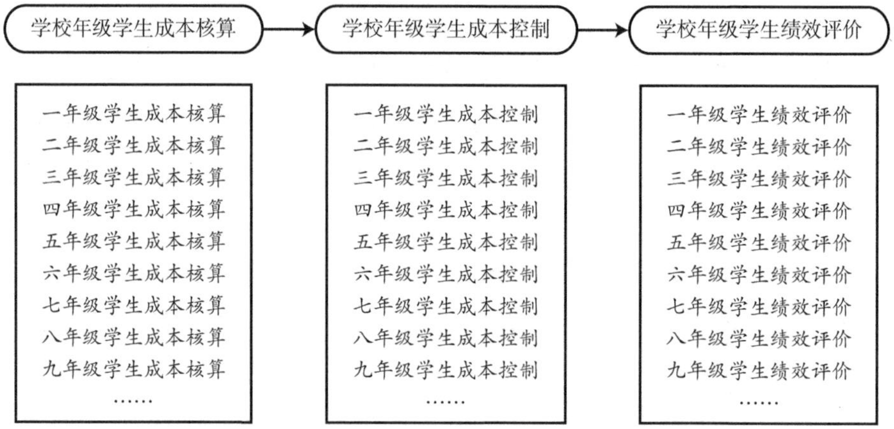

学校年级学生成本核算	→	学校年级学生成本控制	→	学校年级学生绩效评价

一年级学生成本核算	一年级学生成本控制	一年级学生绩效评价
二年级学生成本核算	二年级学生成本控制	二年级学生绩效评价
三年级学生成本核算	三年级学生成本控制	三年级学生绩效评价
四年级学生成本核算	四年级学生成本控制	四年级学生绩效评价
五年级学生成本核算	五年级学生成本控制	五年级学生绩效评价
六年级学生成本核算	六年级学生成本控制	六年级学生绩效评价
七年级学生成本核算	七年级学生成本控制	七年级学生绩效评价
八年级学生成本核算	八年级学生成本控制	八年级学生绩效评价
九年级学生成本核算	九年级学生成本控制	九年级学生绩效评价
……	……	……

图 3-4　学校年级学生成本核算、成本控制与绩效评价

第四章 学校成本核算的
理论和案例分析

由于公立学校，尤其是公立中小学尚未进行成本核算，本章将以《事业单位成本核算基本指引》的内容为框架基础，从整体成本、部门成本、项目成本和年级成本四个维度进行成本核算的理论论述，并以Z学校的实例进行案例分析。

第一节 学校成本核算体系的基础

一、学校成本核算的概念

学校成本核算是指审核、汇总、核算一定时期内教育费用的发生额和计算学校成本工作的总称。其主要任务包括两个方面：一是按照规定的成本开支范围对教育费用进行汇集，以计算实际发生的教育费用；二是根据学校成本核算对象，采用适当的方法，计算出教育的总成本和单位成本。学校成本核算不仅是记录和计算教育费用的过程，还是一种管理活动；通过对学校成本的核算和分析，可以帮助学校了解学校成本的结构和变化趋势，为制定科学、合理的学校成本控制策略提供依据。

二、学校成本核算的目标

学校进行成本核算活动的实质是为了实现教育教学活动的目标，将过程中所发生的一切耗费按照既定的原则和方法分配到具体的对象和项目中，最终计算出总成本、年级成本等信息，并向特定使用者提供。目前，公立学校的定位为：由政府承办且所需全部资金由政府拨付，学校整体面向社会适龄群体招生并承担受托管理责任。基于此，学校有义务向政府和社会公众进行信息披露，以反映受托管理的情况。因此，教育的利益相关者包括：政府、学校和社会公众。综上，学校成本核算的总体目标可以概括总结为学校以受托管理者的身份，向作为利益相关者的政府及社会公众提供所需整体资金数据以实现特定要求。学校成本核算的具体目标如下：

第一，准确反映学校成本。学校成本核算的首要目标是准确、全面地反映教育过程中发生的各种耗费，包括人员经费、教学业务费、行政管理费、设备购置和维护费等。通过精细化的核算，可以确保学校成本的准确性和完整性，为教育决策提供可靠依据。

第二，实现成本控制。通过成本核算得出的总成本和年级成本等数据直观地反映了学校在成本核算周期内资源耗费的规模。通过学校自身历史数据和同类学校之间的数据呈现，实现纵向可比及横向可比；通过数据分析找到成本耗费的来源，结合内部控制制度可进一步制定或修改学校内部规章和日常业务规范，通过与预算安排相结合，得出资金计划与实际使用间的差值，利用成本构成分析结果辅助次年预算安排。

第三，完善绩效评价，优化资源配置，提高教育效益。学校绩效评价分为单位整体绩效评价和项目绩效评价等。近几年，政府对于财政拨款的学校资金使用效益愈发重视，绩效评价结果反映了学校资源配置效率和使用效益，在公开时也有助于提升政府公信力。目前现有的学校绩效评价指标体系从数量、质量、成本、各类效益和影响程度等角度对学校绩效进行全面反映。学校成本核算活动的开展有助于增加成本指标的准确性，并且可丰富绩效评价体系的三级指标，使其更加完善、合理。通过对学校成本的核算，学校可以了解各项教育资源的投入和使用情况，发现资源利用的不足和浪费现象。这有助于学校优化资源配置，提高资源利用效率，确保教育资源能够合理分配到各个需要的领域。通过对学校成本的核算和分析，学校可以了解自身在资源利用方面的优势与不足，明确改进方向。这有助于学校提高教育效益，实现教育投入和产出的最大化，为社会培养更多的优秀人才。

第四，为政策制定提供依据，提供拨款标准的参考依据。政府和教育部门在制定教育政策时，需要考虑学校成本因素。通过学校成本核算，可以为政策制定提供准确、全面的成本信息，确保政策的科学性和合理性。同时在政策实施后，学校可以通过成本核算对政策效果进行评估和调整。政府作为学校整体的主办方，提供了学校开展教育教学活动的对应支持。作为全额拨款的公立学校，当前整体经费按定额标准进行下拨，而定额标准则依照国家相关政策、规划等进行调整。以北京市为例，《北京市基础教育公用经费定额标准》中规定日常定额以在校学生人数、教职工人数、校舍面积等乘以定额标准进行核算，专项经费由市、区两级财政按比例或定额统筹安排。定额标准的确定和调整幅度的大小对于政府的拨款工作和社会舆论导向具有十分重要的意义。因此，如何更加合理、准确地更新拨款标准就成为核心。学校实施成本核算后得出的数据可反映物价水平、通货膨胀等外在经济因素对于学校整体成本的敏感程度，也可区分学校普遍需求和特性需求，有利于政府根据区域、学段甚至是学校间成本的差异调整公用经费定额标准，实施差异化、精准拨款。在保障学校正常运转的同时，可提高财政资金分配的合理性。

第五，促进教育公平。学校成本核算可以提供关于不同学生、不同专业、不同项目等的学校成本信息，揭示学校成本在不同群体间的差异。这有助于教育部门和社会各界关注教育公平问题，推动教育资源的均衡分配，确保每个学生都获得公平的教育机会。

第六，加强内部管理。学校成本核算涉及学校内部的各个部门、项目和环节，需要建立完善的核算制度和管理体系。通过加强内部管理，可以确保学校成本核算的规范性和准确性，提高学校的管理水平和运行效率。

综上所述，学校成本核算的具体目标涉及多个方面，但在本书中，学校成本核算的目标主要是达到成本控制和完善绩效评价。

三、学校成本核算的前提

成本核算工作需要有一定的前提，只有满足这些前提，才能使成本核算工作顺利开展。

首先，会计主体。会计主体是指进行会计核算和监督的特定单位或组织。在学校成本核算中，会计主体通常是学校本身或其下属的各个部门、项目、年级等。明确会计主体有助于界定成本核算的范围和对象，确保成本核算的准确性和完整性。值得注意的是，学校作为履行受托管理的执行者，需要单独作为核算主体进行成本核算。然而随着教育改革的发展，教育集团校、"盟贯带"① 等的出现，在组织形式上虽然进行了教育资源的互换或整合，但仍属于不同核算主体。因此，本书认为对于不同学校之间发生的关联业务也要区分具体承担对象和受益对象，或采取一定比例进行拆分核算，不宜进行合并；而对于同一所学校但多址办学的，可依照主管部门有关要求确定成本核算主体。

其次，会计分期。会计分期是指将学校连续不断的教育活动划分为若干个相等的会计期间，以便分期进行会计核算和报告。在学校成本核算中，常见的会计分期包括学年、学期和月份等。会计分期有助于及时反映学校成本的发生情况和变化趋势，为管理决策提供依据。学校作为培养学生的园地，是以既定的培养周期存续。按照规定，我国学校的入学时间统一为当年的 9 月 1 日，于次年 8 月 31 日结束学期。而学校成本核算体系因涉及年级成本指标，为了统一核算口径，本书认为学校成本核算的周期可与学年度（即新学年的 9 月 1 日到次年度的 8 月 31 日）保持一致。

再次，持续经营。持续经营是指学校作为会计主体，在可预见的未来将持续存在并继续开展教育活动。这一前提假设学校不会面临破产或清算等情

---

① "盟贯带"是一种教育改革措施，旨在通过构建九年一贯制学校和优质教育资源的辐射，解决择校难的问题。

况，保证了成本核算的稳定性和连续性。

最后，货币计量。货币计量是指学校在教育活动中发生的各种耗费和收益都以货币作为计量单位进行记录和核算。这有助于统一成本核算的口径和方法，提高核算结果的可比性和可理解性。

此外，学校成本核算还应遵循权责发生制、配比、历史成本等会计原则，以确保核算结果的准确性和可靠性。同时，学校需建立完善的成本核算制度和管理体系，加强内部控制和监督，提高成本核算的规范性和效率性。《事业单位成本核算基本指引》中明确提出：成本核算应当以财务会计的数据为基础进行，采用权责发生制。在日常成本核算过程中，事业单位可以设置成本相关会计科目进行辅助，为成本核算提供数据基础。

以上内容构成学校成本核算工作的前提。学校应在开展工作前厘清思路。

四、学校成本核算的原则

学校成本核算工作应遵循一定的原则：

第一，相关性原则。它是指成本核算应当与学校的教育活动密切相关，确保所核算的成本能够真实反映学校在教育过程中的资源耗费情况。学校进行学校成本核算所提供的信息能够满足政府宏观管控的需要，满足学校内部管理层对于学校资金使用情况的掌握，还能满足社会公众对于学校整体质量和效率的评价。相关性原则是会计信息质量的基本要求。会计核算的本质即通过具体数据向报表有关使用者提供分析和决策的依据，因此提供高度相关的数据至关重要。学校在成本核算过程中，需要仔细区分经济业务是否相关，将与教学活动无关的费用排除在核算范围之外，对于相关事项再行下一步处理，对于非相关事项不得记录在成本账表中，以免影响各方数据使用者的正确判断。

第二，可靠性原则。它是指成本核算所提供的信息应当真实可靠，能够准确反应学校的成本状况。这要求在进行成本核算时，要遵循会计准则和制度，采用科学的核算方法，确保核算结果的准确性和可信度。同时，学校要加强对成本核算过程的监督和审核，防止人为操纵和舞弊行为的发生；要求学校在进行成本核算的全过程中对所获取的外来票据的真实性进行核验，对于自制票据所列事项、金额等内容真实并完整，不虚构交易，以切实存在的经济业务为基础，如实进行记录并形成相关报告。由于受到统计信息时间截点、场地等限制，暂时无法获取一手准确数据的，可根据此前同类事项合理进行预判，以暂估数据进行记录，当后期获得准确发生金额后，再将实际发生金额与暂估金额之间的差值进行记录并辅以说明，或向报告使用者进行披露，以保证成本核算真实、可靠。

第三，适应性原则。它是指成本核算应当适应学校的特点和管理需求，灵活应用不同的核算方法和技术手段。由于不同类型、规模和特点的学校在教育资源投入、使用和管理方面存在差异，在进行成本核算时，要结合学校的实际情况，选择适合的核算方法和技术手段，确保核算结果的针对性和实用性。这要求学校在成本核算时要充分考虑到教育行业特点、上级主管部门要求及学校内部管理需求。虽然学校不像一般企业有着成熟且丰富的成本核算细则和实操经验，在成本核算的方法选取上仍需借鉴一般企业，然而成本核算的引进已经成为时代的需要、社会的呼唤、政策的要求。此外，由于义务教育阶段学校作为公益一类事业单位，其职能为教育教学，因此，成本核算需按照特定使用者的需求，合理、全面地设置成本核算科目及成本指标，不应一味地模仿企业而丧失学校成本核算的意义。

第四，及时性原则。随着时间的不断推移，经济业务量的不断增大，如果不能及时进行确认、计量、记录便会影响报告的出具时间，进而影响报告使用者的查看和决策。成本核算工作作为财务基础工作的一部分，同样应遵循及时性这一原则。在日常成本核算中，要及时跟进成本的变化并进行入账。在成本账记录完毕后，也应及时将数据传递到信息需求处，做到不拖延。学校成本核算应当及时进行，确保所提供的信息能够及时反映学校的成本变动情况。这要求学校建立完善的成本核算制度和流程，明确核算周期和时间节点，确保各项费用能够及时入账和核算。同时，学校要加强成本核算与预算管理、财务管理等工作的衔接和协调，形成有效的信息沟通和反馈机制。财务基础核算工作往往需要时效性。

第五，可比性原则。首先，成本核算应当具有可比性，能够方便地进行横向比较和纵向比较。这要求学校在进行成本核算时，采用统一的核算口径和方法，确保不同学校、不同期间及不同项目之间的成本信息具有可比性和一致性。同时，要加强对成本核算结果的分析和解读，为管理决策提供有价值的参考依据。学校在进行成本核算的过程中，在相同情况下应选择同一种处理方法和原则，保证所提供的成本信息之间具有可比性。横向可比性是指各学校之间，面对相同或类似的经济业务事项所采取的成本核算手段相互可比；纵向可比性是指同一学校在不同时期，面对相同或类似的经济业务事项所采纳的成本核算方法及依据相互可比。若选择的成本核算方法、步骤或程序发生变化，可能会导致最终核算结果产生偏差。因此，只有遵循可比性原则才能使成本数据有分析价值。其次，可比性原则可在一定程度上避免学校因种种原因出现财务舞弊现象，即通过调整成本核算的处理方式而虚增或虚减成本值，影响成本数据的真实性，丧失成本报告的利用价值。然而，若因政策调整、学校整体模式发生重大转变等，确需变更成本核算的依据、方式、方法或程序的，应经过学校内部管理人员讨论并报上级主管部门批准后方可执行。最后，学校应在执行最新核算方法的当月在成本报告、财务报告中进行披露。

第六，重要性原则。在进行成本核算时，应当对重要项目或费用进行重点核算和管理，这要求学校根据自身特点和实际情况，识别出对成本影响较大的重要项目或费用，如人员经费、教学业务费等，并对其进行重点核算和管理。同时，学校要加强对这些重要项目或费用的监控和分析，及时发现和解决存在的问题和风险。学校在成本核算确认时，应按照经济事项区分重要程度。一项业务若与教育教学直接相关，且对其产生重要影响，那么无论金额大小都应被识别为重要事项；而若与学校开展业务活动关联并不大，虽属于成本核算范畴，但也可从简进行业务处理。对于已被识别为重要事项的业务，在成本核算过程中应当尽量详细加以记录，以体现重要性原则。

以上六项原则在学校成本核算时应贯穿始终。

五、学校成本核算的方法

在第二章第一节第一部分学校成本核算的方法中，分析了六种学校成本核算方法（倒挤法、会计调整法、统计法、分步法、作业成本法、会计核算法）的定义、相关文献、适用性和优缺点。结合目前学校成本核算的实际情况，尤其是执行新的《政府会计制度》后，教育事业单位采用权责发生制进行会计核算，为学校成本核算提供了更加详细的数据基础。因此，本书选择会计核算法和作业成本法进行学校成本核算。

（一）会计核算法

成本核算属于会计核算范畴。学校在日常经济业务发生时依照相关财务制度进行记录、核算，所采用的一般核算方法统称为会计核算法。具体来说，会计核算法是通过会计系统对教育过程中发生的各种费用进行记录、分类和汇总，从而计算出学校成本。学校成本是指在一定周期内，学校为开展办学而耗费的各类资源。而成本是对象化的费用，成本核算是在费用核算的基础上按照成本对象进行的再归集。

会计核算法一般有五个步骤：一是确定核算对象。核算对象可以是一个学校、一个部门、一个项目或者某一类教育活动。二是设置会计科目。根据教育活动的特点和核算要求，设置相应的会计科目，如人员经费、教学业务费、行者管理费、设备购置费等。三是记录和分类。在日常教育活动中，学校对发生的各项费用进行及时记录和分类，确保每一笔费用都能准确归属到相应的会计科目中。四是汇总和分配。学校定期（如每月、每季度或每学年）对各项费用进行汇总，并按照一定的分配标准（比如学生人数、学时数等）将费用分配到各个核算对象中。五是计算学校成本。学校根据汇总和分配的结果，计算出各个核算对象的学校成本。

会计核算法相对其他学校成本核算方法而言具有三个优点：首先，准确性高，该方法基于实际发生的费用进行核算，能够准确反映学校成本的真实情况。其次，操作性强。该方法与日常会计工作紧密结合，易于操作和实施。

最后，信息全面。能够提供详细的费用信息，有助于管理者了解学校成本的构成和变动情况。

当然，会计核算法也存在一些不足：一是滞后性。由于会计核算法基于已发生的费用进行核算，存在一定的滞后性，无法及时反映未来的成本变动。二是分配难题。某些共同费用或间接费用如何合理分配到各个核算对象是一个难题。三是对会计人员要求较高。该方法需要会计人员具备较高的专业素质和技能，以确保核算的准确性和规范性。

结合会计核算法的优缺点分析，该方法主要适用于那些已经建立了完善的会计系统，并且具备较高会计管理水平的学校或教育机构。同时，该方法更适用于那些教育费用易于区分和归集的核算对象，比如独立的部门、项目或课程等。对于费用难以区分或难以归集的情况，可能需要结合其他核算方法（比如作业成本法）进行综合运用。学校现行的政府会计制度已由以往的单轨制核算变更为双轨制核算。其中，财务会计按照权责发生制原则记录日常经济业务；预算会计按照收付实现制原则记录财政资金的日常使用情况。财务会计包含费用要素，而权责发生制是指当学校产生了经济业务事项的履行义务时即产生了费用，此时无论资金是否已支付，都应进行记录。费用的产生必然带来成本。因此，学校成本核算是涵盖在财务会计核算中的。学校在进行成本核算时，可以利用各类费用明细账的有关数据，对成本核算对象的耗费情况进行归集、分配和计算。此方法的优势在于费用的记录相对成熟且详细，以此为基础核算的成本也会较为准确。此外，学校作为事业单位，由此前仅记录支出，到如今费用与支出并轨，已然经历了较大的变革；在成本核算的方法选择上应当考虑到现实操作性，避免因核算方法过于复杂而使核算结果带来偏差。会计核算法可作为学校成本核算的首选。

（二）作业成本法

作业成本法是将实际发生过的费用，通过一定的资源动因全部归集至作业中，再经过作业动因的分配后，归入成本对象。该方法基于作业或活动来分配间接费用，能更准确地反映学校成本。

在作业成本法中，资源项目通过消耗资源动因计入作业中心中，作业中心再通过消耗作业动因计入成本对象中。对于学校而言，资源项目是指学校在履行其教育、教学等职能过程中所发生的各种资源消耗，通常包括与人员有关的耗费、与开展教育和教学活动有关的耗费、为了辅助教育和教学活动而发生后勤保障的耗费、使用仪器设备时发生的有形损耗费、利用无形资产时发生的无形损耗费用等。作业中心是指学校为了完成特定目的而划分的不同职责类别，如教学作业中心、后勤保障作业中心。成本对象可以根据成本核算的需要进行设置，如部门、项目和学生等。作业中心是作业成本法的核心，它连接了各种项目资源和成本对象，起到了桥梁的作用，即项目资源—作业中心—成本对象。作业成本法对比传统成本法而言，有着明显的优势。通常生产型企业、制造型企业由于间接成本较多而善于选择此种方法进行成本核算。此方法可以较为科学、准确地将间接成本合理分摊。学校在核算年级成本时同样会产生大量的间接成本，因此可以采纳作业成本法进行成本核算。

通常情况下，企业选择作业成本法进行日常成本核算时，首先，需要明确成本的对象。成本对象的不同将直接导致资源动因和作业动因的不同。其次，在成本对象确定后，需要依据成本对象确定不同的作业中心，作业中心应与成本对象有清晰的对应关系，即明确的作业动因。最后，罗列所有资源项目，找到资源项目与作业中心的联系，即资源动因。资源项目应包括所有的直接成本和间接成本。作业中心可将直接成本直接归入成本对象中，而间接成本则需要根据不同的特性，在通过作业中心后按不同分配动因归入成本对象中。学校在采用作业成本法进行年级成本核算时，应根据消耗对象的特征将所有资源项目分配到不同的作业中心中。例如与一线教师有关的工资费用，应根据耗费的属性分配至"教学作业中心"，再以教师课时数为作业动因计入学校各年级这一成本对象中。

将作业成本法运用到学校成本核算中主要有六个步骤：一是确定作业中心。识别并确定教育过程中的主要作业或活动，如教学、管理、科研等，这些作业中心是间接费用分配的基础。二是确定资源动因。资源动因是导致资源消耗的原因，比如教师工资可能由教学时长、科研任务等因素决定，确定资源动因有助于将资源成本分配到各个作业中心。三是分配资源到作业中心。根据资源动因，将各项资源成本（比如人员工资、设备折旧、材料耗费等）分配到相应的作业中心。四是确定作业动因。作业动因是导致作业发生的原因，比如学生人数、课程数量等，确定作业动因有助于将作业成本进一步分配到最终的教育产品或服务上。五是分配作业成本到成本对象。根据作业动因，将各个作业中心的成本分配到最终的成本对象上，比如学生、课程、项目等。六是计算学校成本。根据分配的结果，计算出各个成本对象的学校成本。作业成本法如图 4-1 所示。

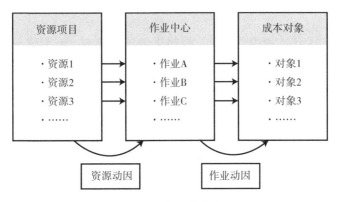

图 4-1　作业成本法

根据上述分析，作业成本法具有三大优点：首先，准确性高。它通过作业动因和资源动因的分配，能够更准确地反映学校成本的真实情况，特别是对于间接费用的分配更加合理。其次，决策相关性强。由于提供了更详细、更准确的成本信息，作业成本法有助于管理者做出更好的决策，比如学费定价、资源配置等。最后，过程控制。作业成本法关注作业过程，有助于管理者识别并优化无效或低效的作业，从而提高教育效率。

当然，作业成本法也存在一些问题：首先，实施成本高。作业实施需要投入大量的人力、物力和财力，包括识别作业和动因、收集数据、建立模型等。其次，操作复杂。相对上述会计核算法，作业成本法的操作更加复杂，需要更高的专业技能和经验。最后，主观性强。在确定作业和动因时，存在一定的主观性，可能会影响成本分配的准确性和公正性。

结合上述优缺点分析，作业成本法适用于那些间接费用占比较大、作业过程复杂且多样、对成本信息准确性要求较高的学校。当然，该方法更适用于那些具备较高管理水平和信息化基础的学校，因为作业成本法的实施需要强大的数据支持和先进的管理理念。对于规模较小、业务简单的学校，考虑到实施成本和效益的问题，可能更适合采用会计核算法和其他简化的核算方法。

六、学校成本核算的费用范围

成本是对象化的费用。因此，要想正确核算成本，需明确相关的费用范围。学校成本核算的基础是权责发生制，而采用权责发生制的财务会计体系包含资产负债表与收入费用表的内容。成本包含的具体范围应与财务会计科目有一定的对照关系。本书认为，学校在成本核算时，可利用现有财务会计体系中的费用类科目进行核算，即业务活动费用、单位管理费用、经营费用、资产处置费用、上缴上级费用、对附属单位补助费用、所得税费用及其他费用。

其中，业务活动费用是指学校在开展教育教学、科学研究、社会服务等活动中发生的费用。针对案例主体中小学的业务活动费用核算的是学校为贯彻教育方针、坚持依法办学、培养合格的中小学生而开展的教育教学活动及其辅助活动所发生的各项费用，包括人员经费、教学业务费、实验材料费、设备购置费等直接与业务活动相关的支出。单位管理费用核算的是学校后勤保障部门为了开展业务辅助或管理活动而发生的各类费用。业务活动费用和单位管理费用在财务会计体系中又根据核算事项具体细分为固定资产折旧费、无形资产摊销费、对个人和家庭的补助费用、商品和服务费用及工资福利费用等。以上科目均可作为学校成本核算过程中的数据来源。经营费用是指学校在开展非独立核算经营活动过程中发生的各项费用，包括销售费用、管理费用、财务费用等。资产处置费用是指学校因处置固定资产、无形资产等长期资产而产生的费用，包括资产处置过程中发生的评估费、拍卖费、过户费等。上缴上级费用是指学校按照财政部门和主管部门的规定，上缴上级单位的支出，包括体制上缴、专项上缴等。对附属单位补助费用是学校用财政补助收入之外的收入对附属单位补助发生的支出。这些补助旨在支持附属单位的发展，提高整体教育水平。所得税费用是指学校按照税法规定计算应缴纳的所得税费用。其他费用是指除上述费用之外的其他与学校成本核算相关的支出。

由于本章研究的案例学校为全额拨款的公立中小学，上级主管部门（教育委员会）为一级单位，学校为二级单位，在一般情况下不会产生经营费用、资产处置费用、上缴上级费用、对附属单位补助费用等有关费用。因此，在成本核算时，通常不应涉及此类费用。而所得税费用是否产生，需要学校根据实际情况进行判断。

七、学校成本核算的对象

成本核算的对象是单位进行生产产品或提供劳务过程中耗费资源的客体，一般企业产品成本的耗费可由劳动对象、劳动力和相关劳动资料组成。在成本核算过程中，准确找到核算对象是工作前提。核算对象的确定直接对应成本指标的设置。换言之，成本指标的列示在一定程度上体现了具体的核算对象。

学校的利益相关方由政府、学校自身及社会公众等构成。成本核算的目标决定了成本核算指标的设置，而成本核算指标的计算口径决定了成本核算的具体对象。因此，学校成本核算的对象应充分考虑信息使用者的需求，多元化、多角度地进行设置。本书认为，学校成本核算的对象可以设置为以下四类：

一是学校整体。为了满足政府相关部门对于学校财政资金使用效率的把握和考核，成本核算的对象可以设置为学校整体。将学校在核算周期内耗费的资源进行整合，计算得出学校当期整体成本。针对本书案例对象而言，将中小学作为一个整体进行成本核算，旨在全面了解学校的总运营成本，包括所有部门、项目和各年级的费用，这为学校的整体运营、预算制定和决策提供重要的成本信息支持。

二是学校部门。学校通常划分为多个部门，比如教学部门、行政部门、后勤部门等。将每个部门作为独立的成本核算对象，有助于了解各部门在运营过程中的成本构成和效率，便于学校进行资源分配和管理决策。针对本书案例对象而言，中小学内部通常划分为多个部门，比如教学部门、德育部门、行政部门、后勤部门等。为了满足学校自身内部管理和成本控制的需要，可以将成本核算的对象设置为学校内部的不同职能部门，学校在既定的成本核算周期内，计算某一部门的相关耗费，以便学校管理层统筹把握学校的整体运行情况，并可合理安排学校资金的分配和使用。

三是学校项目。对于学校开展的特定项目，比如科研项目、教学改革项目、基建项目等，可以将其作为独立的成本核算对象。项目成本核算有助于评估项目的经济效益，为项目决策提供成本信息支持，同时有助于学校对项目进行更有效的管理和控制。针对本书案例对象而言，中小学开展的特定项目，比如教学改革项目、校园文化建设项目、学生活动项目等，可以作为独立的成本核算对象。学校施行项目绩效管理，为了满足绩效评价的需要，成本核算的对象可以设置为具体项目。成本核算项目可以根据上级主管部门、学校自身等需要适当增设相关成本指标并进行核算。然而，当学校的成本核算对象为具体项目时，核算期略有不同。本书认为，应依照项目所属期间进行核算，即从立项到结项。

四是学校各年级。在某些情况下，可能需要针对不同年级进行成本核算。比如，不同年级的学生人数、课程设置、教学资源投入等可能存在差异，将其分别核算有助于更准确地了解各年级的学校成本，为学校在不同年级间的资源分配提供依据。为了体现学校培养学生的投入情况，反映学校履行教育教学职能的成果，满足社会公众对于此方面信息的需求，在成本核算时，学校普遍应将学生看作"产品"，以各年级学生为具体成本核算对象，计算年级成本。针对本书案例对象而言，因学校处于义务教育阶段，学生距离步入社会发挥效益的时间还很长，且作为人的价值是无法用金额进行衡量的。因此，当以年级学生为核算对象进行成本计量时，其范围界定为在校期间更为合理。

八、学校成本核算的指标

上述提到，学校成本核算的对象可以是学校整体、各职能部门、绩效管理项目，或是其"产品"——各年级学生。因此，学校成本核算指标相应地可设置为：整体成本、部门成本、项目成本和年级成本。

一是整体成本。整体成本指学校在核算周期内耗费的总资源。可满足政府相关部门对于学校财政资金使用效率的把握和考核。因此，核算内容可以包含上述费用科目中与整体有关的全部金额。

二是部门成本。部门成本指学校某一独立内部部门在核算周期内的耗费的总资源。根据目前学校的组织架构，校内通常设有教育部门、教务部门、教学部门、德育部门、资产与采购部门、财务部门、人事部门等。学校应以独立法人为核算主体，按照下设的部门数量分别开展部门成本的核算。部门成本可满足学校内部管理和成本控制的需要，便于学校管理层统筹把握整体运行情况，合理安排学校内部资金的分配和使用，在既定的成本核算周期内，计算某一部门的相关耗费。部门成本可以包含业务活动费用和单位管理费用中的由各部门负担的全部金额，并在部门明细账的基础上分拆列示。

三是项目成本。项目成本指学校在核算周期内开展的有成本核算价值的相关项目耗费的总资源。有成本核算价值的项目是指教育教学、基础设施建造等对学校办学提升有帮助的项目，如青少年学院课程建设、学生实践活动、校园文化建设、办学条件达标改造等。而教职工体检专项、学生奖助学金等由于项目用途过于明确且针对人群、拨款标准明确，则不属于严格意义上有成本核算价值的项目。此外，项目成本应按照"一项目一核算"原则。学校施行项目绩效管理后，项目成本可满足绩效评价的需要。由财政拨款资金形成的项目成本可以包含业务活动费用和单位管理费用中与项目有关的费用金额。如参与项目服务人员的项目补助金、为了完成项目而使用的库存物品的成本、项目所使用的固定资产发生的折旧（摊销）费用等。

四是年级成本。年级成本指以学生为核算对象，在核算周期内产生的与学生培养直接相关的各类资源的总耗费，并按照年级进行核算。我国学校培养的模式是从入学开始到毕业，每一学年结束后升入新的年级。每个年级学生在培养的投入方面会有所不同，如毕业年级的任课教师工资薪金会高于非毕业年级；低年级的学生活动次数会高于高年级。因而采用年级成本会较为科学和准确。年级成本可反映学校履行教育教学职能的成果，并向社会给予反馈。学校的"产品"是学生。因此，所有与培养学生有关的费用都应计入此项目核算范围，其中包括"业务活动费用"和"单位管理费用"会计核算科目。此外，按月给离退休人员发放的工资、为组织离退休人员开展活动等而支付的相关费用与培养学生无关。因此，本书认为，此部分资金均不应计入年级成本中。

九、学校成本核算的结果运用

（一）学校成市核算结果的种类

学校成本核算不仅是为了得出具体数值，更重要的是通过数值反映出来的现状与问题，因此核算结果的运用至关重要。

学校成本核算的结果通常以报表、报告或分析的形式呈现，这些结果提供了关于学校成本构成、分布和控制的详细信息。

一是学校成本报表。学校成本报表是学校成本核算结果的重要组成部分，也是成本核算结果的最直接体现，它详细列示了学校在一定时期内的各类成本项目及其金额。这些报表通常包括总成本报表［汇总了学校在核算期内的所有成本，按照不同的分类（比如人员经费、公用经费、折旧费用等）进行展示］、生均成本报表［反映了学校为每名学生提供的教育服务的平均成本，这是评估教育经济效益和制定学费标准的重要依据］、部门成本报表［针对学校内部的不同部门（比如教学部门、行政部门、后勤部门等）分别核算并展示其成本情况]、项目成本报表［针对特定的教育项目或活动（比如某个科研项目、学生实践活动等）核算并展示其成本构成和总额]。

二是成本分析报告。除了成本报表外，学校还会编制成本分析报告，对成本核算结果进行更深入的分析和解读。这些报告包括成本构成分析（分析学校成本的组成部分，识别主要成本驱动因素，为成本控制提供依据）、成本效益分析［将学校成本与教育产出（比如学生成绩、就业率等）进行对比，评估教育投入的经济效益]、趋势分析（对比不同时期的成本数据，分析学校成本的变化趋势和原因）、差异分析（比较实际成本与预算或标准成本的差异，找出造成差异的原因并提出改进措施）。

三是管理决策支持材料，包括预算编制依据（历史成本核算数据是编制未来预算的重要参考依据）、资源分配建议（基于成本核算结果，可以对学校内部的资源进行更合理的分配和调整）、投融资决策支持［准确的学校成本信息是进行投融资决策（比如扩建校园、更新设备等）的重要考虑因素]。

四是外部报告与沟通文件。学校还可以将成本核算结果以适当形式报告给外部利益相关者（如政府、家长、社会等），以增强透明度。这些外部报告包括公开的财务报表、绩效报告或社会责任报告等。

总之，学校成本核算的结果包括多种形式的报表、报告和分析资料，它们为学校的内部管理和外部沟通提供了全面的数据支持和信息依据。本书的学校成本核算结果主要体现为成本核算报表。

（二）学校成本核算结果的具体运用

学校成本核算不是为了核算而核算，学校成本核算结果具有广泛的应用价值，不仅为学校提供了关于资源使用的详细信息，还为管理层和政策制定者提供了决策支持。

一是运用于学校成本控制。学校成本核算结果可以用于监控和控制教育过程中的成本。通过对各项成本进行详细的核算和分析，教育机构可以识别出哪些成本项目超出了预算或标准，从而采取相应的成本控制措施。比如，如果教材费用过高，学校可以考虑采用更经济的教材版本或推动教材的循环利用。

二是运用于学校绩效评价。学校成本核算结果与学校的绩效直接相关。通过将成本数据与教育产出（如学生成绩、毕业率、就业率等）进行对比分析，可以评估学校在教育资源使用方面的效率。这种绩效评价有助于学校管理层了解哪些学校具有高成本效益，从而优化资源配置。

三是运用于教育预算编制。准确的学校成本核算结果是编制教育预算的基础。教育机构可以根据历史成本数据和未来需求预测来估算下一年度的成本，并据此编制预算。在预算编制过程中，成本核算数据可以帮助决策者合理分配资金，确保关键教育项目和活动得到足够的资金支持。

四是运用于教育投融资决策。当学校考虑扩张、更新设备或启动新项目时，学校成本核算结果对于投融资决策至关重要。详细的成本数据可以帮助决策者评估项目的投资回报率、偿还能力及潜在的风险。这些信息对于吸引外部投资者或获得银行贷款等融资支持至关重要。

五是运用于政策制定与调整。政府教育部门在制定或调整教育政策时，也需要参考学校成本核算结果。比如，在制定学费标准、助学金政策或教育资源分配政策时，准确的成本信息是确保政策公平性和可行性的基础。

六是运用于内部管理改进。学校成本核算还可以揭示学校内部管理的薄弱环节。通过对成本数据的深入分析，学校管理层可以发现资源浪费、效率低下或流程不合理等问题，并据此推动内部管理的改进和优化。

综上所述，学校成本核算结果在学校的多个领域都发挥着重要作用。为了提高教育资源的利用效率和效果，学校应重视学校成本核算工作，不断提升核算方法的准确性和有效性。本书基于成本核算进行成本控制和绩效评价，因此接着重点分析成本核算结果在成本控制和绩效评价中的具体运用。

（三）成本核算结果在成本控制中的具体运用

一是设定成本控制目标。学校成本核算提供了各项教育活动的详细成本数据，学校可以根据这些数据设定成本控制目标。这些目标可以是总体的成本降低百分比，也可以是针对特定成本项目的控制标准，如教材费用、人员工资、设备采购与维护等。

二是识别成本超支项目。通过对成本核算结果的分析，学校可以快速识别出哪些成本项目超出了预算或控制目标。这种识别有助于管理层集中注意力，优先处理那些对成本控制影响最大的项目。

三是分析成本动因。学校成本核算结果揭示了成本的构成和发生过程，学校可以进一步分析成本动因，即导致成本发生的根本原因，如高昂的教材费用可能是由于频繁更换教材版本或采购数量不合理造成的。通过分析成本动因，学校可以找到成本控制的关键点。

四是制定成本控制措施。基于成本核算结果和成本动因分析，学校可以制定具体的成本控制措施。这些措施可能包括优化采购策略、提高资源利用效率、改进教学和管理流程等，如学校可以通过集中采购、推广电子教材或实施教材循环利用来降低教材费用。

五是监控成本控制效果。学校成本核算结果还可以用于监控成本控制措施的实施效果。通过定期核算和分析成本数据，学校可以评估控制措施的有效性，并根据需要调整控制策略。这种持续的监控和改进有助于确保成本控制目标的实现。

总之，学校成本核算结果在学校成本控制中发挥着重要作用，为学校提供了关于资源使用的详细信息，帮助管理层设定控制目标、识别问题、分析原因并制定有效的控制措施。通过运用学校成本核算结果，学校可以更加有效地管理学校成本，提高资源利用效率。

（四）成市核算结果在绩效评价中的具体运用

学校绩效评价是对教育投入和产出效果的综合评估，旨在衡量教育经费使用的经济性、效率性和效果性。学校成本核算结果作为教育经费使用的重要数据基础，在绩效评价中发挥着关键作用。

一是设定绩效评价指标。学校成本核算提供了详细的成本数据和分类信息，这使学校能够设定更为精确和具体的绩效评价指标。比如，可以基于成本核算结果设定生均学校成本、教学设备使用效率、教职工成本比例等指标，以全面反映教育经费的使用情况。

二是评估资源利用效率。通过对成本核算数据的分析，可以评估学校在资源使用方面的效率，比如可以计算不同教育项目或活动的成本效益比，从而确定哪些项目在相同成本下取得了更好的教育效果，或者在达到相同教育效果时耗费了较少的资源。

三是衡量产出效果。学校成本核算结果与教育产出相结合，可以衡量学校在培养学生、提升教育质量等方面的实际效果。通过将成本数据与学生的学习成绩、毕业率、就业率等产出指标进行对比分析，可以评价教育经费的投入是否产生了预期的社会效益。

四是识别绩效改进领域。通过对成本核算结果的深入分析，学校可以识别经费使用中存在的浪费、低效或管理不善等问题。这些问题往往成为绩效改进的切入点，通过解决这些问题可以提高教育经费的使用效率和效果。

五是支持决策与预算调整。教育经费绩效评价的结果可以为教育机构的管理层提供决策支持。基于绩效评价结果，管理层可以对教育经费的分配和使用进行调整，优化预算结构，确保资金更多地投入效益高、需求迫切的领域。

六是增强透明度和问责制。公开透明的学校成本核算和绩效评价结果有助于增强学校的问责制。外部利益相关者（比如政府、家长、社会等）可以通过这些信息了解学校的经费使用情况和绩效表现，从而对学校进行有效的监督和评价。

总之，学校成本核算结果是学校绩效评价的重要组成部分。它们为设定绩效目标、评估资源利用效率、衡量产出效果、识别改进领域及支持决策与预算调整提供了坚实的数据基础和分析依据。

第二节 整体成本的核算

一、整体成本的核算过程

根据政府会计制度中财务会计科目的设置以及全额拨款学校的整体特点，本书认为，学校整体成本应由业务活动成本和单位管理成本两部分构成[①]。

成本核算具体涉及的会计科目为"业务活动费用"和"单位管理费用"。按照《政府会计制度》的规定，"业务活动费用"和"单位管理费用"均由工资福利、商品和服务、固定资产折旧与无形资产摊销二级明细科目构成。此外，"业务活动费用"还另包含了对企业补助、公共基础设施折旧（摊销）、保障性住房折旧、计提专用基金等二级明细科目。然而，此部分明细科目在学校日常业务核算过程中几乎不涉及。

学校的整体成本可利用会计核算法，在每学年度终了后，由财务部门根据上述科目在核算周期内（某一学年）的实际发生额进行汇总。单位整体成本可由整体成本总额与学年度财政拨款之比得到。

二、整体成本报表的编制

整体成本报表由业务活动成本和单位管理成本两大部分组成。每学年度终了，财务部门根据相关科目明细账金额加总填列工资福利、商品和服务、对个人和家庭的补助、对企业的补助、固定资产折旧、无形资产摊销项目。当学校涉及均不属于以上项目的成本时，则将其填列至其他项目中，并辅以文字说明。

整体成本报表（见表4-1）是财务角度的宏观统计，有助于学校对某一

---

① 具体解释见第四章第一节第六部分"学校成本核算的费用范围"。

学年度的整体情况进行辅助评价，与现有的收入费用表具有不同的现实意义。由于整体成本报表是整体层面的统计，无法展现得较为详细，因此应与其余三张成本报表配合使用以便了解学校的具体情况。

表4-1　整体成本报表（20××～20××学年度）

单位：元,%

项目	业务活动成本	单位管理成本	合计	占比
工资福利				
商品和服务				
对个人和家庭的补助				
对企业的补助				
固定资产折旧				
无形资产摊销				
其他				
合计				

第三节　　部门成本的核算

一、部门成本的核算过程

学校在日常经济业务核算时，应根据业务部门进行辅助核算。部门成本核算涉及部门用工成本及部门耗费成本两部分。成本的提取应采用会计核算法，并基于相关明细账等资料获得。单位部门成本可由部门成本总额与财政拨款中归属于部门拨款的金额之比得到。

第一，部门用工成本。部门用工成本指部门内所有人员的工资薪金。若业务部门人员同时承担一线教学任务，则应将该类人员获得的与教学有关的报酬从工资薪金中剔除后再计入部门成本。具体而言，部门用工成本包括工资与津贴、社会保险费、住房公积金、福利费、加班费与夜班津贴、其他人工成本。部门用工成本的计算通常根据员工的实际工作时间、薪资标准及相关的福利政策来确定，这些费用一般按照实际发生额进行记录和核算。

第二，部门耗费成本。部门耗费成本指业务部门为了履行部门职责，承担学校的正常运转而消耗的各类资源。包括部门为了完成工作任务等采购的物品成本、领用的办公用品成本、归属于部门使用的资产折旧（摊销）成本等，具体包括办公费、水电费、物业管理费、通信费、交通费、差旅费、修理维护费、会议与培训费和其他耗费。部门耗费成本的计算通常根据实际耗费量和单价来确定，这些费用也需要按照实际发生额进行记录和核算。需要特别说明的是，若不同业务部门之间存在交互成本，则根据耗费资源占比合理进行分摊。部门负责人应按月记录本部门实际发生的用工情况、当月实际采购的各项费用等。

二、部门成本报表的编制

学校部门成本报表是反映学校各部门在一定时期内成本发生情况的财务报表，它提供了部门成本构成、成本变动及成本控制等方面的信息。

部门成本构成由用工成本和耗费成本两部分构成。其中用工成本按在编人员、聘用人员及其他类别人员分别填列；耗费成本按物资采购、办公领用、资产折旧（摊销）及其他类别分别填列。本报表在每学年度终了后，由每个职能部门分别进行填列后汇总形成。部门成本报表反映了某一学年度内不同部门的成本情况，既可以在同一学年度内纵向比较，也可以在不同学年度内对同一部门的成本横向比较。学校可将部门成本报表作为部门业绩考核的其中一项。

××部门的成本报表见表4-2。同时，为了清晰列示各部门、各项成本占比，可以一同编制"部门成本汇总报表"，如表4-3所示。

表4-2 ××部门成本报表

编制部门	编制日期		报表期间				金额单位
成本类型	用工成本			耗费成本				合计
	在编人员	聘用人员	其他	物资采购	办公领用	资产折旧（摊销）	其他	合计
直接成本								
间接成本								
合计								

表4-3 部门成本汇总报表（20××~20××学年度）

单位：元

部门	用工成本			耗费成本				合计
	在编人员	聘用人员	其他	物资采购	办公领用	资产折旧（摊销）	其他	合计
教学处								
教务处								
德育处								
后勤总务处								
……								
合计								

第四节 项目成本的核算

一、项目成本的核算过程

项目成本的核算可以采用会计核算法。鉴于学校项目实施多为采用招标、服务外包等形式进行，因此项目成本可由外包成本与内部成本两部分加总得到。而当一般基础性项目完全由学校运行推进时，则不会产生外包成本。因此，需要根据具体项目具体分析。外包成本是项目合同成本或服务协议成本，一般包括与项目有关的人员服务费、材料费、运杂费、检测试验费、竣工结算审计费等。内部成本包括学校内部服务人员的项目补助金、为进行项目作业领用而消耗的库存物品的成本、项目期内所使用的固定资产的折旧或摊销费用等。无论是外包成本还是内部成本均可以概括为人员成本、物料成本及折旧与摊销成本三部分。外包成本通常为合同或协议结算金额，较为明确；而内部成本则需要根据项目实施期间学校内部发生的与之关联的费用进行核算。项目成本具体内容如下：

第一，人员成本。人员成本是项目所属期间学校为了顺利推进项目而承担的教职工加班费及外聘人员劳务费等费用。人员成本的核算应根据人事部门提供的教职员工加班明细表、外聘人员劳务费发放表等基础资料所列情况，计入项目成本。若涉及人员同时承担两个或两个以上的项目任务，则按照耗时进行分配。

第二，物料成本。学校在执行项目过程中耗费的一般材料、专用材料等应计入物料成本。在进行物料成本核算时应根据采购部门的物品采买单及总务部门的库存物品领用单等相关资料进行确定。

第三，折旧与摊销成本。学校在进行项目成本核算时，应关注项目所使用的相关资产情况。通常情况下，若某一个或某类资产在项目进行过程中承担了不可替代的作用或者服务项目的时间较长（使用时间大于等于项目期的75%）时，应将该资产在项目所属期内的折旧（摊销）金额计入项目成本；反之，若某一个或某类资产在项目进行中只起到辅助配合作用，或者服务于项目的时间较短时，为了简化处理则无须计入项目成本。项目负责人应整体把握该项目参与服务的人员情况以及项目实施过程中的采买情况和资产使用情况，与资产管理部门共同确定资产服务时间，并按资产服务于项目的天数折算计入成本。

二、项目成本报表的编制

项目成本报表由人员成本、物料成本和折旧（摊销）成本构成。人员成本按照在编人员、外聘人员及其他类别人员分别填列；物料成本按照外部采购与内部领用分别填列；折旧（摊销）成本依照固定资产的折旧和无形资产的摊销情况分别填列。

项目成本报表可以全面地反映学校构建项目的付出情况，有助于学校及上级主管部门等进行项目的绩效评价。

××项目的成本报表如表4-4所示。项目成本汇总报表如表4-5所示。

表4-4　××项目成本报表

单位：元，%

项目		外包成本	内部成本	成本合计	占比
人员成本	在编人员				
	外聘人员				
	其他				
	小计				
物料成本	外部采购				
	内部领用				
	小计				
折旧（摊销）成本	固定资产折旧				
	无形资产摊销				
	小计				
合计					

表4-5　项目成本汇总报表

单位：元，%

项目	人员成本		物料成本		折旧（摊销）成本		金额合计
	金额	占比	金额	占比	金额	占比	
××项目							

续表

项目	人员成本		物料成本		折旧（摊销）成本		金额合计
	金额	占比	金额	占比	金额	占比	
××项目							
××项目							

第五节　学校年级成本的核算

一、学校年级成本的核算过程

在学校年级成本核算过程中，成本的归集与分配是核算过程的核心。成本的归集与分配指的是学校在成本核算过程中，将所有资源的耗费按其类别归集到不同的成本核算对象中。当所耗费的资源可直接归属于某一特定成本对象中，即看作直接成本；当所耗费的资源无法直接归属于某一明确的成本对象中，即看作间接成本。直接成本按用途可直接归入成本核算对象，间接成本则需要按照特定的分配方法，合理地归入成本核算对象中。

根据成本核算对象的特点可以看出学校的整体成本、部门成本和项目成本的归集范围较为明确，几乎不涉及间接成本。当以各年级学生为核算对象时，会产生大量的间接成本，增加了成本核算的难度。

根据现行学校财务核算特点，本书认为年级成本可由人员成本、运转成本及折旧与摊销成本三部分加总得到。在核算方法上选取作业成本法（见图4-2）。年级生均成本由年级成本与年级学生数之比得到。

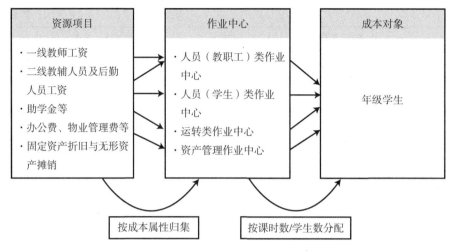

图 4-2　作业成本法在年级成本核算中的应用

（一）人员类成本的归集与分配

学校人员类成本指的是为人员实际支付或间接负担的费用。其中，与教职员工有关的成本包含每月实际发放的工资、学校按照规定为员工缴纳的社会保险费和住房公积金；与学生有关的成本包含一次性发放给学生的助学金、按月发放的生活补助等。人员按任职岗位不同可分为一线教师和二线教辅人员及后勤人员。通常情况下，人员基本工资、津贴补贴按教职员工职称和工作年限等标准发放；奖金、绩效工资由学校根据自制的相关考核管理办法等发放；社会保险费及公积金按照国家统一规定的申报口径上报，并按月为教职员工缴纳。人员经费的核算主要涉及学校的教务部门、人事部门和学生资助部门；教务部门负责统计每名一线教师的课时，记录全体教职员工的考勤，并将所记录的全部信息报送到人事部门；人事部门根据学校内部制定的发放标准和教务部门传来的数据按月计算每名教职员工的绩效工资、定期测算奖金，并根据教职员工的全年工资数据申报社会保险费和公积金；学生资助部门负责统计本学年度学生资助金额的测算及发放。

人员类成本在计入年级成本时，应区分直接成本与间接成本。其中，学生的资助金为直接成本，应根据学生所在年级直接计入该年级成本中；一线教师工资、社保及公积金属于直接成本，应根据一线教师任教年级分别将工资等数据计入对应年级成本；二线教辅人员及后勤人员的工资、社保及公积金应属于间接成本，应依据不同年级的学生人数占全校学生总人数的比例，分别计入不同年级成本中。

值得注意的是，在实际中，经常会出现二线人员承担一线教学任务。因此，为了准确核算年级成本，需将此类人员的工资、社保及公积金进行分拆，即区分此类人员工资中的直接成本和间接成本。具体方法如下：首先，按照任教年级将此类人员绩效工资中的课时数直接计入对应年级成本；其次，将剩余基本工资等项目按照普通二线教辅人员及后勤人员处理办法分摊到各个年级成本中。

具体流程见图4-3：教务部门按月根据每名教师任教的年级分别统计课时

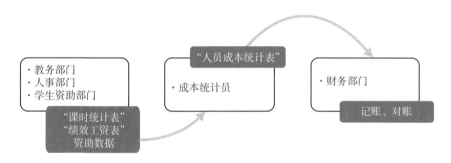

图4-3 人员类成本统计流程

数并填列"课时统计表"交至人事部门。人事部门根据"课时统计表"内容填列"绩效工资表"后，将所有工资相关的数据及"课时统计表"一并交至成本统计员处。学生资助部门将本月学生资助名单及金额统计完成后传递到成本统计员处。成本统计员根据上述表中内容，将数据按年级分别计算填列"人员成本统计表"。财务部门参考"人员成本统计表"中的内容，将"直接成本——学生"数加总后计入"业务活动费用——对个人和家庭的补助费用"科目中；将"直接成本——教师"数加总后计入"业务活动费用——工资福利费用"科目中；将间接成本加总后计入"单位管理费用——工资福利费用"科目中。学年终了后，成本统计员将本学年度"人员类成本统计表"（见表4-6）与财务对账后，归档待查。

表4-6　人员类成本统计表

单位：元

年级	项目	××年9月	××年10月	……	合计
一年级	直接成本——学生				
	直接成本—教师				
	间接成本				
二年级	直接成本——学生				
	直接成本——教师				
	间接成本				
……					
合计					

（二）运转类成本的归集与分配

学校运转类成本包括零星办公费、水电费、批量印刷费、办公用房取暖费、设备维修维护费、校内物业管理费、员工差旅费、举办会议费、继续教育培训费、福利费、工会经费、日常办公设备的采购费、基层党组织工作和活动经费以及其他项目经费。运转成本的归集通常涉及学校教学部门、德育部门、政府采购部门和后勤总务部门。学校教学部门负责订购学生及教师教材、统计教学用具并安排采买等工作；德育部门负责学生日常活动的安排；政府采购部门主要负责学校设备需求的申报、招标及采购；后勤总务部门负责各办公室日常用品的采买、水费和电费的申报、物业管理、设备维修及维护等工作。

运转类成本在计入年级成本时，同样需要区分直接成本和间接成本。直接成本包括学生活动成本，即学校组织学生在校内外进行学习、实践活动等发生的费用，应根据费用所列明细，将学生消耗的资源按照参与活动的学生人数进行分担，分别计入各个年级的运转成本中。除此之外，其余运转成本均为间接成本，需按照相关动因进行分配，如办公用品和教学用品可根据每月的用品申领单，将已消耗的办公用品按照采买价格计入当月运转成本。其中，教师领取部分计入该教师所教授的年级成本中。如果教师承担了不同年级的课程，秉承重要性原则，可进行简化处理，即将成本全部计入教师主要教授的年级成本中。此外，将教辅及后勤人员领用的部分均摊到每名学生的运转成本中，按年级进行统计；水电费、办公用房取暖费、校内物业管理费、工会经费等无法区分资源消耗者的费用，均将所有费用分摊至每名学生的运转成本中，同样按照年级进行统计；会议费、差旅费、培训费等涉及教职工参与的活动，按照活动发生期间和所参与的教职工人数，按月度分别计入各年级成本中，原则参考上述几条。"运转成本统计表"见表4-7。

表4-7 运转类成本统计表

单位：元

年级	项目	××年9月	××年10月	……	合计
一年级	直接成本				
	间接成本				
二年级	直接成本				
	间接成本				
……					
合计					

具体流程见图4-4：教学部门、德育部门、政府采购部门和后勤总务部门按月将所发生的成本传递到成本统计员处，成本统计员根据成本明细，区分直接成本与间接成本，计算填列"运转成本统计表"。财务将发生的相关费用分别计入"业务活动费用"以及"单位管理费用"下的"商品和服务费用"二级明细科目中，并结合"待摊费用"等科目明细账按月与成本统计员进行对账，成本统计员于学年终了后，将"运转成本统计表"归档待查。

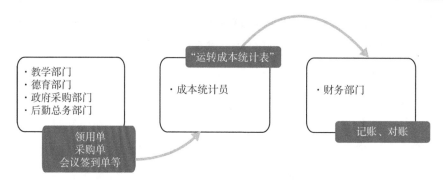

图 4-4　运转类成本统计流程

（三）折旧及摊销成本的归集与分配

学校的折旧及摊销成本是指学校资产账中所有固定资产与无形资产计提的折旧或摊销费用。折旧与摊销成本的归集通常涉及资产管理部门。资产管理部门根据每项资产的性质，确定资产大类并按照原值计入固定资产账中，依照上级主管部门等规定的使用年限，采用年限平均法等计提折旧或摊销。

在资产日常管理过程中，应按照资产具体使用部门或存放处进行记录。如果资产使用部门为各个班级教室，则直接计入相应年级成本中；如果资产使用或存放部门为办公室、专业教室等，则按照各年级学生人数占学生总人数的比例拆分折旧、摊销金额，分别计入各个年级的成本中。"折旧与摊销成本统计表"见表 4-8。

表 4-8　折旧与摊销成本统计表

单位：元

年级	项目	××年 9 月	××年 10 月	……	合计
一年级	固定资产折旧成本				
	无形资产摊销成本				
二年级	固定资产折旧成本				
	无形资产摊销成本				
……					
合计					

　　具体流程见图4-5：资产管理员应按月将资产存放清单及资产折旧或摊销单交到成本核算员处，成本核算员根据资产折旧金额及使用部门分别计入年级成本中，并填列"折旧及摊销成本统计表"。财务依照发生的相关费用分别计入业务活动费用、单位管理费用科目下的固定资产折旧费用和无形资产摊销费用二级明细科目中，并结合"固定资产"等科目明细账按月与成本统计员进行对账。成本统计员于学年终了后，将"折旧及摊销成本统计表"归档待查。

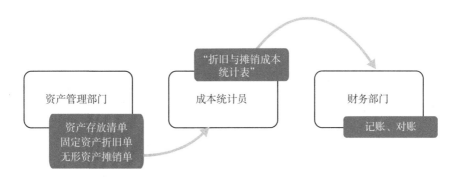

图 4-5　折旧与摊销成本统计流程

二、学校年级成本报表的编制

　　学校年级成本报表（见表4-9）由人员成本、运转成本、折旧与摊销成本构成，按照不同年级进行统计并按学年进行汇总填列。年级成本报表可以得出培养各个年级学生的总成本。此外，连续编制的成本报表还可以反映某一学校在连续学年度成本的变化幅度，有助于学校管理层、上级主管部门等报表使用者进行整体成本的分析。同时，学校可以在年级成本报表的基础上，编制年级成本占比报表及以年级生均成本报表，加以辅助分析。

表4-9 学校年级成本报表（20××～20××学年度）

单位：元

成本\年级	人员成本			运转成本		折旧与摊销成本		合计
	直接成本——教师	直接成本——学生	间接成本	直接成本	间接成本	固定资产折旧成本	无形资产摊销成本	
一年级								
二年级								
……								

第六节　学校成本核算的案例分析

本节将利用学校成本核算、成本控制与绩效评价的理论体系对 Z 学校 2020～2021 学年度的相关成本从整体、部门、项目和各年级学生四个维度进行核算。

一、现状和背景介绍

Z 学校属于九年一贯制的义务教育学校。同时，该校整体与体委联合，是一所体育运动特色学校。Z 学校的组织结构如图 4-6 所示。

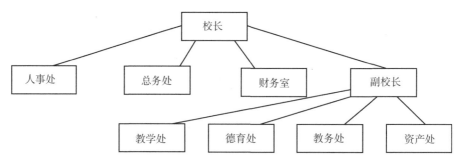

图 4-6　Z 学校的组织结构

Z学校是全额拨款的区属二级预算单位，上级主管部门为B区教育委员会。学校为了深入贯彻《行政事业单位内部控制规范》的有关精神，着力于提升学校的内部管理水平、规范内部控制情况并加强廉政风险防控的机制，自2017年10月起，单位层面经济控制遵循《××市Z学校内部控制手册》《××市Z学校内控管理制度汇编》；为贯彻财会〔2018〕21号文件精神，自2019年1月1日起，财务日常业务核算遵循《政府会计准则》《政府会计制度》。

Z学校整体经费拨款包括人员类经费和运转类经费。学校在教育教学周期中，均使用年初财政预算拨款进行资金支付；当年初预算不足以支付日常开销时，往往会申请追加资金。在资金使用过程中，会出现超规模、超预算的情况发生。近年来，随着财政资金给付政策的转变，追加资金的拨付愈发困难，使Z学校的资金一度出现紧张的局面。然而，学校管理层在日常办公时未树立起成本意识，学校也未进行规范的成本核算。

二、成本核算的准备

在开展成本核算之前，学校各部门首先需要归集整理相关资料。教务处负责提供课时统计表与学生情况表；资产处负责提供折旧与摊销表；人事处负责提供绩效工资表；德育处负责提供学生资助表；总务处负责提供物品领用单；财务处负责提供科目明细账等相关账簿。

学生人数作为成本核算过程中各类费用分配的重要依据之一，应准确统计，并按照成本核算周期（即一个学年度）进行及时更新。表4-10以2020~2021学年度Z学校各年级学生人数为基础计算得出的占比情况。此表数据将直接应用于后续成本指标值的核算中，若根据实际情况和计算需要，比例发生变化，将在后续做进一步说明和更新。

因2020~2021学年度内各班学生人数变化幅度不大，本着重要性原则及简化原则，学生人数所占比例采用学年内平均值，取整。

表4-10 2020~2021学年度各年级学生人数所占比例情况

单位：人，%

小学部	人数	比例	初中部	人数	比例
一年级	4	3	初一年级	24	13
二年级	14	8	初二年级	18	10
三年级	16	9	初三年级	25	14
四年级	7	4			
五年级	22	12			
六年级	49	27			
小计	112	63	小计	67	37

本案例利用2020~2021学年度的基础数据进行核算并分析。需要说明的是，Z学校在2020~2021学年度内未设置成本统计员岗，且日常工作流程中各业务部门未传递成本相关信息，因此本案例中成本统计所需基础信息由2020~2021此学年度期间记录、留存的财务等相关数据提供。

三、整体成本核算示例

（一）整体成本的核算过程

整体成本的数据选自2020年9月至2021年8月，财务明细账中业务活动费用和单位管理费用科目，包含工资福利、商品和服务、对个人和家庭的补助、固定资产折旧和无形资产摊销五类二级明细科目。本学年度Z学校没有产生对企业补助费用、公共基础设施折旧（摊销）费、保障性住房折旧费，并且没有计提专用基金，无形资产全部归属于单位管理成本。

（二）整体成本报表的编制

将2020年9月至2021年8月上述科目明细账显示的具体金额加总后填列整体成本报表，如表4-11所示。Z学校不涉及对企业补助费用等项目，因此简化了整体成本报表显示的项目。

表 4-11　整体成本报表（2020~2021 学年度）

单位：元

项目	业务活动成本	单位管理成本	合计
工资福利	8032297.88	3467984.69	11500282.57
商品和服务	943586.06	951318.02	1894904.08
对个人和家庭的补助	3900.00	239564.00	243464.00
固定资产折旧	895867.38	385402.57	1281269.95
无形资产摊销	0.00	25636.44	25636.44
其他	0.00	0.00	0.00
合计	9875651.32	5069905.72	14945557.04

四、部门成本核算示例

（一）部门成本的核算过程

1. 部门成本核算概述

Z 学校涉及财务室、人事处、总务处、教学处、德育处、教务处、资产处七个部门。

2. 部门成本中用工成本的核算

根据工资表，将 Z 学校各部门所有人员在 2020 年 9 月至 2021 年 8 月期间的工资（扣除与教学有关的费用）、社保及公积金计入在编人员成本：

教学处用工成本＝284908.92＋43425＋25824＝354157.92（元）

教务处用工成本＝259611＋40338＋24288＝324237（元）

德育处用工成本＝267194＋40491＋24108＝331793（元）

总务处用工成本＝239321＋37764＋22332＝299417（元）

人事处用工成本＝238130＋35181＋22092＝295403（元）

财务室用工成本＝195994＋59445＋37260＝292699（元）

资产处用工成本＝197732＋29763＋18612＝246107（元）

本核算期间全部人员均为在编，未涉及聘用人员和其他人员。

3. 部门成本中耗费成本的核算

耗费成本包括部门物资采购成本、办公领用成本、资产折旧（摊销）成本及其他成本。

部门采购成本根据财务明细账中各部门签单的经济业务事项加总得出。其中，涉及跨越学年度的采购成本则按照权责发生制的原则，将归属于本学年度的金额计入成本。例如：总务处在 2021 年 1 月结算了 2020 年度的配电柜维保费 28000 元，则实际计入本学年度的成本应为 28000÷12×4＝9333 元。

教学处采购成本＝11866.7+12277＝24143.7（元）

教务处采购成本＝100（元）

德育处采购成本＝47010.8+73060＝120070.8（元）

总务处采购成本＝92968.1+175935＝268903.1（元）

人事处采购成本＝510+600＝1110（元）

财务室采购成本＝515+2089＝2604（元）

资产处采购成本＝130715+102450＝233165（元）

办公领用成本根据库存物品明细账及办公用品领用单将不同部门领用的部分金额计入部门成本，同时核减相关采购部门的采购成本：

教学处领用成本＝2650.95（元）

教务处领用成本＝5147（元）

德育处领用成本＝4947.65（元）

总务处领用成本＝123（元）

人事处领用成本＝482（元）

财务室领用成本＝191（元）

资产处领用成本＝260（元）

根据以上领取情况，核减总务处采购成本＝13678.6（元）

资产折旧（摊销）成本根据资产管理员提供的资产存放记录单和相关资产的折旧年限，按照年限平均法计算折旧（摊销）金额，并计入部门成本：

教学处折旧（摊销）成本＝4736.33（元）

教务处折旧（摊销）成本＝4736.33（元）

德育处折旧（摊销）成本＝4736.33（元）

总务处折旧（摊销）成本＝4736.33（元）

人事处折旧（摊销）成本＝14833.00（元）

财务室折旧（摊销）成本＝6336.33（元）

资产处折旧（摊销）成本＝4736.33（元）

（二）部门成市报表的编制

部门成本为用工成本和耗费成本两项的合计。

根据以上金额，汇总计算 Z 学校 2020~2021 学年度部门成本后，填列本学年度部门成本报表如表 4-12 所示。

资金按"部门职责对口划分、无法找到对口部门的拨款平均分配"原则计算得到单位部门成本如下：

教学处单位成本＝385688.90÷316603.82＝1.22（元）

教务处单位成本＝334220.33÷314816.32＝1.06（元）

德育处单位成本＝461547.78÷506166.32＝0.91（元）

总务处单位成本＝559500.83÷802578.01＝0.70（元）

人事处单位成本＝311828.00÷314816.32＝0.99（元）

财务室单位成本＝301830.33÷314816.32＝0.96（元）

资产处单位成本＝484268.33÷624147.75＝0.76（元）

表 4-12 部门成本报表（2020~2021 学年度）

单位：人，元

| 成本\部门 | 用工成本 | | | | 耗费成本 | | | | | 合计 |
	在编人员	聘用人员	其他	小计	物资采购	办公领用	资产折旧	其他	小计	
教学处	354157.92	0.00	0.00	354157.92	24143.70	2650.95	4736.33	0.00	31530.98	385688.90
教务处	324237.00	0.00	0.00	324237.00	100.00	5147.00	4736.33	0.00	9983.33	334220.33
德育处	331793.00	0.00	0.00	331793.00	120070.80	4947.65	4736.33	0.00	129754.80	461547.78
总务处	299417.00	0.00	0.00	299417.00	268903.10	123.00	4736.33	0.00	260083.80	559500.83
人事处	295403.00	0.00	0.00	295403.00	1110.00	482.00	14833.00	0.00	16425.00	311828.00
财务处	292699.00	0.00	0.00	292699.00	2604.00	191.00	6336.33	0.00	9131.33	301830.33
资产处	246107.00	0.00	0.00	246107.00	233165.00	260.00	4736.33	0.00	238161.30	484268.33
合计	2143813.92	0.00	0.00	2143813.92	650096.60	13801.60	44850.98	0.00	695070.60	2838884.50

五、项目成本核算示例

（一）项目成本的核算过程

1. 核算概述

Z 学校开展的项目为"中小学生实践活动"项目、"校园文化建设"项目及"心理健康教育"项目。为了展示项目成本的核算过程，本书选取此学年度内同时涉及外包费用和学校内部耗费的"中小学生实践活动"项目进行详细的成本核算，另选取"校园文化建设"项目及"心理健康教育"项目做补充简要核算。

"中小学生实践活动"项目是每学年度上级主管部门均会按时下达给学校的专项资金，主要用于学校社会大课堂、戏曲进校园、学生冰雪活动、观影、观赛、观演等方面。本学年拨款 4.8 万元。

"校园文化建设"项目是上级主管部门结合学校建设情况，下达给部分学校的项目专款，主要用于学生活动场所、校史馆、广播站、宣传品等基本校园环境的建造。本学年拨款 15 万元。

"心理健康教育"项目是针对学生心理健康的提升而专门设立的项目经费，主要用于开展学生心理健康教育知识讲座、心理健康活动等。本学年拨款 9 万元。

2. 项目成本中人员成本的核算

"中小学生实践活动"项目集中在 2021 年 4 月和 6 月开展。项目实施过程中的人员成本包括校内承担活动任务的教职工劳务成本和实践活动中外聘服务人员劳务成本。其中，外聘服务人员劳务成本根据合同金额和外聘人员劳务费发放表确定；校内承担活动任务的教职工劳动成本根据项目工作天数确定。活动开展期间，本项目涉及的外聘人员劳务成本为 3600 元；主要参与服务的教职员工分别为 30 名和 18 名；除 2 名活动负责人外，其余人员服务项目天数均为活动当天（按 1 天计算，下同）。教职工劳务成本按照当月绩效工资÷22.5 天（平均工作天数）×服务项目天数计算，或按照加班记录单确定。考虑到活动负责人从项目筹划到全程推进实施的时间较长，无法精确计算具体耗时，本着重要性原则，将活动负责人在开展活动当月的绩效工资全部计入项目成本。本项目在实施期间，2 名活动负责人均未承接其他项目，因此不产生分配成本。具体计算过程如下：

130023÷22.5+6498+5975+99201÷22.5+6498+7433 = 36591.73（元）

"校园文化建设"项目本学年度用于学校史馆的建设。施工工期为 25 天。工程由外包公司全权负责，总务处跟进建设情况。审计后的合同总价为 145831.89 元，其中施工人员工资、社保等福利待遇共计 60509.15 元，其余均为建筑材料费。总务处人员在施工期间加班费用共计 2040.3 元。

"心理健康教育"项目本学年度用于学生心理健康教育系列培训课程。课程由外包公司负责，全部由外聘专家按课时进行授课，德育处跟进课程进度并进行记录、总结。合同总价为 9 万元。其中，专家课时费共计 61000 元，其余均为课程材料费。德育处为课程安排、课程推进等工作付出了加班时间，加班费共计 5285.04 元。

3. 项目成本中物料成本的核算

根据项目明细账显示："中小学生实践活动"项目采购活动用品等材料费共计 7818.3 元；活动租车费共计 4000 元；两次实践活动外包成本共计 24340 元。以上三项合计 36158.3 元。根据物品领用记录单显示：在活动开展当月承担活动主责的德育处领用专业材料物品合计 841.25 元。

"校园文化建设"项目中外包物料结款 85322.74 元，无内部领用记录。

"心理健康教育"项目中课程材料费结款 29000 元，无内部领用记录。

4. 项目成本中折旧与摊销成本的核算

"中小学生实践活动"项目主要为组织学生活动。除了走出校园的活动外，Z 学校同样会在校园内举办一系列活动。根据财务相关明细账及项目负责人和资产管理员的记录显示，Z 学校在 2021 年 6 月开展学生兴趣活动时主要依赖学校自购的广播设备、多媒体教室等专业教室的设备进行活动。为了准确核算该批资产服务于项目所产生的折旧与摊销成本，将该批资产按年限平均法计算活动当天的耗费金额，具体计算过程如下：

固定资产折旧：258700÷6÷365+455616÷5÷365＝367.78（元）

无形资产摊销：8576÷6÷365＝3.92（元）

"校园文化建设"项目为校史馆的建设工程，未使用学校自有资产进行辅助生产。因此，项目成本核算不涉及固定资产折旧与无形资产摊销。

"心理健康教育"项目在课程推进的过程中同样使用了学校的多媒体设备，按照课时数及使用天数计算，固定资产折旧金额为7205元。

（二）项目成市报表的编制

项目成本报表由人员成本、物料成本、折旧与摊销成本三部分构成。将上述核算的数据汇总后填列至项目成本报表，如表4-13、表4-14和表4-15所示。

表4-13　"中小学生实践活动"项目成本报表

单位：元，%

项目		金额	占比
人员成本	在编人员	36591.73	47.18
	外聘人员	36000.00	4.64
	其他	0.00	0.00
	小计	72591.73	51.82
物料成本	外部采购	36158.30	46.62
	内部领用	841.25	1.08
	小计	36999.55	47.70
折旧（摊销）成本	固定资产折旧	367.78	0.47
	无形资产摊销	3.92	0.01
	小计	371.70	0.48
合计		22076.73	100.00

表4-14　"校园文化建设"项目成本报表

单位：元，%

项目		金额	占比
人员成本	在编人员	2040.30	1.38
	外聘人员	60509.15	40.92

续表

项目		金额	占比
人员成本	其他	0.00	0.00
	小计	62549.45	42.30
物料成本	外部采购	85322.74	57.70
	内部领用	0.00	0.00
	小计	85322.74	57.70
折旧（摊销）成本	固定资产折旧	0.00	0.00
	无形资产摊销	0.00	0.00
	小计	0.00	0.00
合计		147872.19	100.00

表4-15　"心理健康教育"项目成本报表

单位：元，%

项目		金额	占比
人员成本	在编人员	5285.04	5.16
	外聘人员	61000.00	59.52
	其他	0.00	0.00
	小计	66285.04	64.68
物料成本	外部采购	29000.00	28.30
	内部领用	0.00	0.00
	小计	29000.00	28.30
折旧（摊销）成本	固定资产折旧	7205.00	7.02
	无形资产摊销	0.00	0.00
	小计	7205.00	7.02
合计		102490.04	100.00

六、年级成本核算示例

（一）年级成市的核算过程

1. 年级成本核算概述

考虑到统计表列示项目的简洁性，本部分以2020～2021学年度第一学期、第二学期的统计表列示人员成本、运转成本、折旧与摊销成本，加总后计算本学年度的各年级成本。年级成本的计算采用作业成本法。

2. 年级成本中人员类成本的核算

人员类成本的核算分为"直接成本—学生""直接成本—教师"及"间接成本"三部分，为了方便列示，本案例分别以 A1、A2、A3 在统计表中表示。根据 Z 学校 2020~2021 学年度校历显示：上半学期为 2020 年 9 月 1 日至 2021 年 1 月 29 日，2021 年 1 月 30 日至 2 月 28 日为寒假期间；下半学期为 2021 年 3 月 1 日至 2021 年 7 月 14 日，2021 年 7 月 15 日至 8 月 31 日为暑假期间。因此，2021 年 2 月和 8 月不产生"直接成本—学生"，也不产生教师课时费，二线教辅人员及后勤人员成本全部作为间接成本进行分摊。

"直接成本—学生"（A1）核算的是学生资助金。2020~2021 学年度内，Z 学校学生资助人数为 1 人，资助标准为：助学补助 150 元/人/学期；寄宿生补助 1800 元/人/学期。涉及年级为八年级。因助学补助在学期初一次性发放，寄宿生补助按月发放，因此将发放金额平均计入学期内的每个月中核算成本。

"直接成本—教师"（A2）核算的是一线教师的工资、社保及公积金和二线人员任教的课时费，按月根据课时统计表、绩效工资表、社保及公积金的缴纳金额将一线教师的工资薪金数据按照任教年级分别计入对应年级成本。同时任教不同年级的教师，工资薪金数据按照其当月各年级课时数所占总课时数的比例进行拆分。

"间接成本"（A3）核算的是二线教辅人员及后勤人员的工资（不含课时费）、社保及公积金，按照每年级学生人数占全校学生总人数的比例（分配动因，作业成本法）分别计入对应年级成本。

将数据整理汇总后填列至表 4-16 和表 4-17 中。

表 4-16 人员类成本统计表（2020~2021 学年度第一学期）

单位：元

年级	项目	2020 年 9 月	2020 年 10 月	2020 年 11 月	2020 年 12 月	2021 年 1 月	2021 年 2 月	合计
一年级	A1	0.00	0.00	0.00	0.00	0.00	0.00	0.00
	A2	26584.05	26693.01	23529.51	31894.29	24711.65	24506.33	157918.85
	A3	5764.62	6275.03	5492.26	8673.19	5649.82	5651.77	37506.69
二年级	A1	0.00	0.00	0.00	0.00	0.00	0.00	0.00
	A2	70997.90	71288.88	62840.13	85179.92	65997.29	65448.94	421753.05
	A3	17293.87	18825.08	16476.79	26019.57	16949.45	16955.30	112520.08
三年级	A1	0.00	0.00	0.00	0.00	0.00	0.00	0.00
	A2	81257.80	81548.78	73100.04	95439.83	76257.19	75708.84	483312.48
	A3	18715.61	20246.82	17898.54	27441.32	18371.19	18377.04	121050.52
四年级	A1	0.00	0.00	0.00	0.00	0.00	0.00	0.00
	A2	35498.95	35644.44	31420.06	42589.96	32998.64	32724.47	210876.53
	A3	7686.17	8366.70	7323.02	11564.26	7533.09	7535.69	50008.92
五年级	A1	0.00	0.00	0.00	0.00	0.00	0.00	0.00
	A2	93164.66	93546.49	82459.90	111774.55	86602.77	85883.23	553431.61
	A3	23058.50	25100.10	21969.06	34692.77	22599.27	22607.07	150026.77
六年级	A1	0.00	0.00	0.00	0.00	0.00	0.00	0.00
	A2	212993.70	213866.64	188520.39	255539.76	197991.86	196346.82	1265259.10
	A3	51881.62	56475.23	49430.38	78058.72	50848.36	50865.91	337560.23
七年级	A1	0.00	0.00	0.00	0.00	0.00	0.00	0.00
	A2	102079.56	102497.93	90350.46	122470.22	94889.76	94101.36	606389.29
	A3	24980.04	27191.78	23799.81	37583.83	24482.54	24490.99	162529.00
八年级	A1	390.00	390.00	390.00	390.00	390.00	0.00	1950.00
	A2	79832.48	80159.67	70659.60	95779.23	74209.62	73593.04	474233.64
	A3	19215.42	20916.75	18307.55	28910.64	18832.73	18839.23	125022.31
九年级	A1	0.00	0.00	0.00	0.00	0.00	0.00	0.00
	A2	115411.74	115884.75	102150.75	138465.55	107282.92	106391.55	685587.26
	A3	26901.58	29283.45	25630.57	40474.89	26365.82	26374.92	175031.23
合计		995687.81	1015992.81	894326.68	1253070.13	935292.89	928764.89	6023135.20

表 4-17 人员类成本统计表（2020~2021 学年度第二学期）

单位：元

年级	项目	2021 年 3 月	2021 年 4 月	2021 年 5 月	2021 年 6 月	2021 年 7 月	2021 年 8 月	合计
一年级	A1	0.00	0.00	0.00	0.00	0.00	0.00	0.00
	A2	21601.69	21625.12	23732.89	24633.11	23613.24	23470.11	138676.16
	A3	5619.80	5665.79	5851.10	6011.57	5723.10	5718.49	34589.84
二年级	A1	0.00	0.00	0.00	0.00	0.00	0.00	0.00
	A2	54102.11	54160.80	59439.79	61694.41	59140.11	58781.62	347318.84
	A3	14986.13	15108.77	15602.93	16030.86	15261.59	15249.30	92239.56
三年级	A1	0.00	0.00	0.00	0.00	0.00	0.00	0.00
	A2	57691.51	57754.09	63383.32	65787.53	63063.76	62681.49	370361.70
	A3	16859.39	16997.36	17553.29	18034.71	17169.29	17155.46	103769.51
四年级	A1	0.00	0.00	0.00	0.00	0.00	0.00	0.00
	A2	28845.76	28877.05	31691.66	32893.76	31531.88	31340.74	185180.85
	A3	7493.06	7554.38	7801.46	8015.43	7630.79	7624.65	46119.78
五年级	A1	0.00	0.00	0.00	0.00	0.00	0.00	0.00
	A2	75703.79	75785.91	83172.68	86327.53	82753.35	82251.73	485994.99
	A3	22479.19	22663.15	23404.39	24046.29	22892.38	22873.94	138359.34
六年级	A1	0.00	0.00	0.00	0.00	0.00	0.00	0.00
	A2	173074.54	173262.28	190149.96	197362.59	189191.28	188044.47	1111085.11
	A3	50578.18	50992.09	52659.88	54104.14	51507.86	51466.37	311308.52
七年级	A1	0.00	0.00	0.00	0.00	0.00	0.00	0.00
	A2	82947.86	83037.84	91131.45	94588.18	90671.99	90122.37	532499.69
	A3	24352.46	24551.75	25354.76	26050.14	24800.08	24780.10	149889.29
八年级	A1	390.00	390.00	390.00	390.00	390.00	0.00	1950.00
	A2	64870.32	64940.69	71270.38	73973.76	70911.06	70481.22	416447.43
	A3	18732.66	18885.96	19503.66	20038.57	19076.99	19061.62	115299.45
九年级	A1	0.00	0.00	0.00	0.00	0.00	0.00	0.00
	A2	93781.34	93883.07	103033.75	106941.94	102514.28	101892.87	602047.25
	A3	26225.72	26440.34	27305.12	28054.00	26707.78	26686.27	161419.23
合计		840335.51	842576.43	912432.47	944978.53	904550.80	899682.81	5344556.55

3. 年级成本中运转类成本的核算

运转成本的核算分为直接成本与间接成本两部分。为了方便列示，本案例分别以 B1、B2 在统计表中表示。2020~2021 学年度，Z 学校发生的运转类费用包括办公费、财务审计费、党员活动费、水费、电费、电话费、福利费、工会经费、劳务费、交通费、取暖费、物业管理费、维修维护费、学生活动费和专用材料费。

直接成本（B1）核算与学生直接相关所发生的费用。通过对本学年度发生的所有费用进行分析后可以区分：学生活动费按各年级参与学生人数占总参与学生人数的比例拆分活动费用，并按发生的月份全部计入相应年级的直接成本中；交通费和专用材料费按照耗费的特定年级计入该年级当月直接成本中。

以学生活动费为例：2020 年 10 月共发生 3 笔学生活动费用，其中涉及全校学生的家校共育活动金额为 39680 元，则按照表 4-10 "2020~2021 学年度各年级学生人数所占比例情况" 中所列示的比例拆分此项费用；其余两笔费用分别对应某一年级和小学部所有班级（少先队活动费）。当对应年级数大于 1 且小于 9 时，应重新计算分配比例。此项少先队活动费涉及的分配比例为：一年级 5%，二年级 13%，三年级 14%，四年级 7%，五年级 19%，六年级 42%。

其余费用与学生无直接关联，只起到辅助、后勤保障作用，因此全部计入间接费用（B2），并按照年级学生所占总学生比例（分配动因、作业成本法）及实际发生月份分别计入各年级成本中。

计算汇总后，将数据填入 "运转类成本统计表" 中，如表 4-18 和表 4-19 所示。

表 4-18　运转类成本统计表（2020~2021 学年度第一学期）

单位：元

年级	项目	2020 年 9 月	2020 年 10 月	2020 年 11 月	2020 年 12 月	2021 年 1 月	2021 年 2 月	合计
一年级	B1	0.00	204.90	932.50	84.00	0.00	0.00	1221.40
	B2	2474.81	9632.42	2583.84	5083.40	8882.12	1086.11	29742.69

续表

年级	项目	2020 年 9 月	2020 年 10 月	2020 年 11 月	2020 年 12 月	2021 年 1 月	2021 年 2 月	合计
二年级	B1	0.00	534.50	2432.50	224.00	0.00	0.00	3191.00
	B2	6599.50	25686.45	6890.24	13555.72	23685.66	2896.28	79313.85
三年级	B1	0.00	579.00	2635.00	252.00	0.00	0.00	3466.00
	B2	7424.44	28897.25	7751.52	15250.19	26646.36	3258.32	89228.08
四年级	B1	0.00	285.10	1297.50	112.00	0.00	0.00	1694.60
	B2	3299.75	12843.22	3445.12	6777.86	11842.83	1448.14	39656.92
五年级	B1	0.00	783.90	3567.50	336.00	0.00	0.00	4687.40
	B2	9899.25	38529.67	10335.36	20333.58	35528.48	4344.42	118970.77
六年级	B1	0.00	1737.00	7905.00	756.00	0.00	0.00	10398.00
	B2	22273.32	86691.76	23254.55	45750.56	79939.09	9774.95	267684.23
七年级	B1	0.00	114.40	1576.38	364.00	0.00	0.00	2054.78
	B2	10724.19	41740.48	11196.63	22028.05	38489.19	4706.46	128885.00
八年级	B1	0.00	88.00	1238.89	280.00	0.00	0.00	1606.89
	B2	8249.38	32108.06	8612.80	16944.65	29607.07	3620.35	99142.31
九年级	B1	1400.00	123.20	1771.73	392.00	0.00	0.00	3686.93
	B2	11549.13	44951.28	12057.91	23722.51	41449.90	5068.49	138799.23
合计		83893.79	325530.59	109484.96	172246.53	296070.69	36203.53	1023430.09

表 4-19　运转类成本统计表（2020～2021 学年度第二学期）

单位：元

年级	项目	2021 年 3 月	2021 年 4 月	2021 年 5 月	2021 年 6 月	2021 年 7 月	2021 年 8 月	合计
一年级	B1	0.00	452.28	242.10	398.22	90.00	0.00	1182.60
	B2	3241.26	4386.26	2802.37	2828.92	2105.36	1528.58	16892.75
二年级	B1	0.00	1206.08	645.60	1039.67	240.00	0.00	3131.35
	B2	8643.36	11696.70	7472.98	7543.80	5614.29	4076.21	45047.34
三年级	B1	0.00	1356.84	726.30	1127.93	270.00	0.00	3481.07
	B2	9723.78	13158.79	8407.11	8486.77	6316.07	4585.74	50678.26

续表

年级	项目	2021年3月	2021年4月	2021年5月	2021年6月	2021年7月	2021年8月	合计
四年级	B1	0.00	603.04	322.80	553.20	120.00	0.00	1599.04
	B2	4321.68	5848.35	3736.49	3771.90	2807.14	2038.11	22523.67
五年级	B1	0.00	1809.12	968.40	1526.15	360.00	0.00	4663.67
	B2	12965.04	17545.05	11209.48	11315.69	8421.43	6114.32	67571.01
六年级	B1	0.00	4070.52	2178.90	3383.78	810.00	0.00	10443.20
	B2	29171.34	39476.36	25221.32	25460.31	18948.22	13757.22	152034.78
七年级	B1	0.00	1959.88	1049.10	279.94	390.00	0.00	3678.92
	B2	14045.46	19007.14	12143.60	12258.67	9123.22	6623.85	73201.93
八年级	B1	0.00	1507.60	807.00	215.34	300.00	0.00	2829.94
	B2	10804.20	14620.88	9341.23	9429.75	7017.86	5095.27	56309.18
九年级	B1	1400.00	2110.64	2244.00	301.48	420.00	0.00	6476.12
	B2	15125.88	20469.23	13077.72	13201.64	9825.01	7133.37	78832.85
合计		109441.99	161284.75	102596.50	103123.15	73178.61	50952.67	600577.67

4. 年级成本中折旧与摊销成本的核算

2020~2021学年度，Z学校已按规定计提固定资产折旧和无形资产摊销，并按月计入财务账中。固定资产折旧与无形资产摊销全部属于间接费用。本次成本核算是根据固定资产管理员按月提供的资产折旧、摊销表与固定资产管理信息系统中固定资产存放位置，按使用年级分别进行核算。直接归属于某一年级的资产，将其折旧与摊销费用全部计入该年级成本；存放于公共区域的资产、无法区分使用年级的资产全部按照每个年级学生人数占总学生人数的比例（分配动因、作业成本法）进行拆分，将此类资产的折旧与摊销金额按月分别计入各个年级成本中。为了方便列示，本案例分别以C1表示固定资产折旧成本、以C2表示无形资产摊销成本在统计表中表示。将数据整理后填列至"折旧与摊销成本统计表"中进行汇总，填写至表4-20和表4-21。

表4-20　折旧与摊销成本统计表（2020~2021学年度第一学期）

单位：元

年级	项目	2020年9月	2020年10月	2020年11月	2020年12月	2021年1月	2021年2月	合计
一年级	C1	5171.18	5155.70	2951.61	2685.38	2685.37	2685.37	21334.61
	C2	85.61	85.61	85.61	85.61	81.86	68.48	492.77
二年级	C1	13789.82	13748.54	7870.95	7161.00	7160.99	7160.99	56892.28
	C2	228.29	228.29	228.29	228.29	218.28	182.62	1314.07
三年级	C1	15513.54	15467.11	8854.82	8056.13	8056.11	8056.11	64003.82
	C2	256.83	256.83	256.83	256.83	245.57	205.45	1478.32
四年级	C1	6894.91	6874.27	3935.48	3580.50	3580.49	3580.49	28446.14
	C2	114.14	114.14	114.14	114.14	109.14	91.31	657.03
五年级	C1	20684.73	20622.81	11806.43	10741.50	10741.48	10741.48	85338.42
	C2	342.43	342.43	342.43	342.43	327.43	273.93	1971.10
六年级	C1	46540.63	46401.32	26564.47	24168.38	24168.33	24168.33	192011.46
	C2	770.48	770.48	770.48	770.48	736.71	616.35	4434.97
七年级	C1	22408.45	22341.37	12790.30	11636.63	11636.60	11636.60	92449.96
	C2	370.97	370.97	370.97	370.97	354.71	296.76	2135.36
八年级	C1	17237.27	17185.67	9838.69	8951.25	8951.23	8951.23	71115.35
	C2	285.36	285.36	285.36	285.36	272.86	228.28	1642.58
九年级	C1	24132.18	24059.94	13774.17	12531.75	12531.72	12531.72	99561.50
	C2	399.51	399.51	399.51	399.51	382.00	319.59	2299.61
合计		175226.34	174710.35	101240.55	92366.14	92240.88	91795.10	727579.36

表4-21　折旧与摊销成本统计表（2020~2021学年度第二学期）

单位：元

年级	项目	2021年3月	2021年4月	2021年5月	2021年6月	2021年7月	2021年8月	合计
一年级	C1	2787.87	2787.85	2885.26	2885.26	2885.25	2872.01	17103.49
	C2	51.23	45.02	45.02	45.02	45.02	45.02	276.32
二年级	C1	7434.32	7434.27	7694.02	7694.02	7693.99	7658.69	45609.31
	C2	136.63	120.04	120.04	120.04	120.04	120.04	736.85

年级	项目	2021年3月	2021年4月	2021年5月	2021年6月	2021年7月	2021年8月	合计
三年级	C1	8363.61	8363.55	8655.78	8655.78	8655.74	8616.03	51310.48
	C2	153.70	135.05	135.05	135.05	135.05	135.05	828.96
四年级	C1	3717.16	3717.13	3847.01	3847.01	3847.00	3829.34	22804.66
	C2	68.31	60.02	60.02	60.02	60.02	60.02	368.42
五年级	C1	11151.48	11151.40	11541.03	11541.03	11540.99	11488.03	68413.97
	C2	204.94	180.07	180.07	180.07	180.07	180.07	1105.27
六年级	C1	25090.82	25090.65	25967.33	25967.33	25967.22	25848.08	153931.43
	C2	461.11	405.15	405.15	405.15	405.15	405.15	2486.87
七年级	C1	12080.77	12080.68	12502.79	12502.79	12502.74	12445.37	74115.13
	C2	222.02	195.07	195.07	195.07	195.07	195.07	1197.38
八年级	C1	9292.90	9292.83	9617.53	9617.53	9617.49	9573.36	57011.64
	C2	170.78	150.06	150.06	150.06	150.06	150.06	921.06
九年级	C1	13010.06	13009.97	13464.54	13464.54	13464.48	13402.71	79816.30
	C2	239.09	210.08	210.08	210.08	210.08	210.08	1289.49
合计		94636.80	94428.90	97675.85	97675.85	97675.45	97234.18	579327.03

（二）年级成本报表的编制

年级总成本为人员成本、运转成本、折旧与摊销成本三项的合计。根据表4-16至表4-21所列金额，计算Z学校2020~2021学年度各年级成本后，填至本学年度成本报表（见表4-22）。

表4-22 年级成本报表（2020～2021学年度）

单位：元

成本 \ 年级	人员成本				运转成本			折旧与摊销成本			合计
	A1 直接成本—学生	A2 直接成本—教师	A3 间接成本	小计	B1 直接成本	B2 间接成本	小计	C1 固定资产折旧成本	C2 无形资产摊销成本	小计	
一年级	0.00	296595.01	72096.53	368691.54	2404.00	46635.45	49039.45	38438.10	769.09	39207.19	456938.18
二年级	0.00	742831.60	192257.41	935089.01	6322.35	124361.19	130683.54	102501.60	2050.92	104552.52	1170325.07
三年级	0.00	792114.76	216289.58	1008404.34	6947.07	139906.34	146853.41	115314.30	2307.28	117621.58	1272879.33
四年级	0.00	396057.38	96128.70	492186.08	3293.64	62180.59	65474.23	51250.80	1025.46	52276.26	609936.57
五年级	0.00	1039426.60	288386.11	1327812.71	9351.07	186541.78	195892.85	153752.39	3076.37	156828.76	1680534.32
六年级	0.00	2376344.27	648868.75	3025213.02	20841.20	419719.01	440560.21	345942.89	6921.84	352864.73	3818637.96
七年级	0.00	1138888.98	312418.29	1451307.27	5733.70	202086.93	207820.63	166565.09	3332.74	169897.83	1829025.73
八年级	3900.00	890681.07	240321.76	1134902.83	4436.83	155451.49	159888.32	128127.00	2563.64	130690.64	1425481.79
九年级	0.00	1287634.51	336450.46	1624084.97	10163.05	217632.08	227795.13	179377.79	3589.10	182966.89	2034846.99
合计	3900.00	8960574.18	2403218.59	11367692.77	69492.91	1554514.86	1624007.77	1281269.96	25636.44	1306906.44	14298605.94

由表4-23计算得出 Z 学校在 2020~2021 学年度总成本为 14298605.94 元（见表4-22 的最后一列）；生均成本为 79880.48 （14298605.94÷179 = 79880.48）元。以年级为单位，年级生均成本见表4-23。

表4-23　年级生均成本报表（2020~2021 学年度）

单位：元，人

年级	总成本	总人数	生均成本
一年级	456938.18	4	114234.55
二年级	1170325.07	14	83594.65
三年级	1272879.33	16	79554.96
四年级	609936.57	7	87133.80
五年级	1680534.32	22	76387.92
六年级	3818637.96	49	77931.39
七年级	1829025.73	24	76209.41
八年级	1425481.79	18	79193.43
九年级	2034846.99	25	81393.88
合计	14298605.94	179	79880.48

第五章 学校成本控制的
理论和案例分析

本章将以学校成本核算的内容为基础，利用目标成本法理论，从整体成本、部门成本、项目成本和年级成本四个方面分别对学校成本控制体系进行构建，并继续以 Z 学校的实例进行案例分析。

第一节 学校成本控制体系的基础

一、学校成本控制的概念

学校成本控制是教育管理者在教育过程中，对教育资源的耗费过程进行规划、调节和监督，以使学校成本按预期方向发展的管理活动。它的核心目标是确保教育过程中的各种费用在既定的标准或预算范围内得到有效控制，同时力求提高教育资源的利用效率。具体而言，学校成本控制涉及对学校成本特征的了解和科学分类，针对不同类型的成本采取不同的控制手段和方法。控制范围主要以直接成本为主，但也会考虑间接成本的影响。此外，学校成本控制还需要利用相关信息和特定手段，对教育管理过程施加影响和调节，以实现成本效益的最大化。

二、学校成本控制的目标

学校成本控制的目标主要包括以下七个方面：

一是控制学校成本。这是最直接且最核心的目标，旨在通过各种管理手段和方法，将教育过程中的资源耗费控制在预期范围内，防止不必要的浪费，提高资源使用效率。

二是优化教育资源配置。通过对学校成本的控制，学校可以更加合理地分配教育资源，确保关键领域和重点项目得到足够的支持，同时避免资源在低效或无效领域的过度投入。

三是提高教育质量和效益。学校成本控制不仅关注成本本身，还注重成本与效益的关系。通过降低成本或提高效益，实现教育资源的最大化利用，从而提高教育质量和整体效益。

四是促进教育公平。通过对学校成本的控制，可以在一定程度上缓解教育资源分配不均的问题，确保更多学生和地区能够享受到优质的教育资源，促进教育公平。

五是增强学校竞争力。在有限的教育资源下，学校通过有效的成本控制，可以集中力量提升自身优势和特色，增强在招生、教学、科研等方面的竞争力。

六是为决策提供依据。学校成本控制可以为学校管理者提供有关学校成本构成、变化趋势等方面的信息，为制定和调整教育政策、规划和发展战略提供重要依据。

七是推动学校可持续发展。通过长期、稳定地控制成本，学校可以确保自身财务状况的健康稳定，为学校的长期发展奠定坚实基础。同时，这也符合当前社会对绿色、低碳和可持续发展的要求。

三、学校成本控制的原则

学校成本控制的原则包括以下四个方面：

第一，厉行节约、优化支出结构原则。学校应以预算为成本控制的源头。

本书认为，学校在日常整体过程中，应在保持适度支出强度的同时，坚持勤俭节约、精打细算。学校需全面梳理人员结构现状和公用支出情况，合理判断非必须、非刚性的支出，压缩一般性支出，尤其是低效、无效及标准极高的项目支出，优化支出结构，关注经济效益。

第二，优先保障原则。学校作为公益一类事业单位，其职责是完成教育、教学工作，在注重社会效益的同时，应注重经济效益。目前，推动政府履职及政策实施的基础条件是保工资及保运转。学校的成本控制应在保证整体质量及教师工资水平的前提下进行，而不是一味地压缩全部成本，这一点是十分重要的。因此，在日常整体过程中，应按标准足额支付教师薪酬，优先保障教师利益。在稳定并继续发展教师队伍建设的基础上，才能更好地完成整体任务。

第三，全员、全口径成本控制原则。学校作为成本核算的主体，在进行成本控制时，应充分关注主观能动性，全面调动全体教职员工甚至是学生的节约意识。学校领导层更应深入领会运行成本控制的精神，带头为政府管理尽力，以意识促行动，制定成本控制相关举措并安排到位，保证全员参与。同时，学校作为全额拨款的事业单位，应当合理安排好财政资金的使用，将所有经济业务的支付情况纳入成本控制的范围内，全口径统筹控制成本。

第四，适度弹性原则。本书以实际为出发点，认为学校作为兼顾经济效益与社会效益的单位，在进行成本控制的全过程中，应根据经济形势、财政拨款情况、学校战略定位等适时调整成本控制方案。对于成本控制的周期、方法等具体内容，应具有适度的弹性，不能一成不变。若外界环境发生了变化，学校应根据自身教育定位和财政拨款的结构具有针对性地调整成本控制重点；当学校内部组织部门发生变化时，学校同样需要重新分配成本控制任务，以适应学校新情况，顺利开展工作。

四、学校成本控制的对象

学校成本核算的目的之一是根据成本核算结果分析成本构成，并在兼顾经济性与效益性的同时进行成本控制。因此，学校成本控制的对象应与成本核算的对象保持一致，具体包括学校整体、部门、项目及年级学生。

五、学校成本控制的方法

（一）学校成本控制的具体方法

学校成本控制的具体方法很多，它们旨在帮助学校更有效地管理和减少不必要的支出。

一是目标成本法。它包括三个步骤：设定目标（学校需要设定一个合理的目标成本，这通常基于历史数据、行业标准或预算要求）、分解与分配（将目标成本分解到各个成本中心或责任部门，确保每个部门都清楚自己的成本控制目标）、监控与调整（定期监控实际成本与目标成本的偏差，并采取相应措施进行调整）。采用目标成本法进行学校成本控制具有很多优点，包括市场导向性强、成本控制目标明确、促进全员参与（要求全员参与成本控制过程）、有利于产品设计和优化（学校可以将教育产品或服务视为"产品"，通过目标成本法，可以在产品设计阶段就考虑成本控制，从而优化产品设计，降低成本）。当然，目标成本法也存在一些不足，包括：设定目标成本难度较大（学校的成本构成较为复杂，涉及人力、物力和财力等方面）；对市场需求预测的准确性要求高（以市场需求为导向，对市场需求预测的准确性要求较高。如果预测不准确，可能导致目标成本制定不合理，进而影响成本控制效果）；可能忽视长期成本（主要关注短期内的成本控制，可能忽视一些对长期成本有影响的因素，比如教育质量、研发投入等）；实施过程中需要持续监控和调整（需要持续监控实际成本和目标成本的偏差，并采取相应的措施进行调整，这意味着投入较多的人力和物力资源，增加管理成本）。

二是内部控制。首先，学校需要建立制度，制定完善的内控制度，比如采购审批、费用报销、资产管理等；其次，进行执行和监督，确保所有员工都遵循内控制度，同时设立内部审计部门或委托外部审计机构进行定期审计；最后，进行风险管理，识别和分析潜在的成本风险，并采取预防措施来减少不必要的损失。采用内部控制进行学校成本控制具有很多优点，包括规范化管理、风险预防（通过内控机制，及早识别潜在的成本超支风险，并采取措施进行预防和控制，降低不必要的损失）、提高资源使用效率、保障信息准确性等。当然，采用内部控制作为成本控制方法也存在一些缺陷，包括实施成本高、灵活性受限、依赖员工素质、可能存在漏洞等。

三是预算控制。包括三个步骤：预算编制（根据学校的发展计划和目标，编制详细、科学的预算）、预算执行（严格按照预算执行，对于超预算的支出需要进行额外的审批）、预算分析（定期对预算执行情况进行分析，找出偏差的原因并采取纠正措施）。通过预算进行学校成本控制具有多重优点：计划性强（预算为学校提供了明确的成本控制目标和计划，有助于各部门有序地进行成本控制）、资源优化配置（通过预算编制，学校可以更合理地分配资源，确保关键领域和重点项目得到足够的资金支持）、风险防控（预算有助于提前识别潜在的成本风险，并制定相应的应对措施）、便于考核和激励（预算为学校的绩效考核提供了明确的标准，有助于激励员工积极参与成本控制活动）。当然，预算作为成本控制方法也存在不足，包括灵活性不足（预算一旦确定，可能会限制学校在应对突发事件或市场变化时的灵活性）；预算松弛（在进行预算编制时，各部门可能为了争取更多资源而故意夸大成本需求）；信息不对称（预算编制和执行过程中存在信息不对称现象，导致实际成本和预算产生偏差）；短期行为倾向（过于关注短期预算目标可能忽视长期发展战略）。

四是成本管理理念。首先学校需要培养全体员工的成本意识，鼓励大家在日常工作中节约资源，减少浪费；其次需要持续改进，不断寻求降低成本的机会和方法，通过技术创新、流程优化等方法持续改进成本管理；最后需要坚持价值导向，强调以价值为导向的成本管理，即关注投入与产出的关系，确保每一分投入都能产生最大的价值。采用成本理念进行学校成本控制具有诸多优点，包括增强成本意识、提高管理效率、促进可持续发展、提高决策质量等；但也存在一些不足，比如短期效益与长期发展的矛盾、可能影响教育质量、实施难度较大、对管理者要求较高等。

五是作业成本法。它通过分析作业流程和资源消耗来识别和管理成本动因，从而更精准地控制成本。作业成本法运用于学校成本控制具有较多优点，比如提供精确的成本信息、改善成本控制、支持战略管理、提高员工成本意识等。当然，作业成本法也存在一些劣势，比如，实施难度较大、成本动因确定困难、不符合对外财务报告的需要、可能引发内部抵触情绪等。

总之，上面只是介绍了五种常见的学校成本控制方法，每种方法都各有优劣，可以组合运用各种方法来取长补短。本书基于上述分析，主要采用目标成本法进行全流程学校成本控制。

（二）学校成本控制的目标成本法

目标成本法是我国企业成本管理方法中的一种，具有应用性强、可操作性高等特点。它以市场为导向，贯穿企业生产的各个环节，在达到控制成本的基础上，有利于企业达到既定的利润目标。学校成本控制的目标是在保证整体质量的基础上，合理降低资源的浪费，提高资产的使用效率，盘活存量资金。利用目标成本法可以辅助学校将财政拨款资金用到实处，既不超额、也不浪费。因此，学校成本控制宜采用目标成本法，通过事前计划、事中对比调整和事后分析考核进行全流程跟踪式控制。

目标成本的制度程序如图 5-1 所示。通常生产型企业应用此方法时，在成本控制计划制定前，需利用市场进行调研，以期合理分析市场需求。同时，通过对竞争对手特点的分析与自我规划，在市场中找到适宜本企业产品的定位。在充分了解目标客户群的需求后，敲定产品的各类特性，决定产品的销售价格，将产品的销售价格扣除企业想获得的目标利润后，即得到产品的目标成本（销售价格-利润=成本）。除了通过上述倒算法获得目标成本外，企业通常还会利用回归分析法与公式法计算目标成本。学校则可以结合自身职能、职责，在财政拨款资金既定的规模下，规划教育、教学、后勤等工作成本；此外，还可以利用已核算的成本值进行规划。

目标成本法的具体实施主要分为三步：事前控制、事中控制及事后控制。首先，事前控制是第一步，为制订计划阶段。一般企业通过市场调研等方法

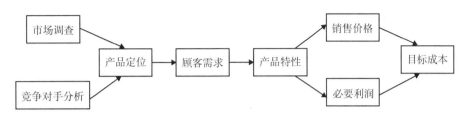

图 5-1　目标成本的制定程序

确定产品销售价格，再剔除需要的利润后得到目标成本。其次，将目标成本进行分解，实行归口管控，责任到部门甚至是责任到人，这样有利于上下齐心，使不同部门间相互协调、及时沟通，共同完成任务。事中控制即在成本控制的过程中，跟踪实际发生与计划目标之间的差异并及时分析，一旦两者之间出现较大差异，应立即进行调整，纠正偏差，已达到顺利完成既定目标的目的。事后控制即成本形成后通过成本考核、绩效评价等方式分析、判断控制效果，以便未来更好地制定目标和实施细则。

与传统成本法相比，目标成本法在控制成本方面操作思路更加清晰且全面。采用传统成本法的企业，通常在决定产品价格时过多地考虑已发生的成本和企业获利的预期值，并且在成本管控方面往往只注重生产过程中的耗费，而忽略了事前计划和事后反馈。目标成本法因采用了充分的市场调研结果，其产品定位更加准确、更加符合市场需求。此外，在产品生产完成前事先计划成本，目标更明确，最终结果不易产生较大偏差。在顺利完成产品生产计划的同时，完成企业目标利润值，为企业发展提供稳健的支持。显然，目标成本法采用的事前、事中以及事后全面控制可以较好地与学校整体计划同步推进，在形式上较为吻合，因此采用此种方法更利于实现既定目标。目标成本法的控制程序如图 5-2 所示。

目标成本法在学校成本控制中的具体应用是从事前、事中和事后三个环节进行的。

一是事前计划（学年初）。我国学校现行的预算制度从本质上看就是成本目标的细化，因此事前计划可以从预算的角度出发，将目标成本制定与预

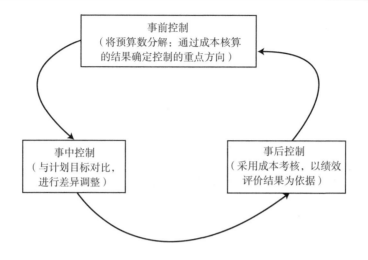

图 5-2 目标成本法的控制程序

算相结合。在预算指标下达时，学校需参考预算定额标准，在整体层面制定目标成本，然后进行目标成本任务的分解。对于学校来说，成本任务的认领通常涉及教学处、德育处、后勤总务处、资产管理处、人事处、财务处等。各个责任部门在认领目标成本值后，应结合本学年度部门工作计划，安排资金并预估成本值。已进行成本核算的学校，可将往年成本核算的结果用于成本控制的事前计划中，以帮助确定控制重点。

二是事中对比调整（学年终）。事中对比调整即在学年度内或项目中期定期召开整体成本分析会，由相关责任部门负责人通报工作进展，并做计划差异分析。对于差异较大的项目，应重点关注并重新评估，针对其中发现的问题要提出下一步解决方案，在报经学校领导层审批后，及时增减或调整工作计划内容。在学年度内或项目进行时，各部门还应与学校内部控制工作紧密结合，严把经济重点关卡，将经济责任落实，确保在完成教育教学目标的同时，压减非必要、非刚性项目成本，减少资源浪费和消耗。

三是事后分析考核（学年末）。事后分析考核即在学年度终了或项目验收完成后，有关部门负责人统计分析期内的成本值，进行对比并计算成本差异率，分析差异形成原因并进行总结。在期末成本分析会或项目总结会上，相关负责人应就分析期内的具体工作进行述职，通报成本规模并进行详尽分析；利用绩效考评结果，在学校层面提出下一学年度或下一项目周期的成本控制要求及具体举措。同时，学校应定期组织安排考核活动，利用绩效激励方案，督促相关人员增强成本意识。

六、学校成本控制的数据基础

成本控制应以成本核算结果为依据。通过成本核算报表中的数据，学校可以一目了然地找到成本较高的具体内容，并对该项进行复核并分析，找到成本较高的原因。如为一次性偶发支出导致成本增加，可暂不处理；如为经常性项目，那么学校应重点关注引起该成本发生的事项，采取必要的控制措施，并将该措施运用到成本控制的事前计划中。

第二节　整体成本的控制

一、运用整体成本核算结果确定整体成本控制的重点

整体成本由业务活动成本及单位管理成本等构成，两类成本均包含工资福利、对个人和家庭的补助、商品和服务、对企业的补助、固定资产的折旧、无形资产的摊销成本。由于整体成本涵盖了学校的全部成本，因此在成本总量控制时，应结合学校的整体目标及期望效果，并根据学校的发展阶段制定适宜、可控的成本范围值。

通常情况下，当学校整体处在初期，百废待兴，各项人力、物力亟须扩充，基础设施建设工程较多，整体成本会相对较高；当学校平稳运行后，会保持相当长一段时间，在此期间应是稳中有进的，此时进行整体成本控制具有较强的连续性和可比性，学校可基于上一学年度的运转情况和上级主管部门的考评结果等综合商定本学年度的整体目标及整体成本，并通过校务会层

级整体把控；当学校因招生问题、机构调整等规模逐步缩小时，应本着合理使用财政资金的原则，同步控制整体成本，压减运转耗费。

二、整体成本控制的原则

学校整体成本涵盖口径较大，在进行整体层面的成本控制时，应该遵从非营利部门成本控制原则，精打细算，但不能以成本最小化为目标，而是在满足需要的基础上，控制成本、避免浪费。

一是非营利原则。学校作为非营利组织，首要目标不是追求利润最大化，而是提供高质量的教育服务。因此，在成本控制过程中，学校不应以成本最小化为唯一目标，而是要在保障教育质量的前提下，寻求成本效益的最大化。

二是精打细算原则。学校在进行成本控制时，应做到精打细算，对每一笔支出都进行严格的审核和评估。这要求学校建立健全财务管理制度和内部控制机制，确保每一笔支出都符合预算计划和实际需要，避免不必要的浪费。

三是满足需要原则。在满足教育需要的基础上控制成本，是学校进行成本控制的重要原则。这意味着学校在进行成本控制时，不能简单地削减支出或降低标准，而是要在充分满足教学、科研和管理等方面需要的前提下，寻求成本效益的平衡点。

四是避免浪费原则。避免浪费是学校进行成本控制的基本要求。学校应通过优化资源配置、提高资源利用效率、减少重复投入等方式来降低浪费。比如，学校可以加强设备共享、降低库存成本、减少人员冗余等措施来降低运营成本。

五是全员参与原则。学校的成本控制需要全体师生的共同参与和努力。通过加强宣传教育、提高师生的节约意识和成本意识，可以形成全员参与成本控制的良好氛围，降低学校的整体运营成本。

六是持续改进原则。学校成本控制是一个持续改进的过程。学校应定期对成本控制的效果进行评估和反思，及时发现问题并采取有效措施进行改进。

三、采用目标成本法进行整体成本控制

(一) 事前的整体成本控制：设定目标成本

事前控制的主要工作是确定目标成本并进行分解。对于整体成本控制而言，目标成本即根据预算安排所支付的全部资金所带来的成本。因此，学校应紧密结合整体预算规模和构成情况，同时，针对学校成本核算时发现的问题事前作出重点规划。

一是确定成本控制目标。学校应根据自身的教育目标、发展战略和财务状况，设定合理的成本控制目标。这个目标应该是可量化的，并且具有一定的挑战性，以激励学校各部门共同努力降低成本。

二是制定成本预算。根据设定的成本控制目标，学校应制定详细的成本预算，包括各项费用的预算额度、分配比例和使用计划等。预算的制定应充分考虑到学校的实际情况和市场价格水平，以确保预算的合理性和可行性。

三是建立成本控制体系。成本控制体系包括成本控制流程、成本控制责任制度、成本控制考核机制等。这些制度应明确各部门的成本控制职责和权限，确保成本控制工作的有序进行。

(二) 事中的整体成本控制：执行与监控

事中控制的主要工作是将事前制定的目标与实际发生进行动态监控。对于整体成本控制而言，预算的批复与调整起到至关重要的作用，学校应及时根据预算的增减变动调整工作，并发现成本控制问题；同时，应继续追踪由成本核算挖掘的问题事项在执行过程中的变化情况。

一是严格执行预算。在成本控制过程中，学校应严格按照预算进行支出，避免出现超支的情况。对于确实需要超出预算的支出，应经过严格的审批程序，确保支出的合理性和必要性。

二是加强成本控制监控。学校应定期对成本控制情况进行监控和分析，及时发现成本控制过程中存在的问题和偏差，并采取有效措施进行纠正。学校还应建立成本控制预警机制，对可能出现的超支情况进行预警和提示。

三是提高资源利用效率。学校应通过优化资源配置、提高资源利用效率等方式降低成本。比如，加强设备共享、降低库存成本、减少人员冗余等措施都可以有效降低运营成本。

（三）事后的整体成本控制：评估与改进

整体成本控制应紧密结合办学成本和整体绩效评价结果。学校可根据自身安排召开分析会，将成本值计入绩效评价体系后，加以分析，最终找到成本控制的重点，为下一学年度的工作开展提供指导依据。

一是进行成本控制效果评估。在成本控制周期结束后，学校应对成本控制效果进行评估和总结。评估的内容包括成本控制目标的完成情况、预算执行情况、资源利用效率等。通过评估，学校可以了解成本控制工作的成果和不足，为下一阶段的成本控制工作提供参考和借鉴。

二是及时改进和优化。根据评估结果，学校应及时对成本控制工作进行改进和优化。对于存在的问题和偏差，学校应分析原因并采取有效措施进行纠正。学校还应根据教育市场和财务状况的变化，对成本控制目标和预算进行调整和优化，以适应新的环境和要求。

三是建立持续改进机制。学校要将成本控制工作纳入日常管理中，通过不断地改进和优化成本控制工作，逐步提高成本控制水平，实现教育资源的合理配置和有效使用。

四、整体成本控制的建议

整体成本控制的建议应围绕学校的实际情况提出。由于学校的规模不同，每学年度收到的财政拨款规模也会产生较大的差异。主管部门及校领导层应指导学校在有效的资金范围内，合理进行教育教学工作；同时，应根据学校成本反映出的问题提出有针对性的建议。

第一，了解并优化学校成本结构。一是成本分析。学校需要对自身的成本结构进行分析。这包括教职工薪酬、教学材料费、设备购置与维护费、水电费、行政管理费及其他日常运营费用等。通过详细分析每项费用的构成和变动趋势，学校可以清晰地了解成本的主要驱动因素。二是资源优化。在了解成本结构的基础上，学校应优化资源配置。比如，对于使用效率不高的设备，可以考虑通过租赁或共享的方式来降低成本；对于教学材料，可以通过集中采购和标准化管理来降低采购成本。

第二，提高资金利用效率。一是预算管理。学校应建立科学的预算管理制度，确保资金分配的合理性和有效性。预算制定过程中，应充分考虑学校的发展战略、教学需求和市场价格等因素，确保预算既能满足教学需要，又不会造成资金浪费。二是动态调整。在预算执行过程中，学校应根据实际情况进行动态调整。比如，当某项支出超出预算时，应及时分析原因并采取相应措施进行调整，以确保整体预算的平衡。

第三，强化成本控制意识。一是全员参与。学校应鼓励全员参与成本控制工作。通过宣传教育、培训等方式，提高师生的成本意识和节约意识。二是责任落实。学校应明确各部门在成本控制中的职责和权限，建立成本控制责任制度。通过将成本控制目标层层分解到各个部门和个人，确保成本控制工作的有效落实。

第四，针对问题提出具体建议。一是针对高成本项目。对于成本较高的项目，如实验室建设、大型设备购置等，学校应进行详细的成本效益分析。在确保教育质量的前提下，寻求成本更低的替代方案或合作模式，以降低项目成本。二是针对浪费现象。对于日常运营中的浪费现象，比如水电浪费、纸张浪费等，学校应采取有效措施进行遏制，比如推广节能设备、建立纸张回收制度等，既能降低运营成本，又能培养师生的环保意识。三是针对管理漏洞，学校应加强内部控制和审计工作。通过完善管理制度、提高管理效率、加强内部审计等措施，防止因管理不善而导致的成本上升。

第三节 部门成本的控制

一、运用部门成本核算结果确定部门成本控制的重点

部门成本的控制是基于部门成本核算的结果进行的。部门成本包括部门用工成本及部门耗费成本。

部门用工成本与人员编制数、聘用人员数及工资标准有关。学校应在机构编制部门批复的编制总人数内合理确定用工人数，并按照学校内设部门个数和工作量确定每个部门的人数。外聘人员的用工标准应结合所在省份的平均劳动水平和本学校的具体情况设定，由人事部门和学校领导层级共同进行设定。

部门耗费成本包含了部门因开展工作的需要而向外部采购物资的成本、使用学校统一采购后库存的物品成本、本部门所使用资产的折旧与摊销成本三部分。部门应根据学年度工作计划合理制定所需物资量；资产管理部门应根据不同部门的职责特点合理配备相关资产种类和数量，实行资产使用申请制，减少学校内闲置资产的数量，盘活资源。

二、部门成本控制的原则

部门成本控制与整体成本控制、项目成本控制及年级成本控制最大的区别之处在于部门有其特定的属性、特定的人群及特定的任务，其变数相对较少，工作性质和内容较为连贯，以学年为单位，重复性内容较强。部门成本控制应在基本原则之上重点结合部门计划、关注部门间相互配合的结果。

一是部门计划导向原则。部门成本控制应紧密围绕部门的工作计划和目标进行。学校在制定成本控制策略时，必须确保它们与部门的长期规划和发展方向相一致。这意味着成本控制措施不仅要考虑当前的财务状况，还要考

虑部门未来的需求和挑战。

二是稳定性与连续性原则。由于部门工作性质和内容较为连贯，重复性内容较强，部门成本控制应侧重于维持日常运营的稳定性和连续性。这包括确保关键岗位人员的稳定，保持教学和管理流程的顺畅，以及维持必要资源（比如教材材料、设备）的持续供应。

三是资源使用效率原则。部门应关注提高资源使用效率，包括人力资源、物资资源和财务资源，比如通过优化课程安排、减少物资浪费和提高设备利用率来降低成本。这一原则强调在不影响部门核心功能的前提下，通过改进工作流程和管理实践来实现成本节约。

四是部门间协作原则。部门成本控制不仅要考虑本部门内部的成本，还需要关注与其他部门协作时产生的成本，这包括跨部门项目或活动的成本分摊和协调。通过加强部门间的沟通和合作，可以避免资源浪费和重复投入，从而实现整体成本优化。

五是灵活性和适应性原则。尽管部门工作具有一定的稳定性和可预测性，但也需要考虑外部环境和内部需求的变化。因此，部门成本控制策略应具有一定的灵活性和适应性，这意味着成本控制措施应能够应对突发事件（比如疫情、政策变化）或新的教学需求（比如课程更新、技术升级），并能及时调整以适应这些变化。

六是透明与责任原则。所有成本控制决策和行动都应向部门成员公开，并明确责任归属，这有助于增强部门成员的成本意识和责任感，促进他们积极参与成本控制工作。

三、采用目标成本法进行部门成本控制

（一）事前的部门成本控制：目标成本的设定与预算编制

部门成本控制的事前控制主要在于部门计划。学校应按照校历安排，于每学年度伊始进行部门计划的构思和撰写工作，成本控制应与部门计划同步进行，将工作内容细化，列出控制要点，并考虑部门成本的核算结果，有侧

重点地进行控制。具体措施如下：

一是确定目标成本。根据学校的整体战略规划、教育部门的要求、市场竞争状况及历史成本数据，为每个部门设定合理的目标成本。目标成本应具体、可衡量，并与部门的工作计划和目标相一致。

二是编制预算。学校应基于设定的目标成本，编制详细的部门预算，包括人员成本、物资成本、运营成本等。预算应细化到每个成本项目，明确各项费用的预算限额和支出标准。

三是规划资源。学校应根据预算合理规划部门所需的人力资源、物资资源和财务资源。确保资源的配置能够满足部门工作的需要，同时不超出预算限制。

（二）事中的部门成本控制：成本控制与执行监控

部门成本的事中控制即在学年进程中，将本部门的事前计划与实际完成情况之间进行的比较和调整。学校各部门应针对实际与计划之间的差异进行系统性分析，找到存在差异的原因，并及时采取必要的措施进行调整，以达到成本控制的目的，为期末绩效评价打下基础。具体措施如下：

一是成本控制。在实际执行过程中，学校应严格按预算进行成本控制，确保各项支出不超出预算限额。对于超出预算的支出，需进行额外的审批和调整，确保成本不失控。

二是执行监控。学校应定期对部门的成本执行情况进行监控和分析，及时发现成本偏差和潜在问题。通过比较实际成本和预算成本的差异，分析原因并采取相应措施进行纠正。

三是信息反馈。学校应建立有效的信息反馈机制，及时将成本执行情况反馈给相关部门和人员。通过定期报告、会议等方式，促进部门间的信息共享和沟通，共同推进成本控制工作。

（三）事后的部门成本控制：成本分析与考核评估

部门成本的事后控制即在学年末，各部门将学年初制定的计划与本学期实际累计完成情况进行比较。事后部门成本的控制对于接下来部门的工作具有指导意义。各部门应结合部门绩效考评的结果，对下一学年度部门工作的整改提出具体的方案，有针对性地进行成本控制。具体措施如下：

一是成本分析。在一个周期（如学期或学年）结束后，对部门的实际成本进行全面分析，包括成本构成、成本变动趋势等。通过成本分析，总结经验教训，为下一周期的成本控制提供改进依据。

二是考核评估。建立成本控制评估机制，将成本控制成果作为部门绩效考核的一部分。通过设定合理的考核指标和权重，激励部门积极参与成本控制工作并取得良好成绩。

三是持续改进。各部门根据成本分析和考核评估的结果，制定持续改进计划，不断优化成本控制流程和方法。鼓励部门成员提出改进意见和建议，形成全员参与成本控制的良好氛围。

四、部门成本控制的建议

部门成本控制的建议应紧密结合部门成本值、部门绩效考评结果。部门成本值可以为学校事前控制提供重要的方向和依据；部门绩效考评结果可以为学校事后控制提供借鉴。此外，各部门还应根据学校自身的特点和部门设置情况，提出具体的、有一定可行性的建议。具体而言，学校部门成本控制可以从部门用工成本控制和部门耗费成本控制两方面提出具体措施：

第一，部门用工成本控制措施。一是优化人员编制。学校应根据机构编制部门的批复和内部实际需求，合理确定每个部门的用工人数。通过精简机构、合并岗位等方式，避免人员冗余和浪费。二是严格招聘管理。在招聘过程中，学校应明确岗位职责和招聘标准，确保招聘到的人员能够胜任工作；同时，加强对招聘流程的监管。三是设定合理的工作标准。学校应结合所在省份的平均劳动水平和学校的实际情况，设定合理的工作标准。对于表现优秀的员工，可以通过绩效考核等方式给予适当的奖励，以激励员工提高工作效率。四是加强外聘人员管理。对于外聘人员，学校应制定明确的用工标准和管理制度。在确定外聘人员数量时，应充分考虑学校的实际情况和财务状况，加强对外聘人员的工作监督和绩效评估，确保其工作质量和效率。

第二，部门耗费成本控制措施。一是实行预算管理。对部门耗费成本进行预算控制。各部门在申请采购物资或使用资产时，应提前制定预算计划并报经学校审批。二是优化采购管理，确保采购的物资质量可靠、价格合理。对于大宗物资或重要设备的采购，可以采用招标或询价等方式进行，降低采购成本。三是加强库存管理，对库存物品进行定期盘点和清查。对于过期、损坏或无法使用的物品，应及时进行处理和报废，避免造成不必要的浪费。四是推行节能降耗。五是加强资产管理，对各部门使用的资产进行登记和管理。对于闲置或无法使用的资产，及时进行调配或处理，提高资产的使用效率，加强对资产维护和保养的监管，延长资产的使用寿命。

第四节　　项目成本的控制

一、运用项目成本核算结果确定项目成本控制的重点

与部门成本控制不同的是，项目具有较强的目标性，项目实施过程中耗费的人力、物力专业属性较强，相对成本也会较高。学校应根据市场行情和专业属性合理估计成本范围。对于项目外包的部分，应与不同供应商或服务厂家洽谈细则，减少每个环节的浪费，降低不可控的风险点。学校项目成本控制的重点是基于项目成本核算结果来确定的，这些重点反映了在项目实施过程中需要特别关注和管理的方面，以确保项目在预算范围内高效、顺利地完成。

第一，高成本项目的识别与管理。一是关键资源监控。通过分析项目成本核算结果，识别出耗费人力、物力最多的关键环节或任务，这些通常是项目中的高成本部分，需要重点监控和管理。二是高成本因素剖析。深入研究导致高成本的具体因素，如特定材料的价格波动、专业技能人员的工资水平、设备使用效率等。理解这些因素有助于学校制定更精准的成本控制策略。三

是资源优化与替代。探索成本效益更高的资源使用方式，如寻找替代材料、优化工作流程以减少工时、提高设备利用率等。

第二，供应商和外包管理。一是供应商选择策略。学校应基于成本核算结果，评估不同供应商的价格、质量和服务水平；选择能够提供高性价比产品和服务的供应商，以降低项目成本。二是合同条款和成本控制。学校应在合同中明确与成本相关的条款，比如固定价格、成本上限、变更管理程序等；通过合同条款约束供应商的行为，确保成本控制的有效性。三是外包风险管理。学校应识别外包过程中可能出现的成本风险，比如供应商违约、质量不达标等；制定相应的风险应对措施，以减少不可控因素对项目成本的影响。

第三，预算与实际支出控制。一是预算执行情况跟踪。实时跟踪项目的实际支出情况，与预算进行对比分析；及时发现偏差并采取措施进行调整，确保项目支出不超出预算范围。二是成本超支预警机制。建立成本超支预警机制，当实际支出接近或超过预算限额时，及时发出预警信号，这有助于项目团队及时采取措施防止成本进一步失控。三是支出审批与报销流程优化，确保每一笔支出都经过合理的审核和批准。这有助于防止不必要的浪费和滥用资金。

第四，项目变更与成本管理。一是变更请求评估。在项目执行过程中，可能会遇到需要变更的情况。此时学校需要对变更请求进行成本影响评估，确保变更在可控的成本范围内进行。二是成本变更控制，对需要增加预算的变更请求进行严格的审批和管理，确保变更决策的科学性和合理性。三是经验教训总结。对项目中出现的成本超支、浪费等问题进行总结和分析，提炼经验教训，为后续项目提供成本控制的参考。

总之，通过以上重点的确定和管理，学校可以更有效地控制项目成本，确保项目在预算范围内按时、保质完成，也有助于提高学校资金的使用效率和项目管理水平。

二、项目成本控制的原则

学校项目成本控制至少需要遵循以下三个原则，这三个原则相辅相成，遵循这些原则有助于确保项目在预算范围内高效完成。

首先，项目支出不超项目拨款原则。该原则强调项目成本控制的首要目标是确保项目的实际支出不超过项目所获得的拨款。学校在进行项目预算时，应根据项目的具体需求和市场行情，合理估计项目的成本范围，并据此申请相应的项目拨款；在项目实施过程中，必须严格控制各项支出，确保总支出不超出预算范围。这要求项目团队在采购、人力资源配置、设备使用等方面都要精打细算，避免不必要的浪费，确保资金的合理有效利用。

其次，严格遵循项目适用范围及相关合同规定执行原则。在项目实施过程中，所有活动都应严格遵循项目申请书或合同中所规定的适用范围和条件进行。这意味着项目团队在使用资金时，必须遵守相关法律法规、学校财务管理制度及项目合同的具体条款。任何超出项目使用范围或违反合同规定的支出都是不被允许的。此外，项目团队还应定期对项目执行情况进行自查，确保各项目活动都符合规定要求，防止因违规行为而导致的成本增加或资金损失。

最后，综合考虑人力、物力和财力耗费原则。项目成本控制不仅要关注直接的财务支出，还要综合考虑人力、物力等资源的耗费。在人力方面，要合理安排项目团队成员的工作时间和任务分配，避免人力资源的浪费或过度使用；在物力方面，要优化资源配置和使用效率，确保项目所需的材料、设备等物资得到充分利用，减少浪费现象；在财力方面，除了控制直接成本外，还要关注间接成本和管理费用的支出，通过精细化管理降低总体成本。该原则强调在成本控制过程中要全面考虑各种资源的耗费情况，并寻求最佳的成本效益平衡点。

三、采用目标成本法进行项目成本控制

学校可利用专家评审、财务审计等方式对项目进行事前分析。在项目实施过程中，项目负责人应随时把控项目执行进度与耗费情况；对于短期项目或一次性项目，应将控制的工作重点放在事前和事中，即在最终验收之前完成；对于长期项目或周期性项目，应在阶段性结束后再次进行项目分析，以

便更好地开展下一阶段的工作。

（一）事前的项目成本控制

项目成本的事前控制应在立项环节中进行。项目成本与人员成本、运转成本不同。项目的安排完全取决于项目实施单位即学校。因此，项目成本的事前控制应紧密结合项目规划。学校应按照上级主管部门的有关规定完成项目的准备工作，可参照历年的成本核算结果确定控制重点。具体包括以下措施：

一是确定目标成本。在项目启动前，学校应根据项目的性质、规模、复杂程度等因素，结合市场行情、历史数据和专业判断，确定项目的目标成本。项目的目标成本应该具有一定的挑战性，但同时是切实可行的。

二是制定详细成本计划。根据目标成本，学校应制定详细的成本计划，包括直接成本（如材料费、人工费）和间接成本（如管理费、设备折旧费）的预算。这个计划应该具体到每个项目阶段和任务，以便后续的执行和监控。

三是建立成本控制机制。学校应建立一套完整的成本控制机制，包括成本控制流程、成本控制责任制、成本控制奖惩机制。这个机制应该能够确保项目团队在项目实施过程中始终保持对成本的关注和控制。

（二）事中的项目成本控制

项目成本的事中控制即在项目执行期间将事前计划与实际执行情况之间进行比较和分析。学校项目负责人应关注差异点，以合同内容为依据，涉及采购的严格按照政府采购标准执行；利用与供应商等合作单位洽谈等方式，将成本及时控制住。具体包括以下措施：

一是实时监控项目成本。在项目实施过程中，学校应通过定期的成本核算和审计，实时监控项目的实际成本情况。这包括对项目各项支出的跟踪、记录和分析，以及与预算的对比分析。

二是及时发现并纠正偏差。通过实时监控，学校应及时发现实际成本与预算之间的偏差，并分析偏差产生的原因。一旦发现成本超支或浪费现象，应立即采取相应的纠正措施，比如调整成本计划、优化资源配置或改进工作流程等。

三是加强沟通与协作。在事中控制阶段，学校应加强项目团队内部的沟通与协作，确保各成员对成本控制有共同的认识和努力。学校还应与供应商、承包商等外部合作伙伴保持良好的沟通，共同控制项目成本。

（三）事后的项目成本控制

项目成本的事后控制应与项目绩效评价结果紧密结合。项目绩效评价是从整体角度评估项目执行与效果的工作，是包含了项目成本情况的。因此，评价结果可直接引导学校进行事后的项目成本控制，为连续性、长期性项目提供下一阶段的操作重点。具体包括以下措施：

一是进行项目成本分析。在项目完成后，学校应对项目的实际成本进行详细分析。这包括对实际成本与预算的对比分析、各项支出的合理性评估及成本控制效果的评价等。通过成本分析，学校可以了解项目在成本控制方面的优缺点，为后续项目提供借鉴。

二是总结经验教训。基于项目成本分析的结果，学校应总结项目在成本控制方面的经验教训。这包括成功的成本控制策略、需要改进的地方及未来可以借鉴的经验等。

三是完善成本控制体系。根据总结的经验教训，学校应对现有的成本控制体系进行完善。这可能包括优化成本控制流程、调整成本控制责任制、改进成本控制奖惩机制及加强成本控制人员培训和管理等。通过完善成本控制体系，学校可以更好地应对未来项目的成本控制挑战。

四、项目成本控制的建议

学校在进行项目成本控制的分析后，应结合学校特点，提出针对项目成本控制的具体建议。

首先，项目成本控制建议应以项目成本核算结果为基础。这意味着在项目开始之前、进行中和结束后，都需要对项目成本进行详细的核算。这些核算结果不仅包括了项目的直接成本，比如人力、物力和财力投入；还包括了项目的间接成本，比如管理费用、设备折旧等。通过准确的成本核算，学校能够清楚地了解每个项目的实际成本情况，进而与预算进行对比，找出成本偏差的原因。这种基于数据的成本控制方法，有助于学校更加精准地控制项目成本，避免不必要的浪费。

其次，以学校项目绩效评价结果为参考依据。项目绩效评价是对项目完成效果的一种综合评估，包括项目质量、进度、成本等多个方面。通过项目绩效评价，学校可以了解项目在成本控制方面的实际效果，比如是否超出了预算、是否存在资源浪费等。这些评价结果可以为后续项目的成本控制提供重要参考，帮助学校在未来的项目中更好地进行成本控制。

最后，考虑学校项目的特性。这些特性包括项目的规模、复杂程度、长期性或短期性等。对于长期性的学校项目，比如校园建设、教学改革等，其成本控制应以未来为出发点。这意味着在成本控制时，需要更多地考虑项目的长期效益和可持续性，避免为了短期节约成本而损害项目的长期利益；而对于短期性的学校项目，比如临时性的活动、短期的培训课程等，其成本控制则应以过去为出发点，这意味着在控制成本时，可以更多地参考过去类似项目的成本数据和经验，以确保项目在预算范围内顺利完成。

第五节　　年级成本的控制

一、运用年级成本核算结果确定年级成本控制的重点

年级成本的控制实际是以各年级学生为对象的成本控制，与整体成本的控制具有同源性。本部分内容将在整体成本控制的基础上进一步论述。

年级成本由人员成本、运转成本及折旧与摊销成本构成，应按照具体构成分别进行成本控制。其中，折旧与摊销成本控制同上述规则。

人员成本主要涉及发放给教职员工的工资、按规定为员工缴纳的住房公

积金及社会保险费。其中，教职员工的工资由基本工资、津贴补贴、绩效工资与奖金等构成。除绩效工资及奖金外，其余工资项通常根据教职工任职年限、职务、职称等由上级主管部门制定的标准定额生成，学校无须进行调整和主动控制。奖金及绩效工资通常由上级主管部门根据学校规模、教职员工结构等情况给定限额。学校需在年度内根据工资发放方案将给定的限额分配到位，因此奖金及绩效工资的日常发放工作需要进行成本控制。

运转成本主要涉及办公费、电费、水费、邮电费、物业管理费等，所有项目全部需要纳入成本控制范围。其中，职工培训费、修缮费、公用取暖费、基层党组织工作和活动经费等上级主管部门给出定额标准的项目，应充分考虑到预算额度，高度重视定额标准，在结合学校自身实际情况的基础上，可适当进行上下浮动调整以最终确定成本目标；对于上级主管部门未给出定额标准的项目，学校应根据运转类经费下拨情况，以及既往成本核算等相关数据，制定适宜的成本目标。

二、年级成本控制的原则

年级成本控制应在年级成本核算的基础上进行。因此，年级成本控制的原则是基于成本核算结果和学校特征有针对性地进行控制。虽然年级成本是以年级为单位进行的核算，但无论哪个年级的学生，在成本控制角度并无明显区别，因此成本控制策略应当超越单纯的年级划分，将全校学生视为一个整体，并从培养学生这一核心目标出发进行成本控制。具体原则如下：

一是教育优先原则。在进行年级成本控制时，首要原则是确保教育质量不受损害。任何成本控制措施都不应以牺牲学生的学习体验和教育资源为代价，成本控制应在维持和提升教育水平的前提下进行。

二是整体性原则。将各年级学生看作一个整体，而非分散的个体或年级群体。这意味着成本控制策略适用于全校范围，而不是仅仅针对某个特定年级。这种整体性的视角有助于确保资源分配的公平性和效率。

三是成本核算基础原则。这包括对各年级直接成本和间接成本的详细分析和记录，如教师薪酬、教学材料、设施维护等。只有准确了解成本构成，才能制定出有效的成本控制策略。

四是灵活性与可持续性原则。由于学校运营环境与学生需求可能会随着时间变化，成本控制策略也应能够适应这些变化。这些策略应当在长期内保持有效，而不是仅仅作为短期应急措施。

五是参与和透明原则。年级成本控制的过程应鼓励所有相关利益方（包括教师、学生、家长以及学校管理人员）的参与，并确保信息的透明度。通过广泛的参与和信息共享，可以增强成本控制策略的有效性和接受度。

六是技术与创新原则。积极利用现代技术和管理创新来降低年级成本。比如，通过引入高效的教学技术工具、优化课程设计和教学方法，可以在不降低教育质量的同时实现成本节约。

三、采用目标成本法进行年级成本控制

（一）事前的年级成市控制

年级成本的事前控制应与整体成本控制保持一致。考虑学校预算、学校特点和年级成本核算的结果，剔除与培养各年级学生无关的事项后，从培养学生的整体角度出发，按照人员类成本、运转类成本分别提出控制内容和要点，而不是以各年级为单位单独进行控制。具体措施如下：

一是确定年级成本目标。根据学校的整体预算和年级特点，确定每个年级的成本目标。这些目标应该既具有挑战性，又切实可行，以确保年级的经济效益。

二是制定成本控制计划。在剔除与培养学生无关的事项后，从培养学生整体的角度出发，制定详细的成本控制计划。这个计划应该包括人员类成本和运转类成本的控制内容和要点，而不是以各年级为单位单独进行控制。

三是建立成本控制机制。建立一套完整的年级成本控制机制，包括成本控制流程、成本控制责任制和成本控制奖惩机制，以确保年级团队在实施过程中始终保持对成本的关注和控制。

（二）事中的年级成市控制

在学校履行教育教学职责过程中，应随时进行成本控制。学校应将事前

控制要点及实际发生情况进行对比，及时关注偏差事项的发生，并结合实际进行梳理与分析。同时，结合学校组织架构、运行模式和教育教学的核心任务进行成本纠正工作。具体包括以下措施：

一是实时监控年级成本。通过定期的成本核算和审计，实时监控年级的实际成本情况。这包括对项目各项支出的跟踪、记录和分析，以及与预算的对比分析。

二是及时发现并纠正偏差。一旦发现实际成本与预算之间存在偏差，应立即分析偏差产生的原因，并采取相应的纠正措施。这些措施可能包括调整成本控制计划、优化资源配置或改进工作流程等。

三是结合学校特点进行成本纠正。在进行成本纠正时，应结合学校的组织架构、运行模式和教育教学的核心任务，这有助于确保纠正措施既符合学校的实际情况，又能有效地控制年级成本。

（三）事后的年级成市控制

学校年级成本的事后控制应紧密结合年级绩效评价结果。年级绩效评价结果从培养学生的角度出发，全面反映学校教育教学能力和现状。因此，绩效评价可以指导学校下一学年度更好地完成教育教学任务。各年级学生的培养具有连贯性，因此，事后的年级成本控制具有十分重要的作用。具体措施如下：

一是分析年级成本结果。对年级的实际成本进行详细的分析，包括与预算的对比分析、各项支出的合理性评估及成本控制效果的评价等。这有助于了解年级在成本控制方面的优缺点。

二是结合年级绩效评价进行反馈。年级绩效评价结果从培养学生的角度出发，是全面反映学校教育教学能力和现状的重要指标。因此，将年级成本控制结果与年级绩效评价结果相结合进行分析，可以为学校下一学年度更好地完成教育教学任务提供指导。

三是完善成本控制体系。学校可根据事后的分析和反馈结果，对现有的年级成本控制体系进行完善。这可能包括优化成本控制流程、调整成本控制责任制、改进成本控制奖惩机制等，以便更好地应对未来年级成本控制的挑战。

四、年级成本控制的建议

年级成本控制的建议应在年级成本核算结果的基础上进行，建议的提出应将各年级学生看作一个整体，兼顾个性与共性。同时，参考年级绩效考评的结果，以教育教学的根本任务出发，针对学校自身特点提出有建设性的意见，以指导学校在下一学年度更好地安排工作。这些在前面均已阐述，不再赘述。

第六节 学校成本控制的案例分析

本节首先分析 Z 学校成本控制的现状与背景；其次分析 Z 学校成本控制的三个基础；最后从整体成本控制、部门成本控制、项目成本控制和年级成本控制四个方面进行具体分析。每类成本控制首先基于对应的成本核算结果，分析该类成本控制的重点；其次明确该类成本控制的原则；再次采用目标成本法进行该类成本的全程控制；最后提出该类成本控制的建议。

一、现状和背景介绍

Z 学校至今未开展成本核算工作，而经费收支控制一直包含在内部控制工作中进行，因此没有基于成本核算数据进行有针对性的成本控制。经费控制未采纳目标成本法进行全程控制，也没有利用绩效评价的结果进行事后成本控制工作。目前，经费收支主要有以下两方面特点：首先是整体经费投入较大，人员成本较高。其次是日常运转类支出结构不合理，存在浪费现象。造成这种现状的原因有很多种，如学校行业特征造就人员成本大幅度投入的必要性；学校各部门工作协调性不强，浪费现象严重。

二、成本控制的总体原则

对于一项工作来说，"原则"在其实际执行过程中具有重要的指导意义。因此，学校进行成本控制，首先需要明确成本控制的总体原则。

第一，以制度为基准、全员参与原则。制度是行动的准绳，是规范化的流程。成本控制要想持续不断地推进，离不开明确的行文要求。现有的《预算法》《内部控制制度》及相关准则规范了经济业务的全过程。因此，成本控制应遵循相关制度。同时，加强教职员工、学生的成本意识是学校顺利实施成本控制中重要的一环。在日常教育、教学和开展辅助整体活动中，成本意识的树立可以从源头遏制浪费现象的发生，从而降低成本。学校各部门之间沟通协调能力的增强同样可以减少成本的重复输出。

第二，保人员、控运转原则。成本控制并非全面压减支出。对于学校而言，教职员工的工资、薪金是在保证不超标准的前提下按规定足额支付的，即控制的是标准值（上限）与实际发生值（下限）之间的幅度。对于外聘人员的使用，是在考虑学校用人需求的前提下进行的。同时，对于运转类费用应抓重点，保留必需的、高效益的项目，减少或摒弃非必须、高成本且低效益的项目，调整成本结构，优化形成的费用类别。

第三，关注资产成本原则。固定资产、无形资产的配备和使用会影响学校的成本，因此在成本控制时应予以关注。一方面，现有资产带来的折旧费用会使成本有所增加，然而学校应更多地衡量现有资产发挥的职能，即辅助学校开展教育、教学工作。另一方面，学校需关注资产购置的行为，合理规划配备高精尖设备的频率，全面审度购置资产所增加的成本和与之相应的整体质量增长幅度之间的关系。

三、整体成本控制示例

（一）基于整体成本核算结果分析整体成本控制的重点

整体成本是学校总体层面的核算结果，涵盖了整体所需的所有成本。Z

学校是公立、全额拨款的义务教育学校，日常经济业务核算仅涉及业务活动费用和单位管理费用两部分。

根据整体成本分析报表（见表5-1）和图5-3、图5-4的相关数据可以看出：业务活动成本占比66.08%，单位管理成本占比33.92%。业务活动成本占主体，符合学校基本要求。学校业务活动成本和单位管理成本两部分由工资福利、商品和服务、对个人和家庭的补助、固定资产折旧和无形资产摊销五部分构成。其中，工资福利费用占比最高（76.95%）；商品和服务占比12.68%，排第二；固定资产折旧占比8.57%，排第三；对个人和家庭的补助占比1.63%，排第四；无形资产摊销占比0.17%，排第五。总体而言，工资福利是学校整体成本最大的支出项目，这也符合目前大多数中小学的总体情况。因为只有一个学校一年的数据，难以进行纵向和横向的对比分析。

表5-1　整体成本分析报表（2020~2021学年度）

单位：%

项目	业务活动成本占比	单位管理成本占比	总成本占比
工资福利	69.84	30.16	76.95
商品和服务	49.80	50.20	12.68
对个人和家庭的补助	1.60	98.40	1.63
固定资产折旧	69.92	30.08	8.57
无形资产摊销	0.00	100.00	0.17
其他	0.00	0.00	0.00
合计	191.16	308.84	100.00

在推行政府会计制度前，中小学会计核算采用收付实现制，没有计提折旧和摊销。2020~2021年已经开始实行政府会计制度，账上已经体现折旧和摊销。结合学校背景来看，自落实"体育+"教育理念以来，Z学校注重学生综合素质培养，为了开拓体育生的视野、丰富课堂教学，自2014年以来，不断建设专业教室，集中采购了大批固定资产。截至成本核算期间，固定资产大都处于累计折旧金额较高阶段，这是学校发展所带来的必然结果。

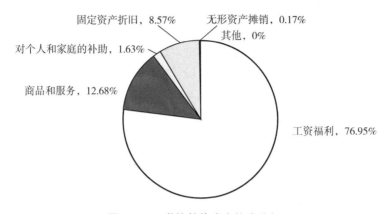

图 5-3 Z 学校整体成本构成分析

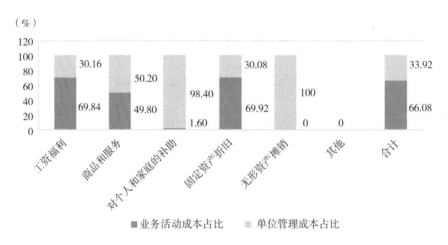

图 5-4 Z 学校整体成本的具体构成

2020~2021 学年度财政拨款 12111333.87 元，由此计算得出单位整体成本为 14945557.04÷12111333.87＝1.23（元）。本学年度的整体成本比财政拨款金额高出 2834223.17 元。结合本学年度财政拨款金额进行分析，人员经费拨款和公用经费拨款占总拨款之比与之接近。因此，学校在人员安排和成本付出方面较为合理，经费执行进度较好。对个人和家庭的补助项目主要分为离退休人员成本和学生资助成本。由固定资产折旧成本和无形资产摊销成本可以分析出，学校固定资产比重较大，购置的无形资产相对较少，且未达到摊销年限的无形资产均为非直接教学产品。而整体成本高于预算拨款的幅度较大，可见学校往年购置的资产较多，在固定资产折旧和无形资产摊销方面加大了整体成本值，应进行成本控制。

因此，根据整体成本报表的数据及相关分析可以归纳总结：Z学校在人员及公用安排和成本付出方面较为合理，然而固定资产比重较大，加大了整体成本值。以上应作为整体成本控制的前提。

（二）采用目标成本法进行整体成本的全程控制

1. 事前控制：确定目标成本并分解

工资福利费用、商品和服务费用应按照预算拨付资金足额安排，相互之间不挤占；商品和服务费用侧重于课程及活动相关内容，基础教学与特色教育资金投入可以按照6∶4分配；固定资产及无形资产更新比率保持在10%～20%；固定资产更新率保持在20%以内，及时清理老旧资产。

2. 事中控制：成本控制与差异分析

工资福利成本、商品和服务成本、对个人和家庭的补助成本的控制主要以预算安排和时间进度作为考量标准。在没有大批量资产购置或达到资产使用年限可予以报废处理时，通常固定资产折旧成本和无形资产摊销成本不会有较大的变动；如果出现明显的变动，需要学校核实资产状态。学校可以月度或季度为差异分析时间点，当成本值与目标值偏差较大时，如大于20%，则学校管理层应及时进行差异分析。

3. 事后控制：成本考核与绩效评价

通常情况下，在学期末，学校均会召开期末总结大会，对于整体成本的期末考核可以同步进行。一方面，与学年初期制定的计划进行对比，从整体层面把握成本控制情况；另一方面，可将成本值纳入学校绩效评价体系，为学校整体运转和未来发展方向提供成本方面的参考。同时，结合成本核算的结果，重点关注固定资产年度报表、固定资产购置及报废等资料，并利用绩效评价的结果进行整体把控。

（三）整体成本控制的建议

整体成本的控制应从宏观角度进行。学校当前虽招生受限，但仍处于平稳运行阶段。在本案例中，学校的定位和整体特色是培养"体育+"型人才，因此，在整体成本控制时应紧密结合学校培养方针，即在抓基础教育的同时，着力于开拓学生眼界、丰富课堂内容。同时，在满足需要的基础上，控制成本、避免浪费。

学校整体成本中的人员成本目前保持在较好的水平。因此，建议学校进一步合理规划绩效工资发放方案，避免出现额度超标等问题。同时，从源头抓起，合理分配人员编制。

在公用运转成本方面，建议学校在完成预算内公用费用支付的基础上，多关注学生活动与特色课程安排的种类和次数。同时，合理利用校内师资，减少部分编外用工成本。

在资产配置方面，建议学校关注固定资产的翻修情况和无形资产的服务水平，重点管控购置资产的频率和规模，以相应减少整体成本或降低整体成本的增长幅度。

四、部门成本控制示例

（一）基于部门成本核算结果分析部门成本控制的重点

1. 按部门成本的具体成本构成分析

部门成本包括部门内部的用工成本及物料成本。Z 学校用工成本仅涉及在编人员成本，未产生外聘人员或临时用工人员等成本；物料成本涵盖了各部门为了日常办公和开展业务所外部采购和内部领用的成本，以及由本部门使用的资产产生的折旧或摊销成本。

各部门成本占总成本比重。Z 学校日常经济业务由各部门根据各自的职责进行安排。由 2020~2021 学年度部门成本占比报表（见表 5-2）和图 5-5 可以看出：总务处的成本最高，占总成本的 19.71%；资产处的成本排第二，占总成本的 17.06%；德育处的成本排第三，占总成本的 16.26%；教学处的成本排第四，占总成本的 13.59%；教务处的成本排第五，占总成本的 11.77%；人事处的占比为 10.98%，排第六；财务室的占比为 10.63%，排第七。

表5-2　部门成本占比报表（2020~2021学年度）

单位：%

部门	用工成本				耗费成本								合计	每个部门占总成本比重
	在编人员	聘用人员	其他	小计	物资采购		办公领用		资产折旧（摊销）		其他	小计		
					内部占比	总占比	内部占比	总占比	内部占比	总占比				
教学处	91.82	0.00	0.00	91.82	76.57	6.26	8.41	0.69	15.02	1.23	0.00	8.18	100.00	13.59
教务处	97.01	0.00	0.00	97.01	1.00	0.03	51.56	1.54	47.44	1.42	0.00	2.99	100.00	11.77
德育处	71.89	0.00	0.00	71.89	92.54	26.01	3.81	1.07	3.65	1.03	0.00	28.11	100.00	16.26
总务处	53.52	0.00	0.00	53.52	98.13	45.62	0.05	0.02	1.82	0.85	0.00	46.48	100.00	19.71
人事处	94.73	0.00	0.00	94.73	6.76	0.36	2.93	0.15	90.31	4.76	0.00	5.27	100.00	10.98
财务室	96.97	0.00	0.00	96.97	28.52	0.86	2.09	0.06	69.39	2.10	0.00	3.03	100.00	10.63
资产处	50.82	0.00	0.00	50.82	97.90	48.15	0.11	0.05	1.99	0.98	0.00	49.18	100.00	17.06
合计	75.52	0.00	0.00	75.52	91.56	22.42	1.99	0.49	6.45	1.58	0.00	24.48	100.00	100.00

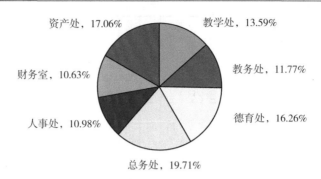

图5-5 七个部门的成本占比

由图5-6可知，七个部门的用工成本与物料成本构成中，教学处、教务处、人事处和财务室的用工成本占比很高（90%以上）。其他三个部门的物料耗费成本较高（28.11%及以上）。

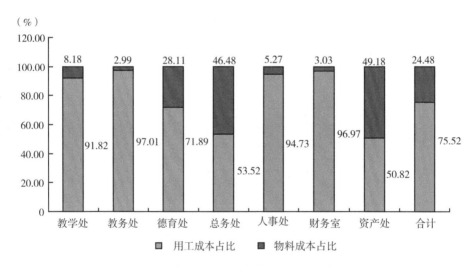

图5-6 七个部门用工成本占比与物料成本占比

其中，用工成本方面，各部门的用工成本全部为在编人员用工成本。由图5-6可以看出，教务处、财务室、人事处和教学处的用工成本明显高于其他部门，用工成本占部门整体成本比重极大（90%以上）。这与部门人员的职称、是否同时承担了一线教学任务以及处室工作性质有关。德育处、总务处和资产处的用工成本较低，分别为 71.89%、53.52% 和 50.82%。

各部门的物料成本方面。资产处的物料成本占总成本的 49.18%，排第一；总务处的物料成本占总成本的 46.48%，排第二；德育处的物料成本占总成本的 28.11%，排第三；其他四个部门的物料成本占总成本的比重均低于 10%。

物料成本包括物资采购、办公领用、资产折旧（摊销）和其他四项。物资采购成本是部门物料耗费的主体，但各部门该项成本占比差别很大。七个部门物资采购成本占物料成本比重中，总务处（98.13%）、资产处（97.9%）和德育处（92.54%）的物资采购成本占比很高，达到 90% 以上；人事处和教务处的物料采购成本均不足 10%。资产处因部门资产使用的特殊性而产生的物资采购成本较高，德育处和总务处主要承担了日常采购工作，这与学校的整体理念一致。然而，教务处的物资采购成本（占比 1%）较低，这值得关注。七个部门的办公领用成本中，教务处占物料成本比重最高（51.56%）。七个部门的资产折旧（摊销）中，人事处占比最高（90.31%）。

从物资采购成本可以看出，物资采购成本占各部门总成本的 22.42%。其中，总务处及资产处的物资采购成本明显高于其他部门，这与其部门主责一致——总务处承担学校物资采购、日常维修等任务；资产处负责学校固定资产等管理任务。可见，学校各部门在其各自管辖范围内履职较好。

从办公领用成本可以看出，它只占各部门总成本的 0.49%。总务处主要负责日常办公用品的采购，而领用金额相对较小，不排除发生领用行为而未记录在册的情况。人事处、财务室和资产处的办公领用金额也相对较少。但是，考虑到以上三个部门所用物资具有一定的专业性，因此，会出现未通过总务处集中采购而选择自行采购的行为。

从资产折旧（摊销）成本可以看出，它占各部门总成本的 1.58%，占比较低，表明学校为各部门配备的资产规模相对较统一。人事处承担人事档案的规整工作，因此涉及档案柜等设备的增加；财务室承担财务档案的规整和装订工作，因此配备的相应设备也较多。

2. 按具体部门的部门成本控制分析

如表 5-3 所示，由单位成本（实际成本除以目标成本）可以看出：教学处（1.22）、教务处（1.06）发生了小幅度的成本超支，其中教学处超支较大；德育处（0.91）、人事处（0.99）、财务室（0.96）发生了成本节约，但节约幅度较小；总务处（0.70）与资产处（0.78）发生了较大幅度的成本节约，如果质量没有因成本节约而降低，那就做得很好。综上所述，教学处与教务处的成本略高而拨款低；德育处、人事处、财务处等的成本与拨款相近；总务处与资产处的成本低而拨款高。结合学校实际情况可见，各部门在相互配合方面仍有明显的问题，并未实现均衡、协调办事。

表 5-3　部门成本与拨款金额对照表（2020~2021 学年度）

单位：元

部门	目标成本	实际成本	超支差异	节约差异	单位成本
教学处	316603.82	385688.90	69085.08	——	1.22
教务处	314816.32	334220.33	19404.01	——	1.06
德育处	506166.32	461547.78	——	44618.54	0.91
总务处	802578.01	559500.83	——	243077.18	0.70
人事处	314816.32	311828.00	——	2988.32	0.99
财务室	314816.32	301830.33	——	12985.99	0.96
资产处	624147.75	484268.33	——	139879.42	0.78

根据部门成本报表的数据及相关分析总结：Z 学校教学处、教务处、德育处的用工成本较高；教学处和教务处的采购物资成本较低。教学处、教务处的成本超支；德育处、人事处、财务室等实现小幅成本节约；总务处与资产处实现较大幅度成本节约。各部门在相互配合方面仍有明显的问题，并未实现均衡、协调办事。结合学校教育教学的基本任务，Z 学校部门成本控制的重点在教学处与教务处。

（二）采用目标成本法进行部门成本的全程控制

1. 事前控制：确定目标成本并分解

学年初，各部门要梳理并明确职责分工。根据基础教学与特色教育的分配比，合理安排教学处、教育处的工作内容。同时，各部门结合本学年度的工作计划，计算出预估人员成本、采购成本值。

2. 事中控制：成本控制与差异分析

由于学校工作的特点，部门成本的事中控制可以安排在学期末进行。在一学期结束后，对本学期各部门开展的活动、完成的教育和教学工作任务等进行梳理总结。除了各自总结外，教学处、教务处和德育处的工作应作为一个整体，分析本学期教育、教学工作的完成情况和成本差异情况。总务处、人事处、财务室和资产处的工作也应作为一个整体，分析本学期后勤保障工作的完成情况。此外，就目前部门成本报表的数据而言，事中成本控制应关注教学处、总务处和资产处的部门单位成本。当出现单位成本较高或较低时，应及时纠正，盘点工作职责完成情况。

3. 事后控制：成本考核与绩效评价

学校应在学年终了，对于各部门的成本进行计算，与上一学年度进行比较。重点关注上一学年度单位成本较高的部门在本学年的数据，以此反映出各部门的工作协调性、任务完成率和成本控制情况，分析目标成本标准的准确性，并适时调整。

（三）部门成本控制的建议

部门成本应是部门业绩考核的标准之一。部门成本的控制有助于各部门完善学年度工作计划，提高各部门间的相互配合能力，更好地为学校提供辅助服务。因此，在进行部门成本控制时应整体看待，以提高配合度为基本原则，同时注意控制成本。由 2020~2021 学年度的部门成本相关数据来看，部门成本的控制应重点集中在与教育、教学直接相关的部门和与其无直接关联的部门之间的成本分担上。即协调教学处、教务处、德育处和总务处、资产处等部门的日常工作安排，合理区分部门承担责任，在划分职责分工的同时加强相互之间的配合。尤其对于教学处和教务处而言，应当重点梳理部门计划中物资采购的内容；同时，人事处应关注教学处与教务处的在编人数及工资情况，对其合理性重新评估。各部门成本控制具体措施如下：

1. 各个部门可能的成本控制措施

如图 5-5 所示，总务处的成本占比 19.71%，可能降低成本的措施包括：通过升级节能型设备，比如 LED 照明、高效空调系统等来提高能源效率；在设施管理方面，建立设施预防性维护计划，减少突发维护和更换成本；在资源回收方面，推广废物分类和回收制度，减少废弃物处理费用。

资产处的成本占比 17.06%，可能降低成本的措施包括：库存管理方面，引入先进的库存管理系统，减少过量库存和物资过期；资产追踪方面，采用资产管理软件，确保资产不流失并优化使用；采购优化方面，集中采购，利用规模经济效应降低单位成本。

德育处的成本占比 16.26%，可能降低成本的措施包括：活动效率方面，优化德育活动计划，确保资源得到最大化利用；资源共享方面，与其他部门共享场地、设备和材料，避免重复购买；志愿者参与方面，鼓励学生和教职工志愿者参与，降低人工成本。

教学处的成本占比 13.59%，可能降低成本的措施包括：教材选择方面，选用性价比高的教材和教辅，避免不必要的浪费；技术整合方面，利用数字技术和在线资源，在提高教学效果的同时降低成本；课程规划方面，合理安排课程，最大化利用教室和其他教学资源。

教务处的成本占比 11.77%，可能的成本控制措施包括：流程自动化方面，通过教务管理系统自动化流程，减少人工操作成本；电子化办公方面，推广无纸化办公，减少纸张和耗材消耗；考试管理方面，合理安排考试时间和场地，提高资源利用效率。

人事处的成本占比 10.98%，可能的成本控制措施包括：招聘流程方面，优化招聘流程，提高招聘效率，降低招聘成本；员工培训方面，提供有效的培训，提高员工的工作效率，减少人员流失；福利管理方面，设计合理的员工福利计划，提高员工满意度和工作效率。

财务室的成本占比 10.63%，可能的成本控制措施包括：采用现代化的财务管理系统，提高工作效率和准确性；定期进行内部审计，确保财务合规和成本控制；优化供应商付款流程，减少延迟和手续费。

总之，学校应通过跨部门合作、流程优化、技术创新和员工培训等手段来降低各部门成本。同时，需要确保成本控制措施不会影响到教学质量和学校的正常运营。定期的成本审计和绩效评估是确保成本控制措施有效性的关键。

2. 用工成本控制的措施

第一，针对教务处、财务室和人事处这三个用工成本占比超过 90% 部门的措施，主要是任务优化与分配。重新审视部门内的工作任务，将部分非核心任务或重复性任务外包或分配给其他部门，从而释放高成本员工的时间以专注于更复杂的工作；加强与其他部门协作，共享资源和信息，避免重复工作和资源浪费；重新评估职称与薪酬体系，确保薪酬与员工的实际贡献和市场水平相匹配，避免过高的薪酬支出；提供内部培训和发展机会，提升员工的工作效率和能力，减少对外部高薪聘用人员的依赖；在灵活用工方面，在保持核心团队稳定的基础上，考虑引入临时员工、实习生或志愿者来处理短期或非常规任务。

第二，针对其他四个用工成本占比相对较低部门的措施。一是提高工作效率。虽然这些部门的用工成本相对较低，但仍可通过优化工作流程、引入现代化管理工具来提高工作效率，进一步降低成本。二是鼓励这些部门之间与其他部门共享资源，如设备、场地等，以减少不必要的重复投入。三是提供适当的培训，以提升员工的工作技能和效率，确保低成本不牺牲工作质量；设计合理的激励机制，以鼓励员工在保持低成本的同时提高工作绩效。

3. 物料成本控制的措施

第一，物资采购成本的控制。一是针对资产处、总务处和德育处这三个高物资采购成本部门的控制措施：建立长期稳定的供应商合作关系，进行集中采购，以获得更优惠的价格和更好的付款条件；制订详细的采购计划，避免过量采购和物资积压，减少库存成本和浪费；建立严格的采购审批流程，确保采购活动的合理性和必要性；定期进行市场分析，了解物资价格动态，把握采购时机。二是针对人事处和财务室等低物资采购成本部门的控制措施：精确评估部门需求，避免不必要的采购；考虑与其他部门共享物资，减少单独采购的需求；对于必需的小额采购，可以选择性价比高的供应商或产品。

第二，办公领用成本的控制。一是全校性措施：建立完善的办公物资领用登记制度，确保所有领用行为都被准确记录；建立领用审批流程，避免滥用和浪费；根据各部门实际需求和历史数据，设定合理的领用定额。二是针对主要负责办公用品采购的总务处的措施：确保采购的办公用品与各部门实际需求相匹配，减少不必要的库存和浪费；建立科学的库存管理制度，定期进行库存盘点，避免物资丢失和过期。三是针对办公领用成本较少的人事处、财务室和资产处等部门的控制措施：定期评估部门的办公用品需求，确保领用行为符合实际需求；加强员工的节约意识教育，鼓励减少不必要的领用。

第三，资产折旧（摊销）成本的控制。一是全校性措施：建立完善的资产管理制度，包括资产的采购、验收、使用、维修、报废等各个环节；定期进行资产盘点，确保资产账实相符；加强资产的日常维护和保养，延长资产使用寿命。二是从各部门角度，鼓励员工合理使用和维护部门资产，减少损坏和浪费；对于无法继续使用的资产，及时进行报废处理，并根据实际需求更新资产。

4. 根据各部门单位成本情况进行成本控制

一是教学处（单位成本为 1.22，成本超支较多）的控制措施：重新审查教学计划，合理安排课程和教师资源，避免浪费；推广现代化教学工具和方法，提高教师的教学效率；选用性价比高的教材和教学资源，减少不必要的开支；建立严格的预算管理制度，确保实际成本不超预算。

二是教务处（单位成本为 1.06，成本少量超支）的控制措施：优化教务管理流程，减少不必要的工作环节和人力成本；推广电子化办公系统，减少纸张和办公耗材的使用；通过培训和激励措施，提高员工的工作效率和责任心；加强对预算执行情况的监控，确保成本控制在预算范围内。

三是德育处、人事处和财务室（单位成本略低于1，成本节约但幅度较小）的控制措施：保持对成本的持续关注，确保不出现不必要的浪费；在保持成本节约的同时，注重提高工作效率和服务质量；与其他部门分享成本控制的经验和做法，促进全校的成本优化。

四是资产处（单位成本为0.78，成本较大幅度节约）的控制措施：持续优化资产管理制度和流程，确保资产的高效利用；定期对资产进行审计和盘点，确保账实相符并防止资产流失；并将资产管理的成功经验推广到其他部门。

五是总务处（单位成本为0.70，成本大幅节约）的控制措施：继续保持成本节约的做法，并需求进一步的优化空间；确保在节约成本的同时不降低服务质量和工作效率；考虑与其他部门共享资源和设施，进一步提高资源利用效率。

总之，Z学校应综合各部门的情况，采取针对性的成本控制措施。对于成本超支的部门，应重点审查和优化流程、提高效率和加强预算管理；对于成本节约的部门，应继续保持并寻求进一步的优化空间。此外，加强部门间的协作和经验分享也是提高全校成本控制的有效措施。

五、项目成本控制示例

（一）基于项目成本核算结果分析项目成本控制的重点

项目成本包括外包成本与内部成本。按照成本类别又可分为人员成本、物料成本和折旧与摊销成本三部分。Z学校的项目成本包括在编人员及外聘人员成本、外部采购的物料成本、内部领用的物料成本、固定资产的折旧成本与无形资产的摊销成本。

如表5-4所示，Z学校2020~2021学年度"中小学生实践活动"项目拨款4.8万元，项目成本为77562.98元，单位项目成本为1.62元，项目成本高出项目拨款 29562.98 元。由表 5-4、表 5-5 分析：人员成本中在编人员成本占比较大（47.18%），为 36591.73 元。可以看出承担活动的主要人员工资、薪金水平较高。外聘人员成本为 3600 元（占比 4.64%），结合活动天数来看，成本较为合理。物料成本中外部采购成本占比较大（46.62%），内部领用成本占比较少（1.08%）。由折旧（摊销）成本可以看出，该项目涉及实体资产的参与成分并不高（占比 0.48%）。"中小学生实践活动"中外聘人员成本及外部采购成本合计为 39758.3 元（3600+36158.3），由学校内部财务账可知，该项目实际执行率为 83%。从数据来看，执行率一般。然而，该项目总体成本高于项目拨款是因为在编人员成本及内部领用物料成本的资金来源于项目之外。从单位项目成本 1.62 元也可以看出该项目在实施过程中的实际资金支付率较低，没有完成预算安排，同时涉及项目服务的在编人员工资薪金较高的问题。

Z 学校 2020~2021 学年度"校园文化建设"项目拨款 15 万元，项目成本 147872.19 元，单位项目成本为 0.99 元，项目成本低于项目拨款。由表 5-4、表 5-5 分析：学校该项目成本由在编人员成本、外聘人员成本及外部采购物料成本组成。项目实际付款 145831.89 元，项目执行率为 97%，执行率较好。项目成本低于项目拨款的主要原因为有部分拨款未使用，且建设合同未涉及学校内部物料的使用和内部固定资产、无形资产的损耗。因此，本项目存在的问题是资金产生结余，未将全部资金安排到位。

表 5-4　项目大类成本与拨款金额对照表（2020~2021 学年度）

单位：元

项目名称	拨款数（目标成本）	成本值（实际成本）	超支差异	节约差异	单位成本
中小学生实践活动	48000	77562.98	29562.98	—	1.62
校园文化建设	150000	147872.19	—	2127.81	0.99
心理健康教育	90000	102490.04	12490.04	—	1.14

表5-5 三个项目的成本金额及内部占比、总占比

项目		中小学生实践活动			校园文化建设			心理健康教育		
		金额（元）	内部占比（%）	总占比（%）	金额（元）	内部占比（%）	总占比（%）	金额（元）	内部占比（%）	总占比（%）
人员成本	在编人员	36591.73	91.04	47.18	2040.30	3.26	1.38	5285.04	7.97	5.16
	外聘人员	3600.00	8.96	4.64	60509.15	96.74	40.92	61000	92.03	59.52
	其他	0.00	0.00	0.00	0.00	0.00	0.00	0.00	0.00	0.00
	小计	40191.73	—	51.82	62549.45	—	42.30	66285.04	—	64.68
物料成本	外部采购	36158.30	97.73	46.62	85322.74	100.00	57.70	29000.00	100.00	28.30
	内部领用	841.25	2.27	1.08	0.00	0.00	0.00	0.00	0.00	0.00
	小计	36999.55	—	47.70	85322.74	—	57.70	29000.00	—	28.30
折旧（摊销）成本	固定资产折旧	367.78	98.95	0.47	0.00	0.00	0.00	7205.00	100.00	7.02
	无形资产摊销	3.92	1.05	0.01	0.00	0.00	0.00	0.00	0.00	0.00
	小计	371.70	—	0.48	0.00	—	0.00	7205.00	—	7.02
合计		77562.98	—	100.00	147872.19	—	100.00	102490.04	—	100.00

Z 学校 2020~2021 学年度"心理健康教育"项目拨款 9 万元,项目成本为 102490.04 元,单位项目成本为 1.14 元,项目成本高于项目拨款。由表 5-4、表 5-5 分析:学校该项目成本由在编人员成本(5.16%)、外聘人员成本(59.52%)、外部采购成本(28.3%)和固定资产折旧成本(7.02%)组成。由学校内部财务账可知,项目实际付款 9 万元,项目执行率为 100%。项目成本高于项目拨款的主要原因为项目资金已全部安排到位,且在项目实施过程中耗费了学校内部的多媒体设备,由此产生了折旧成本,以及德育处人员在此项目中付出的人员成本,因此导致本项目成本高于实际付款金额和拨款。

根据项目成本报表的数据及相关分析总结:Z 学校项目成本高于项目拨款。项目涉及的主要人员工资、薪金水平较高;外部采购比重较大而内部领用较少;实体资产参与成分较低;项目整体执行率一般。以上应作为一般项目成本控制的前提。

(二)采用目标成本法进行项目成本的全程控制

1. 事前控制:确定目标成本并分解

项目成本的事前计划具有十分重要的意义和作用。学校应在申报项目资金时充分进行市场调研,结合学校工作计划,合理申请项目所需拨款资金,以保证资金的执行率。同时,项目负责人应连同资产处、总务处等部门确定所需物资的供给情况,并合理确定项目所需的人员及项目实施天数,将前期工作沟通协调到位。

2. 事中控制:成本控制与差异分析

在项目实施过程中,学校应比照事前计划及签订的相关外包合同内容进行细节把控。对于外包成本,学校应就外聘人员劳务及外包专业物料费进行核实,确定物尽其用。如出现物料短缺或溢余则需要及时与外包供应商沟通,经学校管理层确认后予以补足或退回处理,并调整项目成本。对于内部成本,学校应根据事前确定的项目服务人数和工作天数安排工作,在保障项目顺利实施的前提下合理用工。对于需额外支付的项目补贴金应严格进行审核,避免出现遗漏而产生纠纷,也避免无故增加项目成本的现象发生。此外,对于项目所使用的固定资产、无形资产及库存物品应按照计划内容做好领取和使用登记，当使用物资与计划出现偏差时，应及时通知相关部门负责人做好记录，以便准确核算项目成本。

3. 事后控制：成本考核与绩效评价

项目绩效评价是对项目进行规整、总结。项目绩效评价的好坏直接影响下一学年度该项目是否继续存在。学校应在上级主管部门进行绩效评价之前，完成学校内部考核及评价工作。评价的重点应在学校内部产生的成本上，即在编人员成本、内部领用成本及折旧（摊销）成本。对于绩效评价结果不好的项目，应在下一学年度申请资金时相应地进行核减或移除。

（三）项目成本控制的建议

由于项目属于特定运转类，因此应独立控制。进行项目成本控制时应重点关注两方面内容：一方面是该项目资金的拨款情况，包括拨款金额与具体使用范围；另一方面是该项目的效益。换言之，项目实施过程中应充分考虑经济效益与社会效益。根据 Z 学校项目成本数据的分析及学校现状，应重点关注项目资金安排的合理性问题，以及项目参与人员的工作天数；此外，应充分利用校内资源，合理使用固定资产、无形资产和库存物品，将更多的资金安排在实处。

1. "中小学生实践活动"项目的成本控制

第一，优化人员配置和成本结构。一是在编人员成本控制。审查在编人员的配置，确保参与项目的人员数量合理且高效，通过提高工作效率、合理安排工作计划来降低人员成本。对于高工资薪金的在编人员，评估其工作绩效和项目贡献，确保成本投入与产出相匹配。二是外聘人员管理。对于外聘人员，建立合理的薪酬体系，根据活动天数和工作内容确定合理的报酬。同时，加强对外聘人员工作质量的监督和管理，确保其工作效果符合预期。

第二，精细化管理物料成本。一是外部采购优化。针对外部采购占比较大的情况，建立严格的采购审批流程，对比多家供应商的价格和质量，选择性价比高的物料。同时，合理预测物料需求，避免过量采购导致的库存积压和资金占用。二是内部领用控制。对于内部领用的物料，建立严格的领用登记和审批制度，确保物料的合理使用，避免浪费。加强物料库存管理，定期进行库存盘点和清查，确保账实相符。

第三，提高项目执行率和预算管理。一是预算执行监督。加强项目预算的编制和执行过程中的监督，确保各项成本控制在预算范围内。对于超预算的情况，及时进行分析和调整，确保项目成本不超支。二是项目执行效率提升。分析项目执行过程中存在的瓶颈和问题，优化项目流程和管理方式，提高项目执行效率，加强项目进度管理，确保项目按时完成。

第四，强化资产管理与折旧控制。一是资产管理优化。对于项目涉及的实体资产，建立完善的资产管理制度和流程，确保资产的合理配置和使用。加强资产的维护和保养工作，延长资产使用寿命。二是折旧成本控制。合理预测和计算资产的折旧成本，确保折旧成本的准确性和合理性；对于不再使用的资产，及时进行报废处理并更新资产情况。

第五，建立成本控制激励机制。一是将成本控制纳入项目考核体系，对于成本控制效果显著的部门和个人给予奖励和激励。二是经验分享和培训。定期组织成本控制经验分享和培训活动，提高学校全体员工的成本控制意识和能力。

2. "校园文化建设"项目的成本控制

第一，优化资金使用计划。一是制定详细预算。在项目开始之前，应制定更为详细和精确的预算计划，确保拨款能够合理分配到各个成本项中，避免资金结余。二是动态调整资金分配。在项目执行过程中，根据实际情况动态调整资金分配，确保资金能够及时、有效地用于项目所需。

第二，严格成本控制与监督。一是建立成本控制机制。明确项目成本组成，对每个成本项设立合理的控制标准，并进行定期审查和监督。二是强化采购管理。确保采购的物品既符合质量要求，又具有良好的性价比。

第三，提升项目执行效率。一是优化人员配置。评估在编人员和外聘人员的工作效率和项目贡献，合理安排工作任务，提升项目执行效率。二是加强项目管理。采用合理的项目管理工具和方法，确保项目按照既定计划和预算顺利进行，减少不必要的浪费和延误。

第四，合理利用内部资源。一是内部资源整理。虽然本次项目未涉及学校内部物料的使用和内部固定资产、无形资产的损耗，但在未来项目中，应充分考虑利用学校内部资源，降低项目成本。二是促进部门合作。鼓励不同部门之间的合作和资源共享，避免资源的重复购置和浪费。

3. "心理健康教育"项目的成本控制

第一，优化人员配置和成本结构。一是在编人员与外聘人员管理。重新评估项目所需的人员数量和技能，优化在编人员和外聘人员的比例。对于外聘人员，应根据实际工作需要和预算限制，合理确定其薪酬水平和工作时长。二是提高工作效率。通过培训、激励和合理的工作安排，提高项目人员的工作效率，从而降低人员成本。

第二，精细化管理物料成本。一是外部采购策略。对于学校外部采购的物料，应进行市场调研，选择性价比高的供应商，并建立长期合作关系以获得更大幅度的价格优惠。二是内部领用控制。加强学校内部物料领用的审批和管理，确保物料的合理使用，避免浪费。

第三，控制折旧成本。一是设备使用计划。合理安排学校内部多媒体设备的使用，确保其在项目中的高效利用，同时减少不必要的折旧成本。二是设备维护和更新。加强设备的日常维护和保养，延长其使用寿命。对于老旧设备，应考虑是否需要更新或替换，以提高工作效率并降低成本。

六、年级成本控制示例

（一）基于年级成市核算结果分析年级成市控制的重点

年级成本是整体成本的延伸，是以各年级学生为对象进行更为细致的成本核算。Z 学校年级成本包括人员成本、运转成本及折旧与摊销成本三部分内容。

Z 学校在 2020 ~ 2021 学年度总成本为 14298605.94 元，生均成本为 79880.48 元，生均拨款为 67661.08 元。结合学校实际情况来看，成本高于拨款的原因为：该校学生人数较少，而作为义务教育学校其整体条件已达标，因此年级成本较高。

根据年级成本报表来看，各年级成本值差异较大，小学六年级（3818637.96 元）最高，九年级（初三）（2034846.99 元）次之，七年级（初一）（1829025.73 元）第三，一年级（456938.18 元）最低。初中部成本值（年级均值为 1763118 元）普遍高于小学部成本值（年级均值为 101656 元）。这一现象除了与各年级学生人数有关，还与各个年级任教教师的成本有关。显然，教师的职称、承担的工作量等直接反映在教师的工资、薪金等报酬上。而在运转成本方面，与学生直接相关的直接成本主要与参与的学生人数有关；与学生无直接关系的间接成本占据比例相对较大。

从年级生均成本报表来看，一年级的生均成本（114234.55 元）最高，主要原因是一年级的学生数太少；四年级的生均成本（87133.80 元）第二；二年级的生均成本（83594.65 元）第三；九年级的生均成本（81393.88 元）第四。这四个年级的生均成本均超过 8 万元。

从表 5-6 可知，各年级的大类成本结构中，基本上人员成本占 80% 左右，运转成本占比略高于 10%，折旧与摊销成本占比略低于 10%。

表 5-6　年级大类成本占总成本比重报表（2020~2021 学年度）

单位：%

年级	人员成本	运转成本	折旧与摊销成本	合计
一年级	80.69	10.73	8.58	100.00
二年级	79.90	11.17	8.93	100.00
三年级	79.22	11.54	9.24	100.00
四年级	80.69	10.73	8.57	100.00
五年级	79.01	11.66	9.33	100.00
六年级	79.22	11.54	9.24	100.00
七年级	79.35	11.36	9.29	100.00
八年级	79.81	11.19	8.99	100.00
九年级	79.50	11.36	9.14	100.00

从表 5-7 可知，各年级的小类成本构成中，人员成本中，"直接成本——学生"基本为 0（只有八年级占比 0.27%），"直接成本——教师"大约占总成本的 62.67%，"间接成本"大约占总成本的 16.81%；运转成本中，"直接成本"大约占总成本的 0.49%，"间接成本"大约占总成本的 10.87%；折旧与摊销成本中，"固定资产折旧成本"大约占总成本的 8.96%，"无形资产摊销成本"大约占总成本的 0.18%。

表 5-7　年级小类成本占总成本比重报表（2020~2021 学年度）

单位：%

成本\年级	人员成本			运转成本		折旧与摊销成本		合计
	直接成本——学生	直接成本——教师	间接成本	直接成本	间接成本	固定资产折旧成本	无形资产摊销成本	
一年级	0.00	64.91	15.78	0.53	10.21	8.41	0.17	100.00
二年级	0.00	63.47	16.43	0.54	10.63	8.76	0.18	100.00
三年级	0.00	62.23	16.99	0.55	10.99	9.06	0.18	100.00
四年级	0.00	64.93	15.76	0.54	10.19	8.40	0.17	100.00
五年级	0.00	61.85	17.16	0.56	11.10	9.15	0.18	100.00
六年级	0.00	62.23	16.99	0.55	10.99	9.06	0.18	100.00
七年级	0.00	62.27	17.08	0.31	11.05	9.11	0.18	100.00
八年级	0.27	62.48	16.86	0.31	10.91	8.99	0.18	100.00
九年级	0.00	63.28	16.53	0.50	10.70	8.82	0.18	100.00
合计	0.03	62.67	16.81	0.49	10.87	8.96	0.18	100.00

从表 5-8 可知，从年级成本分项占内部成本比重来看，人员成本由三类构成，但"直接成本——学生"基本为 0，"直接成本——教师"大约占 79.11%，"间接成本"大约占 20.85%，因此，人员成本近八成为教师成本。运转成本中，"直接成本"大约占 4.33%，"间接成本"大约占 95.67%，因此，运转成本 95% 以上为间接运转成本。折旧与摊销成本中，"固定资产折旧成本"大约占 98.04%，"无形资产摊销成本"只占 1.96%，因此，折旧、摊销成本基本为固定资产折旧。

表 5-8　年级成本分项占内部成本比重报表（2020~2021 学年度）

单位：%

成本\年级	人员成本				运转成本			折旧与摊销成本		
	A1	A2	A3	小计	B1	B2	小计	C1	C2	小计
	直接成本——学生	直接成本——教师	间接成本		直接成本	间接成本		固定资产折旧成本	无形资产摊销成本	
一年级	0.00	80.45	19.55	100.00	4.90	95.10	100.00	98.04	1.96	100.00
二年级	0.00	79.44	20.56	100.00	4.84	95.16	100.00	98.04	1.96	100.00
三年级	0.00	78.55	21.45	100.00	4.73	95.27	100.00	98.04	1.96	100.00
四年级	0.00	80.47	19.53	100.00	5.03	94.97	100.00	98.04	1.96	100.00
五年级	0.00	78.28	21.72	100.00	4.77	95.23	100.00	98.04	1.96	100.00
六年级	0.00	78.55	21.45	100.00	4.73	95.27	100.00	98.04	1.96	100.00
七年级	0.00	78.47	21.53	100.00	2.76	97.24	100.00	98.04	1.96	100.00
八年级	0.34	78.48	21.18	100.00	2.77	97.23	100.00	98.04	1.96	100.00
九年级	0.00	79.28	20.72	100.00	4.46	95.54	100.00	98.04	1.96	100.00
均值	0.04	79.11	20.85	100.00	4.33	95.67	100.00	98.04	1.96	100.00

从运转类成本的构成可以看出，学校统一支付的办公费、水电费、取暖费等成本不低，当以学生为对象计入年级成本时明显拉动了数值的上涨。而折旧与摊销成本则反映出了学校资产配置的规模。对于人数较少的年级而言，其配置的设备并未显著低于人数较多的年级，这也直接导致了人数较少的年级成本更高的现象。因此，Z 学校的年级成本应进行适当控制。

根据年级成本报表和相关明细表数据以及有关分析总结：Z 学校在2020~2021 学年度年级成本远高于拨款金额。由学校实际情况可知：该校学生人数较少但整体条件已达标，这是导致年级成本较高的原因之一。学校资产配置的规模大小和分配的不合理也造成了年级成本之间的差异。以上应为年级成本控制的前提。

（二）采用目标成市法进行年级成市的全程控制

1. 事前控制：确定目标成本并分解

年级成本控制应将各年级学生看作一个整体。学校资金是按照年初预算标准核定下拨，因此学校应首先以年初预算额度为总控制目标，重新核定学年度数值。其次学校还应将预算额度按照资金使用部门在学校内部进行分解。根据预算拨款的资金性质，将年级成本划分为人员类成本和运转类成本，不同性质的经费成本由不同的方案进行控制。

首先，人员类成本的控制。人员类成本包括教职工的工资、社会保险费及住房公积金。由于教职工工资中的基本工资、津贴补贴、社会保险费和住房公积金均按照一定标准执行，学校无自行调整的可能和必要，人员类的成本控制应锁定在绩效工资及奖金上。根据规定：各学校全年绩效工资总额每年由上级主管部门根据学校学生人数、教职工人数及学校承担的教学任务等方面制定得出，并要求严格执行绩效工资定额管理，即不能超标发放。因此，为了保障学校教职工利益，同时符合不超定额的要求，就需要对此成本进行控制。人员类成本可进一步细分为一线教师的用工成本和二线后勤人员的用工成本。由人事处和学校领导负责制定、审核人员类成本中的绩效工资及奖金的发放方案（见图5-7）。

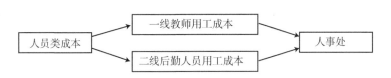

图5-7 人员类成本拆分及责任成本部门

其次，运转类成本的控制。和人员类成本类似，运转类成本可细分为直接成本和间接成本。直接成本主要是与开展教育教学活动直接相关的成本，如学生活动费、教师教材费、实验耗材费等；间接成本主要为教学辅助和后勤办公的费用，如水电费、供暖费、维修维护费等。由于年初的预算中运转类经费都是按照既定的标准乘以学校对应的规模得出，在统一的标准没有进行更改的情况下，每年、每项的金额都是可以提前测算出来的，这就给成本控制工作带来了很好的预判前提。因此将运转类经费的成本控制任务交给教学处和德育处负责，将间接成本控制任务交给总务处和资产处负责（见图5-8）。

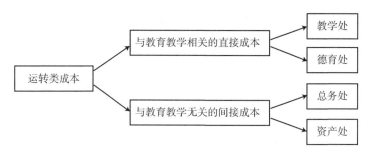

图5-8 运转类成本拆分及责任成本部门

2. 事中控制：成本控制与差异分析

在确定好目标成本及责成部门后，学校应及时跟进成本控制计划。人事处在进行人员类成本核算时，应分析现有一线教师和二线后勤人员情况，其中包括学校整体的课时数、教师人数比例、承担的教学任务分配情况等。当学年中发生人员调整时应及时通报学校领导层，准确增减人员成本总量。此外，人事处制定的绩效激励政策，也应根据人员调整的情况而及时核算出新的应预留出进行奖金发放的额度，即人事处应至少在学年中期重新对学校绩效工资总额度进行核定，并估算下半学期的课时总数和承担教学任务的人数。同样地，相关部门在执行运转类成本控制的过程中，应及时将市场调研了解情况与实际支付情况进行对比分析，若在执行过程中发现实际所需付款金额与计划金额出入较大，则通过行政办公会请示校领导并讨论通过后调整相关厂家的报价，以保持学年计划的平稳进行。

3. 事后控制：成本考核与绩效评价

年级成本的事后考核应在每学年度末进行，对比学年初期制定的目标成本值，计算偏差度并进行分析、总结，将各部门成本控制效果与各部门业绩考核挂钩。年级成本的考核结果应作为下一学年度工作计划的重点，同时，应作为下一学年度资产购置比例的参考。

（三）年级成市控制的建议

年级成本控制的核心就是控制与学生有关的经济事项产生的非必要成本。因年级成本涉及学校与学生有关的一切经济活动，因此要想进行年级成本的控制就要明确划分责任，全校上下通力配合。此外，应重点关注资产使用效率。要想做到年级成本控制，首先，应明确责任主体意识。将总成本规划各个部门分管，同时提高全体教职员工及学生的成本意识。其次，学校应合理配备学校固定资产与无形资产。资产比例的过高会加大学校成本，同时，会降低各个资产的使用效率，学校应根据需求并结合学生人数购置新资产数量、安排资产的存放与使用。从各年级的成本构成中，人员成本占八成，运转成本和折旧成本各占一成，提出三类成本的控制措施：

第一，人员成本控制措施。一是优化师资配置。根据各年级学生人数和课程需求，合理配置教师资源，避免人员冗余。对于临时性教学需求，可考虑聘期兼职教师或实习生。二是提高教学效率。通过改进教学方法，提升教师教学技能和使用现代教育技术，提高教学效率，从而在保持或提升教育质量的同时减少人员成本。三是绩效管理。实施绩效考核制度，将教师的工作表现与薪酬挂钩，激励教师提高工作效率和质量。

第二，运转成本控制措施。一是节约能源消耗。推广节约措施，如使用节能灯具、优化空调和供暖系统、鼓励节约用水等，降低能源成本。二是减少日常消耗。对办公用品、教学材料等实施精细化管理，避免浪费。三是提升设备利用率。合理安排教学计划和活动，提高教学设施、实验设施、体育设施等设备的利用率。

第三，折旧与摊销成本控制措施。一是资产管理。建立完善的资产管理制度，定期盘点和维护学校资产，确保资产账实相符，延长资产使用寿命。二是更新与替换策略。根据资产的实际状况和教育需求，制定合理的更新和替换计划。对于过时或损害严重的资产，及时进行替换，以确保教学活动的正常进行。三是采购策略优化。在采购新资产时，进行充分的市场调研和比较，选择性价比高的产品。同时，考虑资产的长期维护成本和环保性能。

第六章 学校绩效评价的理论和案例分析

本章将结合成本核算与成本控制体系内容，对学校整体、部门、项目和各年级学生分别进行绩效评价的构建，以最大限度地结合成本核算结果、指导成本控制，发挥其实用性和可操作性。同时，继续以 Z 学校为例进行实证分析。

第一节 绩效评价体系的基础

一、绩效评价的概念

绩效评价是指绩效评价的主体根据既定的绩效目标，通过运用科学且合理的绩效评价指标，参照一定的评价标准，利用适宜的评价方法，对单位的财务支出的经济性、效益性和效率性等进行客观且公正的评价。

学校绩效评价是在一定教育目标的指导下，对教育目标的实现程度、教育资源的配置状况和教育过程安排等情况的综合反映。它旨在衡量学校在实现预定目标过程中的效果、效率和效益，强调对学校的绩效进行客观、全面的评估。学校绩效评价是一种基于结果导向的评价方法，关注教育资源的使用和教育活动过程的安排，同时注重长远目标的实现。学校绩效评价通过收集和分析相关数据，旨在改进和提升教育质量提供决策支持，促进教育资源的优化配置，提高教育管理水平，推动教育改革发展。

二、绩效评价的目标

学校绩效评价的目标具有多样性，主要包括以下六个目标：

一是提升教育质量。学校绩效评价的核心目标是提升教育质量。通过对学生、教师、学校等各个层面的绩效进行评价，可以发现教育过程中存在的不足和问题，进而提出改进措施，推动教育质量的持续提升。

二是优化资源配置。学校绩效评价旨在实现资源的优化配置。通过对教育资源的投入、使用和产出进行评价，可以了解资源的利用效率和效果，从而调整资源配置策略，使有限的资源得到更加合理的利用。

三是促进教育公平。学校绩效评价关注教育公平问题，通过对不同地区、不同学校、不同群体的学校绩效进行评价和比较，可以揭示教育发展的不均衡现象，为政府和教育部门制定和调整教育政策提供依据，推动教育公平的实现。

四是激励和约束。学校绩效评价具有激励和约束作用。通过对个人和组织的绩效进行评价和奖惩，可以激发教育参与者的积极性和创造性，同时对其行为进行规范和约束，推动教育事业的健康发展。

五是提高决策水平。学校绩效评价可以为教育决策提供科学依据。通过对学校绩效的全面、客观、准确评价，可以为政府、教育部门、学校等决策者提供有关教育发展状况、问题、趋势等方面的信息，帮助其作出更加科学、合理的决策。

六是推动教育改革与创新。学校绩效评价是教育改革和创新的重要推动力。通过对学校绩效的评价与反馈，可以发现传统教育模式和方法的不足之处，为教育改革和创新提供方向和目标，推动教育事业的持续发展。

三、绩效评价的主体

根据绩效评价的方式不同，绩效评价的主体也有所不同。当绩效评价为学校自评时，绩效评价的主体为本校；当绩效评价为财政评价时，绩效评价的主体为上级主管财政局；当绩效评价为第三方评价时，绩效评价的主体为第三方专业机构。

四、绩效评价的对象

绩效评价的主要对象可以为全部资金，或纳入部门预算管理的资金，或某个项目资金。学校绩效评价的对象可以与成本核算和成本控制的对象保持一致，即学校整体资金的绩效评价、学校部门资金的绩效评价、项目资金的绩效评价及以学生为核心的资金的绩效评价。

一是学校整体资金的绩效评价，它是对学校全部资金的使用效果进行的综合评价。这种评价通常关注学校整体的财务状况、经济效益和社会效益。评价指标可能包括资金的使用效率、教育资源的配置合理性、学校的发展潜力及社会对学校的满意度等。通过这种评价，可以全面了解学校的运营状况，为学校的战略规划和决策提供重要依据。

二是学校部门资金的绩效评价，它是内部各部门资金使用情况的评价。这种评价旨在了解各部门在预算管理、成本控制和资源配置方面的表现。评价指标可能包括部门预算的执行情况、成本效益分析、资源利用效率等。通过这种评价，学校可以发现部门在资源管理方面存在的问题，提出改进措施，并优化内部管理机制。

三是项目资金的绩效评价，它是对学校特定项目资金使用情况的评价，通常关注项目的目标达成度、资金使用的合规性和效益性。评价指标可能包括项目的完成进度、资金使用的合理性、项目产出的质量等。通过这种评价，可以确保项目资金的有效利用，提高项目管理的效率和效果，并为学校未来的项目决策提供参考。

四是以学生为核心的资金的绩效评价，它是从学生的角度出发，评价学校资金在学生教育和发展方面的投入效果。这种评价关注学生的学习成果、生活质量和满意度。评价指标可能包括学生的学习进步、生活条件的改善、学生满意度调查等。通过这种评价，可以了解学校在满足学生需求方面的表现，优化教育资源在学生中的分配，提升学校的教育质量和社会声誉。

五、绩效评价的原则

绩效评价有三个基本原则：一是分类管理原则。绩效评价应根据评价对象所处的具体部门、行业特性、项目特点等制定分类的绩效评价细则。二是科学规范、客观公正原则。绩效评价应首先以《中华人民共和国预算法》，以及相关市、区制定的绩效评价管理办法等法律法规、政策文件为基本依据，采用规范的评价程序，利用定性与定量相结合的综合评价法，按照"公平、公正、公开"的原则为基准，合理地进行评价。三是注重经济效益与成本控制原则。绩效评价的重点是对单位资金使用的情况进行全面的衡量。在评价的过程中，既要考虑到资金使用带来的效益情况，也要特别注重经费的节约高效情况。以上三个基本原则是学校开展绩效评价工作的基础和要求。学校绩效评价包括四类：学校整体绩效评价、部门绩效评价、项目绩效评价和学生绩效评价，每类绩效评价对象的原则具体如下：

第一，学校整体绩效评价的原则。一是全面性原则。评价应涵盖学校的所有方面，包括教学、管理、服务、科研等，确保对学校整体运营状况的全面把握。二是发展性原则。评价应关注学校的发展潜力和趋势，而不仅是当前的表现，以鼓励学校不断创新和改进。三是可比性原则。评价指标应具有横向和纵向的可比性，以便学校能够在不同时间和不同学校之间进行比较分析。四是社会效益原则。评价应重视学校对社会的贡献和影响，包括培养人才、社会服务、文化传承等方面。

第二，学校部门绩效评价的原则。一是目标导向原则。评价应以部门的工作目标和计划为依据，确保部门的工作与学校的整体目标相一致。二是效率原则。评价应关注部门的工作效率和资源利用效率，以推动各部门提高工作效能。三是协同性原则。评价应考虑部门之间的协作和配合情况，鼓励部门之间的信息共享和资源整合。四是反馈与改进原则。评价结果应及时反馈给部门，并提供具体的改进建议，以促进部门的持续改进和发展。

第三，学校项目绩效评价的原则。一是目标明确原则。项目目标应清晰、具体、可衡量，以确保评价能够准确反映项目的实际成果。二是结果导向原则。评价应关注项目的最终成功和影响力，而不仅是项目的实施过程。三是风险与收益平衡原则。评价应考虑项目的风险和收益之间的平衡，以确保项目的合理性和可行性。四是透明度原则。项目的进展和结果应对内对外保持透明，以便相关利益方能够了解项目的实际情况。

第四，年级学生绩效评价的原则。一是个性化原则。评价应尊重学生的个性和差异，避免"一刀切"的评价方式。二是发展性原则。评价应关注学生的成长和进步，而不仅是当前的学业成绩。三是激励性原则。评价应具有激励作用，能够激发学生的学习兴趣和动力。四是公正性原则。评价应公正、客观、无偏见，确保每个学生都能得到公平的评价机会。

六、考虑成本指标重构绩效评价指标体系

在学校绩效评价指标体系构建的文献综述中发现，目前主要采用投入产出、平衡计分卡和全流程三种视角来构建学校绩效评价指标体系。

（一）基于投入产出视角的学校绩效评价指标体系

基于投入产出视角构建学校绩效评价指标体系，主要的投入指标是教育的人财物投入，主要包括以下两个具体指标：一是教育资源投入，包括教育经费、教学设备、图书资料等物质资源的投入。教育经费的投入是衡量一个学校对教育的重视程度和支持力度的重要指标。教学设备、图书资料等资源的充足程度直接影响教育活动的顺利进行和教育质量的提升。二是人力资源投入，主要包括教师数量、教师素质、教学管理人员等。教师的数量和素质是影响教育质量的关键因素，教学管理人员的专业水平和工作效率则直接关系到教育管理的质量和效果。

产出指标主要包括四个方面：一是学生学业成绩，这是衡量教育效果最直接的产出指标，包括学生的考试成绩、综合素质评价等。学生的学业成绩能够反映教育目标的实现程度和教育质量的高低。二是毕业生就业率。对于高校来说，毕业生就业率是衡量教育产出的重要指标之一，它反映了学校培养的人才是否符合社会需求，以及毕业生的就业竞争力和市场认可度。三是

科研成果。对于研究型高校而言，科研成果是衡量其学术水平和影响力的重要指标，包括发表的学术论文、获得的科研项目资助和专利数量等。四是社会服务。学校通过培养人才、提供技术咨询等方式为社会提供服务。社会服务的效果和影响力也是衡量教育产出的重要方面，如社会评价、合作企业的反馈等。

（二）基于平衡计分卡视角的学校绩效评价指标体系

整体绩效评价结果的得出能指导学校改良后续的工作，对学校有诸多益处。

平衡计分卡包括财务、客户、内部业务流程和学习与成长四个维度，基于平衡计分卡构建的学校绩效评价指标体系如下：

一是财务维度的指标，包括教育经费使用效率（衡量学校如何有效利用分配到的经费）、成本控制（评估学校在提供教育服务过程中对成本的控制能力）、收入来源多样性（反映学校除了政府拨款外，其他如学费、捐赠、科研项目等收入渠道的情况）。

二是客户维度的指标。客户在教育领域通常是指学生、家长和社会。因此，客户维度的指标包括学生满意度（通过调查等手段衡量学生对教育服务质量的满意程度）、家长满意度（反映家长对学校提供给孩子教育的认可程度）、社会声誉（评估学校在社会上的整体形象和知名度）、毕业生就业率和起薪水平（反映学校培养学生的市场竞争力）。

三是内部业务流程维度的指标，包括教学质量管理（评估学校的教学设计、实施和监控等流程的有效性）、科研管理水平（针对有科研任务的学校，衡量其科研项目的组织、实施和成果转化能力）、行政效率（评价学校内部行政管理和服务流程的效率）、校园安全和环境（考察学校提供的物理环境和学习氛围）。

四是学习与成长维度的指标，包括师资队伍建设（评估学校在吸引、培养和保留优秀教师方面的能力）、员工培训与发展（衡量学校为员工提供专业发展和学习机会的情况）、学生创新能力培养（反映学校在促进学生创新思维和实践能力方面的成果）、信息技术应用水平（考察学校在教学、科研和管理中运用现代信息技术的程度）。

（三）基于全流程视角的学校绩效评价指标体系

全流程主要包括输入、过程和输出三个环节，基于全流程视角构建的学校绩效评价指标体系分为以下三个方面：

一是输入环节评价指标，包括教育资源投入（衡量教育经费、教学设施、教材图书等资源的投入情况，评估教育资源充足性和适应性）、人力资源配置（评价教师数量、质量、结构及教学管理人员的配置，考察其满足教育教学需求的能力）、政策环境支持（评估学校所获得的政策支持和外部环境对其发展的影响）。

二是过程环节评价指标，包括教学计划与执行（评价教学计划的制定、调整和执行情况，考察教学过程的规范性和灵活性）、教学方法和手段（评估教师采用的教学方法和手段的有效性，以及对学生兴趣和能力的培养情况）、学生参与度（衡量学生在课堂内外的参与度，包括提问、讨论、实践等，反映学生学习的积极性）、教学质量监控（评价教学质量保障体系的建设和运行情况，包括对教学过程的监督、评估和反馈）。

三是输出环节评价指标，包括学生学业成果（衡量学生的考试成绩、作品质量、论文发表等学业成果，评估学生的学习效果和能力提升）、毕业生就业质量与满意度（评价毕业生的就业率、就业质量和对学校教育教学的满意度，反映学校的社会认可度和人才培养质量）、社会影响力与贡献（评估学校在社会上的声誉、影响力和为社会做出的贡献，如社会服务、文化传承等）。

（四）本书构建的考虑成本指标的学校绩效评价指标体系

一方面，绩效评价指标的选择应遵循一定的原则：一是相关性原则，是指选定的绩效评价指标应与绩效目标有高度的联系。二是可比性原则，是指当绩效评价的工作具有相似的目的时，可以选择同一绩效评价指标，以保证评价结果可以相互进行比较。三是经济性原则，是指绩效评价指标在选择时，要充分考虑到现实条件和实际可操作性，并在合理成本范围内进行评价。上述基于投入产出、平衡计分卡和全流程三种视角构建的指标体系，都应遵循这三个基本原则。

另一方面，绩效评价指标体系应同时涵盖共性及个性。共性即绩效评价的基础内容，无论评价对象如何改变，都应该进行评价；个性即是在共性指标的基础之上，根据行业特点、区域特性、评价对象特征等设定不同的评价指标。因此，学校在确定绩效评价指标时，应首先采纳所在区、市级财政部门制定的共性指标，而后根据学校特点，再选取适宜的个性指标进行评价。上述基于投入产出、平衡计分卡和全流程三种视角构建的指标体系，虽然视角各不相同，但很多具体指标是相同的，比如三种视角都需要考虑财务投入方面的指标。而本书主要基于成本核算数据进行绩效评价，比以往相对笼统的财务投入指标更加精准。已有的基于投入产出、平衡计分卡和全流程三种视角构建的学校绩效评价指标体系，总体上均已较为成熟，本书主要改进之处是用精准的成本数据来代替三套指标中的财务投入数据。因此，本书的学校绩效评价指标体系本身并不复杂，采用政府教育部门提供的绩效评价表格中的已有指标（主要包括设定的绩效目标；财务管理情况和资金的使用情况；绩效目标的实现程度及效果等），但将其中的财务指标替换为成本核算结果指标。

七、绩效评价的方法

在文献综述中，本书已经总结出各类绩效评价指标体系对应的评价方法：基于投入产出视角构建的指标体系通常采用 DEA 评价；基于平衡计分卡和全流程视角构建的指标通常采用因子分析法、层次分析法、熵值法等综合评价方法；相对简单的绩效指标体系可以采用专家打分法等比较简单的评价方法。

相对简单的绩效评价方法除了专家打分法外，还有比较法、公众评判法、因子分析法、成本效益分析法等。比较法是指通过将设定的绩效目标与绩效结果相互比较，或者不同部门与地区同类支出之间相互比较，综合分析评价绩效的整体情况的评价方法。公众评判法是指当评价对象无法直接用定量的方法评价其效果时，可通过专业人员评估、向社会公众发放问卷调查或统计抽样调查等方式，对绩效的完成情况进行打分，再根据所得的分值进行总体评价的方法。因子分析法是指通过分析与目标有关联的一系列内因与外因，综合评估绩效目标完成情况的评价方法。成本效益分析法是指将一段时期内的资金支出与所带来的效益进行对比分析，以此评价既定绩效目标的完成情况的评价方法。

通过文献综述发现，各种绩效评价指标体系已经相对完善，对应的绩效评价方法也相对成熟。本书在绩效评价指标上的贡献主要是基于成本核算数据作为学校绩效评价的财务投入数据，评价指标体系本身相对简单。因此，对应的绩效评价方法也采用相对简单的专家打分法，根据政府教育部门提供的指标体系和指标权重，直接加总各个指标的得分，总分即为该学校的绩效评价得分。

绩效评价通常以预算年度为实施周期。学校可根据其职责特点，按学年进行绩效评价。在进行绩效评价时，可具体分为事前绩效评估（制定相应的绩效目标）、过程性评价（根据任务的实施进度进行阶段性评价）和结果评价（学校自评或财政部门评价）。

八、绩效评价的程序

学校绩效评价的基本程序包括六个步骤：明确评价目的和评价对象；构建评价指标体系；选择评价方法；收集评价数据；撰写评价报告；反馈评价结果。这六个步骤可以分为三段：前期准备—具体实施—总结。具体内容如下：

第一，前期准备。绩效评价工作的第一步为确定绩效评价的对象。学校绩效评价的对象为：学校整体、部门、项目及年级资金的绩效评价。评价工作的具体方案可由上级财政部门或学校自行制定。

第二，具体实施。在实施绩效评价的过程中，可采取现场评价或非现场评价。现场评价即评价方到现场实地勘察，询问相关人员，进行专业复核等方式获取有关资料信息，并在此基础上进行分类整理，提出具体的意见；非现场评价主要是指被评价方向评价方主动提交相关资料后，由评价方汇总分析并提出意见。无论是采取现场评价或非现场评价，均应进行综合评价。综合评价以打分的形式展示。评价评分标准为：总分 100 分。评价结果分为：优秀（90 分（含）以上）；良好（80 分（含）~90 分）；合格（60 分（含）~80 分）；不合格（60 分（不含）以下）。

第三，总结。在对评价对象进行综合打分后，评价方应撰写绩效评价报告。绩效评价报告应内容充分完整、数据准确、分析全面且深入、逻辑清晰。被评价方应留存评价报告，并针对评价报告的内容进行下一周期的工作改进。

九、绩效提升的措施

（一）基于学校绩效评价结果的学校绩效提升措施

基于学校绩效评价的结果，可以从以下六个方面提出学校绩效提升的措施：

一是优化教学资源配置。根据绩效评价结果，识别教育资源配置的短板和不平衡现象。加大对薄弱环节的投入，比如提升农村地区学校的基础设施、教学设备等。建立资源共享机制，促进优质教学资源在不同学校、地区间的流动与共享。

二是改进教学方法和手段。鼓励教师采用多元化、创新性的教学方法，比如项目式学习、合作学习等；利用信息技术手段，比如在线教育平台、多媒体教学资源等，提升教学效果；定期开展教学研讨和交流活动，促进教师之间的经验分享和合作。

三是加强教师培训与发展。提供持续的教师培训和发展机会；鼓励教师参与教学研究和学术活动，提升其专业素养和创新能力；建立教师激励机制，将绩效评价结果与职称晋升、奖励等挂钩，增强教师的工作动力。

四是完善绩效评价体系。建立科学、全面的绩效评价指标体系，确保评价内容涵盖教学的各个方面；采用多样化的评价方式，包括学生评价、同行评价、自我评价等，确保评价结果的客观性和公正性；及时反馈评价结果给教师和学生，帮助他们了解自身优势和不足，并制订改进计划。

五是推动教育信息化发展。加大教育信息化投入，提升学校的信息化基础设施建设水平；培训教师使用信息技术工具进行教学和管理；利用大数据等技术手段对教育数据进行挖掘和分析。

六是加强家校合作和社会支持。建立有效的家校沟通机制，增进家长对学校工作的理解和支持；鼓励社会各界参与教育事业，提供实习、实践等多元化教育资源；加强与教育行政部门、其他学校的协作与交流，共同推动学校绩效的提升。

（二）基于成本或投入角度的学校绩效提升措施

当然，本书主要将成本核算结果作为学校绩效评价的投入数据，侧重从成本或投入角度提出学校绩效提升的建议。

一是优化资源配置和提高使用效率。首先，精确核算学校成本。通过科学的方法对学校的各项成本进行精确核算，包括直接成本（如教学材料和设备折旧等）和间接成本（如管理费用和行政开支等）。这有助于准确了解教育资源的消耗情况。其次，优化资源配置。根据成本核算数据和分析结果，调整资源配置策略。将资源向高效益、高需求的领域倾斜，比如优先支持教学效果好的学科。最后，提高资源使用效率。加强对教育资源的管理和维护，减少浪费现象。比如，合理安排教学时间和场地使用计划，提高教室和实验室的利用率；推行节能措施，降低能源消耗。

二是强化预算管理与成本控制。首先，建立健全预算管理制度。制定科学合理的预算方案，明确各项支出的预算限额和审批流程。加强预算执行过程中的监督和控制，确保支出符合预算要求。其次，实施成本控制措施。建立成本控制机制，对超出预算或异常的成本支出进行及时预警和分析。通过精细化管理、采购优化等方式降低成本开支。最后，在全体师生中倡导节约意识，通过奖励机制鼓励节约行为。

三是探索多元化投入机制和资金筹措渠道。首先，吸引社会投资。积极争取政府财政支出的同时，探索吸引社会资本进入教育的途径。比如，与企业合作开展产学研项目合作，争取企业的资金支持和技术支持。其次，在拓展资金来源渠道。创新资金筹措方式的同时，鼓励校友捐赠和社会捐赠行为，扩大资金来源渠道。最后，优化投资结构。根据学校的发展战略和绩效评价结果，优化投资结构，优先支持具有长期效益和广泛影响力的项目或领域。

四是加强财务管理与监督。首先，完善财务管理制度。建立健全财务管理制度体系，包括财务核算规范、内部审计制度、风险防范机制等。其次，强化财务监督力度。加强内部审计和外部审计的有机结合，定期对财务状况进行全面审查和评估，及时发现并纠正财务管理中存在的问题和漏洞。最后，提升财务人员素质。加强对财务人员的培训和教育工作，提高其专业素养和职业道德水平，确保财务人员能够胜任复杂多变的财务工作环境和要求。

第二节　整体绩效评价

一、考虑整体成本的整体绩效评价的指标与权重

整体绩效评价实质为目前行政事业单位的整体支出绩效评价。为贯彻落实学校全面预算绩效管理，提升财政资金的使用效益，提高整体能力，学校应进行整体绩效评价。绩效评价的方式可以为学校自评、上级财政部门评价、聘请第三方机构评价。本书将以学校为主体，论述学校自评内容。

绩效评价指标体系由一级指标、二级指标和三级指标组成。其中，一级指标和二级指标为共性指标，其内容和具体分值相对固定，学校不可自行调整；三级指标为个性指标，学校可结合具体情况对其内容和分值进行设定。

由于学校整体绩效评价涵盖的范围较广，涉及的资金包含基本经费和项目经费，且均为全口径经费。因此，在进行绩效评价时（见表6-1），应重点关注学校资金的构成比例，以及是否达到预期效果，从整体层面指导学校进行下一周期资金安排。

表 6-1　绩效评价

学校名称							
学年主要任务	任务对象		主要内容		预算数 A	执行数 B	执行率（B/A）	得分
目标	期初设定目标				期末目标完成情况		
绩效指标	一级指标	二级指标	三级指标	分值	学年指标值（A）	学年实际值（B）	得分	未完成原因
	产出指标	数量指标						
		质量指标						
		时效指标						
	成本指标	经济成本指标						
		社会成本指标						
		生态环境成本指标						
		持续影响						
	效益指标	经济效益指标						
		社会效益指标						
		生态效益指标						
		可持续影响						
	满意度指标	服务对象满意度指标						
总分								

学校在自评整体绩效时，一级指标应包含产出指标、成本指标、效益指标及满意度指标。产出指标下设二级指标应包含数量指标、质量指标和时效

指标；成本指标下设二级指标应包含经济成本指标、社会成本指标、生态环境成本指标；效益指标下设二级指标应包含经济效益指标、社会效益指标、生态效益指标及可持续影响指标；满意度指标下设二级指标主要为服务对象满意度指标。三级指标应根据学校自身特点，综合全面地进行设置。需要特别说明的是，除成本指标外，其余指标应均为正向指标。指标性质分为定量与定性，其中定量指标以" ≥ "" > "" = "" < "" ≤ "表示。自评指标的权重设置为：资金执行率10%、产出指标40%~60%、效益指标20%~40%、成本指标0~20%、满意度指标0~10%。学校应将设定的目标与完成情况逐项进行对比并计分。若为定性指标，则根据得分设置标准计分；若为定量指标，则以是否完成计分（完成计满分，未完成则按照指标值与实际值的比值计分）。在计分后，应根据得分进行简要的分析，尤其需进行未完成的原因分析。

得分设置标准为：90（含）~100分为优秀；80（含）~90分为良好；60（含）~80分为合格；60分（不含）以下为不合格。

需要注意的是：若定量指标为正向指标，则得分=学年实际值（B）/学年指标值（A）×指标分值；若定量指标为反向指标，则得分=学年指标值（A）/学年实际值（B）×指标分值。

二、整体绩效评价的过程

学校整体绩效评价是一个系统性、全面性的过程，旨在评估学校在特定周期内的整体运营效果和发展状况。评价过程主要包括四个步骤：

第一，明确评价周期和评价方式。一是评价周期。确定评价的时间范围，如学年、三年规划等，周期的选择应能充分反映学校的发展动态和重要成果。二是评价方式。根据学校的特点和需求，选择适合的评价方法，如自我评价、外部专家评估、利益相关者调查等。

第二，准备阶段。一是组建评价团队。成立由校内管理人员、教师代表和外部专家组成的评价团队，确保评价的客观性和专业性。二是确定评价内容。明确评价的具体方面，如教学质量、科研水平、社会服务、管理效率、资源利用等，这些内容应与学校的使命和目标相一致。三是制定评价指标。针对每个评价内容，制定具体、可衡量的评价指标。指标应具有代表性、可操作性和可比性。四是收集数据。根据评价指标，收集相关数据和信息，包括文档资料、统计数据、调查问卷等。

第三，审查评估阶段。一是数据分析。对收集到的数据进行整理和分析，运用统计方法和专业判断，得出初步的评价结果。二是现场考察。评价团队对学校进行实地考察，深入了解学校的运营状况和发展环境，与师生和管理人员进行交流。三是全面评估。结合数据分析和现场考察的结果，对学校整体绩效进行全方位、多角度的评估分析。评估应关注学校的优势和特色，同时识别存在的问题和不足。

第四，结果反馈和改进阶段。一是撰写评价报告。评价团队根据评估结果，撰写详细的评价报告。报告应包括评价过程、评价结果、存在的问题和改进建议等内容。二是结果反馈。将评价报告提交给学校管理层和相关利益相关者，进行结果反馈。通过会议、报告等形式，向师生和社会公众公开评价结果。三是制订改进计划和措施。学校根据评价报告中的建议，制定具体的改进计划和措施，这些计划和措施应与学校的战略规划和发展目标相衔接。四是持续监测与再评价。在实施改进计划的过程中，进行持续监测和跟踪评估。根据需要，定期进行再评价，以确保改进措施的有效性和学校绩效的持续提升。

三、整体绩效提升的建议

（一）基于整体成本核算和控制提出整体绩效提升的建议

因为本书基于学校成本核算和成本控制进行学校绩效评价，整体绩效提升的建议也主要从这两个方面提出。

第一，成本核算方面的措施。一是完善成本核算体系。确立清晰、全面的成本核算科目，确保所有费用都能准确归类；引进先进的成本核算方法，比如作业成本法和标准成本法等，提高核算的准确性；定期对成本核算体系进行审查和更新，以适应学校运营的变化。二是强化成本数据收集与分析。建立成本数据中心，集中存储和管理成本数据；利用数据分析工具，定期对成本数据进行分析，识别成本节约的潜在领域；将成本数据与绩效指标相结合，分析学校的成本效益，为决策提供支持。三是提升成本核算人员的专业能力。定期对财务人员进行成本核算方面的培训，提高其专业知识和技能；引入外部专家进行咨询和指导，提升学校成本核算的整体水平。

第二，成本控制方面的措施。一是建立全面的成本控制机制。制定成本控制政策和程序，明确各部门的成本控制责任；设立成本控制目标，并将其纳入学校的战略规划中；建立成本控制的监督和考核机制，确保控制措施的有效执行。二是优化资源配置。对学校的资源进行重新评估和优化配置，确保资源的高效利用；推广资源共享和跨部门合作，避免资源的重复投入和浪费；引入市场竞争机制，通过外部采购或合作来降低成本。三是推广成本节约文化。在全校范围内宣传成本节约的重要性，提高师生员工的成本意识；鼓励和支持创新性的成本节约措施，如节能减排、废物利用等；设立成本节约奖励机制，对在成本控制方面做出突出贡献的部门和个人给予奖励。四是加强预算管理与控制。制定科学合理的预算，确保预算的准确性和可执行性；严格执行预算，对超预算的支出进行严格控制和审查；定期对预算执行情况进行分析和评估，及时调整预算计划。五是引入先进的成本管理工具和技术。利用信息技术手段，建立成本管理系统，实现成本数据的实时监控和分析；引入先进的成本管理方法，如目标成本法和生命周期成本法等，提高成本管理的效率和效果；与外部机构合作，共享成本管理经验和资源，提升学校的成本管理水平。

（二）根据整体绩效评价结果提出整体绩效提升的建议

第一，提高预算执行率。一是精细化预算编制。学校应提前进行充分的预算编制工作，确保预算的合理性和准确性。预算编制应细化到每个项目、每个部门，并考虑可能的风险因素和变化情况。二是加强预算执行监控。学校应建立完善的预算执行监控机制，实时跟踪预算执行情况，确保资金按计划使用。对于预算超支或执行不力的项目，应及时采取措施进行调整。三是提升预算使用效率。学校应优化资金配置，确保资金用于最需要的项目和领域。同时，加强项目管理和内部控制，防止资金浪费和滥用。

第二，优化产出指标。一是增加项目数量。学校应积极拓展教育项目，增加产出数量。这可以通过开发新课程、举办特色活动、参与外部合作项目等方式实现。二是提高工作完成率。学校应加强对教职工的培训和激励，提高他们的工作积极性和效率。同时，建立明确的工作目标和考核机制，确保各项任务按时高质量完成。三是缩短运行周期。学校应优化工作流程，减少不必要的环节和等待时间；通过引入现代化管理手段和技术支持，提高工作效率，缩短项目运行周期。

第三，控制成本指标。一是降低学校整体成本。学校应通过精细化管理、资源共享、节能减排等措施降低整体运行成本。同时，优化人力资源配置，避免人员冗余和浪费。二是提高资产使用效率。学校应加强对资产的管理和维护，提高资产使用效率。通过建立资产共享平台、加强设备维护保养、推行节能减排等措施，降低资产闲置和浪费现象。

第四，提升效益指标。一是推动教育发展。学校应积极响应国家政策，推动教育均衡发展。通过提高教育质量、扩大教育覆盖面、关注弱势群体等方式，为社会做出更大贡献。二是增强学校社会影响力。学校应加强对外宣传和交流合作，提高知名度和美誉度。通过举办公开日、参与设区活动、与企事业单位合作等方式，增强学校的社会影响力。

第五，提高满意度指标。一是关注学生需求。学校应以学生为中心，关注学生的需求和期望。通过改进教学方法、丰富课程内容、提供个性化辅导等方式，满足学生的多样化需求。二是提升教师满意度。学校应加强对教师的关怀和支持，提升教师的工作满意度和归属感。通过提供良好的工作环境、公平的薪酬待遇、丰富的职业发展机会等方式，激发教师的工作热情和创造力。

第三节 部门绩效评价

一、考虑部门成本的部门绩效评价的指标与权重

部门绩效评价是指对学校内各职能部门在某一完整学年度内工作的完成情况进行综合评价。部门绩效评价应以部门工作计划为目标，以定量和定性的组合方式进行评估。

部门绩效评价用到的一级指标、二级指标及评价方法应与整体绩效评价保持一致。

为了增加部门绩效评价的真实性和客观性，绩效评价表应由不同人员分别进行测评。其中，产出指标根据学年度内工作安排、推进情况及效果进行部门内填写和测评；成本指标要结合计算得出的部门成本值由财务部门配合填写并打分；效益指标由学校管理层根据学校整体发展规划，评估各部门在学年度内的工作成果所带来的影响程度；满意度指标主要是通过统计其他职能部门及一线教师的意见进行评分。

学校的部门评价可每一学年度结束后，以随机选取的方式决定开展某一部门的绩效评价。绩效评价的结果可用于人事绩效奖励的参考依据、部门人事职责的调整和编制人数的安排。

二、部门绩效评价的过程

学校部门绩效评价是对学校内部各部门工作效果和效率的系统评估过程。这一过程通常包括前期准确、审查评估和结果分析三个阶段：

第一，前期准备。一是确定评价目标和范围。明确部门绩效评价的具体目标，比如提升工作效率、优化资源配置等。界定评价范围，包括部门职责、工作内容、时间周期等。二是制定评价标准。根据部门的职能和学校整体模

板，制定具体的绩效评价标准。评价标准应具有可衡量性、相关性和可实现性。三是选择评价方法。根据部门特点和评价需求，选择合适的评价方法，比如 KPI 和平衡计分卡等，确定评价的时间和频率。四是资料收集和整理。全面收集部门相关的工作资料，包括工作计划、总结报告、财务报表等；对收集到的资料进行筛选、分类和整理，确保资料的真实性和完整性。建立资料清单和档案管理系统，便于后续审查和分析。

第二，审查评估。这是对部门绩效评估进行实质性评估的核心环节。一是资料审查。对前期收集的资料进行详细审查，核实数据的准确性和一致性。分析部门工作计划的完成情况、预算执行情况等。二是现场考察。对部门工作环境、工作流程等进行现场考察，了解实际情况。与部门员工进行交流，收集第一手信息和反馈。三是绩效测量和评价。根据评价标准，对部门的绩效进行测量和评价，采用定量和定性相结合的方法，全面评估部门的工作效果、效率和创新性。四是形成初步评价结论。综合资料审查、现场考察和绩效测量的结果，形成初步的评价结论，指出部门在工作中的亮点、存在的问题和改进方向。

第三，结果分析。它是对评价数据进行深入剖析，形成最终评价报告和建议的过程。一是数据分析。对评价数据进行统计分析，识别部门绩效的趋势和模式。比较部门绩效与历史数据、行业标准或内部其他部门的绩效。二是问题诊断。针对评价中发现的问题，进行深入分析，找出问题的根源和影响因素。区分部门内部因素和外部因素，明确责任归属。三是形成最终评价报告。撰写部门绩效评价报告，包括评价过程、方法、结果、问题诊断和改进建议等内容；报告应以清晰、简洁的方式呈现，便于理解和行动。四是结果反馈和应用。将评价结果及时反馈给部门负责人和相关人员，进行充分的沟通和讨论。评价结果应与部门成本控制紧密结合，作为预算编制、资源配置和奖惩机制的重要依据，并根据评价结果制定具体的改进计划和措施，跟踪其实施效果。

三、部门绩效提升的建议

（一）基于部门成本核算与控制提出部门绩效提升的建议

本书基于学校成本核算和成本控制进行学校绩效评价，因此部门绩效提升的建议同样从以下两个方面提出：

第一，成本核算方面的措施。一是精确核算部门成本。确立清晰的成本核算科目和分摊标准，确保部门各项费用能够准确归集。引入精细化的核算方法，比如作业成本法，以更准确地反映部门实际成本。二是强化成本数据分析。定期对部门成本数据进行分析，识别成本变动的关键因素；比较部门间的成本数据，寻找成本节约的潜在机会。三是建立成本数据库。构建部门成本数据库，用于存储历史成本数据和未来预算信息。利用数据库进行趋势分析和预测，为部门决策提供数据支持。

第二，成本控制方面的措施。一是设定成本控制目标。根据部门绩效评价结果，设定具体的成本控制目标，将成本控制目标分解到季度或月度，确保目标的实现性。二是优化资源配置。根据部门实际需求，合理分配人力、物力和财力资源。避免资源浪费和闲置，提高资源利用效率。三是推行成本节约措施。鼓励部门员工提出成本节约的建议，比如节能减排、减少浪费等；实施成本节约项目，并对节约成果进行奖励。四是加强预算管理与执行。制定科学合理的部门预算，确保预算的准确性和可执行性。严格执行预算，对超预算的支出进行严格控制，定期对预算执行情况进行回顾和调整，确保预算与实际需求的匹配。五是引入先进的成本管理工具。利用信息技术手段，建立部门成本管理系统，实时监控成本数据；引入先进的成本管理方法和理念，比如目标成本管理、价值工程分析等，提升部门成本管理水平。六是建立成本控制激励机制。将成本控制与部门员工的绩效考核挂钩，激励员工积极参与成本控制；设立成本控制奖励基金，对在成本控制方面做出突出贡献的员工进行奖励。七是强化跨部门沟通与协作。加强部门间的沟通和协作，共同分享成本管理经验和资源，实现资源共享和优势互补，降低整体运营成本。

（二）根据部门绩效评价结果提出部门绩效提升的建议

因为部门绩效评价的一级指标包括预算执行率、产出、成本、效益和满意度五个方面，每个部门的一级指标相同，二级指标大体相同，三级指标存在差异。因此列表展示各个部门绩效提升的措施（见表6-2）。

表6-2 部门绩效提升的建议

部门	预算执行率	产出			成本	效益	满意度
		数量	质量	时效			
教学处	精细化预算编制,确保教学资源的合理分配。加强预算执行过程中的监控和调整,确保资金的有效利用	鼓励教师参与教学评优,增加优秀案例的产出	定期组织教师培训,提升教学质量和教学方法	优化课程安排,确保课堂有效时长,减少教学浪费	通过资源分享、教材循环利用等方式降低教学成本。优化教学设备采购和维护计划,减少不必要的支出	关注学生知识运用能力的培养,调整教学策略以适应学生需求。定期评估教师教学对学生的影响度,以此为依据改进教学方法	通过问卷调查、座谈会等方式收集学生和教师对教学工作的意见和建议,及时改进,提升满意度
教育处	合理规划教务活动预算,确保各项活动的顺利进行。加强预算执行过程中的监控,及时调整,预算分配	提高教务活动的组织频率和参与度	优化教务管理流程,提高工作效率	确保教务活动的及时性和有效性	通过优化活动安排,减少重复投入等方式降低教务成本。推行电子化办公,减少纸质材料的使用	关注教务活动对学生和教师的影响,评价活动的社会效益。推动教务管理的持续改进,提升整体工作水平	收集学生和教师对教务工作的反馈,及时响应并改进,提高满意度
德育处	确保德育活动的合理分配和有效使用。加强预算执行的监控和调整	增加德育活动的种类和次数	提升德育活动的内涵和影响力	确保德育活动的及时性和长效性	通过资源共享、活动合作等方式降低德育成本。优化德育材料的采购和使用	评估德育活动对学生品德发展的促进作用。关注活动的社会反响,提升德育工作的社会效益	收集学生和教师对德育活动的反馈,持续改进活动内容和形式,提高满意度

续表

部门	预算执行率	产出			成本	效益	满意度
		数量	质量	时效			
总务处	严格依据学校整体规划和预算要求制定总务处的详细预算。加强对预算执行情况的监控，确保各项支出符合预算规定	提高维修、改造项目的完成数量	确保校园设施维护的质量和安全标准	缩短维修响应时间，提高服务效率	通过集中采购，合理库存降低物资采购成本。推行节能减排措施，减少能源消耗	优化校园环境，提升师生学习和生活的品质。通过设施使用管理延长设施使用寿命，减少长期成本	定期收集师生对校园环境的反馈，及时响应并改进。提升服务态度和效率，增加师生满意度
人事处	制定合理的人力资源预算，确保招聘、培训等活动的资金需求。监控预算执行情况，及时调整人力资源配置	增加招聘活动的频次和渠道，吸引更多优秀人才	提高招聘选拔标准，确保新入职员工的质量	缩短招聘周期，及时满足学校各部门的人员需求	通过优化招聘流程，减少不必要的招聘成本。推行在线培训，共享资源等方式降低培训成本	提升教师的整体素质和教学水平。建立长期的人才培养机制，为学校发展提供持续的人才支持	关注教师和员工的职业发展需求，提供个性化的支持和服务。定期组织员工满意度调查，及时改进人事管理工作
财务室	严格执行学校整体预算，确保各部门资金分配的合理性。加强预算执行过程中的监控和风险管理	提高财务报表的准确性和及时性	确保财务分析的深度和广度	加快财务处理速度，提高资金使用效率	通过优化财务流程，推行电子化办公降低运营成本。加强内部审计和财务监督，减少不必要的浪费和损失	通过合理的财务规划和投资策略为学校创造经济效益。提高资金使用透明度，增强学校的社会信誉	为师生提供便捷的财务服务，提升满意度。定期组织内部培训，提高财务人员的专业素质和服务水平

续表

| 部门 | 预算执行率 | 产出 | | | 成本 | 效益 | 满意度 |
		数量	质量	时效			
资产处	制定详细的资产管理预算，确保资产购置、维护的资金需求。监控预算执行情况，及时调整资产管理策略	提高资产盘点的数和准确性	确保资产管理的规范性和安全性	加快资产处置速度，提高资产使用效率	通过集中采购，合理库存降低资产购置成本。推行资产共享、循环利用等方式减少浪费	优化资产配置，提高资产使用效益。建立长期的资产管理机制，为学校发展提供持续的资产支持	提供便捷的资产借用、归还服务，提升师生满意度。加强与各部门的沟通协调，提高资产管理工作的响应度和主动性

第四节　项目绩效评价

一、考虑项目成本的项目绩效评价的指标与权重

项目绩效评价是对某一项目实施效果的综合评估。项目绩效评价应按照"一项目一评价"的原则，参照整体绩效评价指标体系和评分方法进行。

项目绩效评价结果的好坏将直接指导学校和上级主管部门在下一周期安排同类型项目资金的规模。

项目绩效评价与整体绩效评价和部门绩效评价有所不同：首先，项目资金需按照既定的用途使用，即做到专款专用。因此，即使项目资金的执行率达标，若未做到专款专用则应直接降低评价等级。其他问题，如学校未经批准擅自调整项目内容，或在项目实施过程中涉及政府采购而并未严格执行相关政策等情况，也应降级评价。若在项目间或学校间私自挪用资金、弄虚作假的，应直接评定为不合格。其次，项目绩效评价并不是对学校整体或部门进行评价，而是对单一项目进行评价。因此，在绩效评价的全过程中应紧紧围绕该项目的产出及效果进行分析并打分。

项目绩效评价所需的资料包括：项目可行性报告、项目申报书、立项批复文件、实施方案、验收报告、设备购置合同、工程设计图、竣工验收报告、项目经费预算表和决算表、审计报告等。

项目整体评价应包含项目决策、项目管理及项目绩效。项目绩效是整体评价中的一环，也是重要的一环。通常情况下，项目决策分值为15%，项目管理分值为30%，项目绩效分值为55%。

二、项目绩效评价的过程

学校项目绩效评价是对学校所实施项目的效果、效率和影响力进行全面、

客观评估的过程。这一过程包括前期准备、审查评估和结果分析三个阶段，旨在确保评级工作的系统性、科学性和公正性。

第一，前期准备。在前期准备阶段，主要任务是明确评价的对象、目的、周期、方式，以及收集与整理与评价项目相关的资料。一是确定评价对象与目的。明确要评价的具体项目，比如教育改革项目、科研项目等；确定评价的目的，比如评估项目的实施效果、资金使用效率等。二是确定评价周期与方式。根据项目的特点和学校的实际需求，确定评价的时间周期，比如年度评价、中期评价等；选择合适的评价方式，比如自评、他评、专家评审等。三是资料准备。收集项目的实施方案，包括项目的目标、计划和预算等；整理项目的实施过程资料，比如进度报告、会议纪要、工作日志等；汇总项目的实施结果资料，比如成果报告、效益分析和用户反馈等。确保资料的完整性和真实性，以便准确反映项目的全貌。

第二，审查评估。审查评估阶段是对项目资料进行深入分析和评估的核心环节。一是资料核实。对收集到的资料进行逐一核实，确保数据的准确性和一致性。与项目负责人和相关人员进行沟通，澄清资料中的疑问和不确定之处。二是绩效分析。根据项目的目标和计划，分析项目的实施进度和完成情况；评估项目的成果质量和影响力，包括学术价值、社会价值等，分析项目的资金使用效率和预算执行情况。三是填写绩效评价表。根据学校的项目绩效评价标准，对项目的各项指标进行打分；汇总各项指标的得分，形成项目的总体评价结果。

第三，结果分析。结果分析阶段是对评价结果进行进一步核实、分析和反馈的过程。一是结果核实。对评价结果进行再次核实，确保评价的客观性和公正性。与项目负责人和相关人员进行沟通，确认评价结果的准确性。二是失分原因分析。针对评价中失分较多的指标，进行深入的原因分析。结合项目的实际情况，找出问题的根源和影响因素。三是反馈与改进。将评价结果及时反馈给项目负责人和相关人员，进行充分的沟通和讨论。根据评价结果和失分原因分析，提出具体的改进建议和措施，并随时跟踪项目的改进情况，确保改进措施的有效实施。

三、项目绩效提升的建议

（一）基于项目成市核算与控制提出项目绩效提升的建议

本书基于学校成本核算和成本控制进行学校绩效评价。因此，项目绩效提升的建议同样从这两方面提出。

第一，成本核算方面的措施。一是明确项目成本构成。细化项目成本分类，包括直接成本（比如材料费和人工费等）和间接成本（比如管理费和设施折旧费等），确保所有项目均得到准确记录和核算。二是建立项目成本核算体系。制定统一的成本核算标准和方法，确保各项目之间的可比性；引入项目成本会计软件，实现成本的自动化核算和实时监控。三是强化成本数据分析和预测。定期对项目成本数据进行分析，识别成本变动趋势和异常波动；利用历史成本数据进行成本预测，为项目预算和决策提供数据支持。

第二，成本控制方面的措施。一是设定项目成本控制目标。根据项目绩效评价结果，设定具体的成本控制目标，如成本降低百分比、预算偏差率等，并将成本控制目标分解到项目各阶段和责任人，确保目标能够实现。二是优化项目资源配置。根据项目实施需求，合理分配人力、物力、财力等资源，提高资源利用效率，避免资源闲置和浪费。三是加强项目预算管理与控制。制定科学合理的项目预算，确保预算的准确性和可执行性。严格执行预算，对超预算支出进行严格控制和审批；定期进行预算执行情况分析和调整，确保预算与实际需求的匹配。四是推行项目成本节约措施。鼓励项目团队提出成本节约建议，比如采用更经济的材料、优化工作流程等；实施成本节约项目，并对节约成果进行奖励和激励。五是建立项目成本控制激励机制。将项目成本控制与团队和个人的绩效考核挂钩，增强成本控制意识；设立项目成本控制奖励基金，对在成本控制方面做出突出贡献的团队和个人进行奖励。六是强化项目风险管理。识别项目潜在风险因素，比如市场变化、技术难题等，并制定风险应对策略和预案，降低风险对项目成本的影响。七是加强项目团队建设和培训。定期组织成本控制相关培训，提升团队整体的成本管理水平以及项目团队成员的成本意识和控制能力。八是促进项目间的经验分析与协作。鼓励不同项目之间分享成本控制经验和最佳实践，通过项目间的合作，实现资源共享和优势互补，降低整体项目成本。

（二）根据项目绩效评价结果提出部门绩效提升的建议

因为项目绩效评价的一级指标包括预算执行率、产出、成本、效益和满意度五个方面，每个部门的一级指标相同，二级指标通常大体相同，三级指标存在差异。各个维度项目绩效提升的常见措施如下：

第一，预算执行率。一是精确预算编制。在项目启动前，进行详细的需求分析和成本估算，确保预算与实际需求相匹配。二是动态监控与调整。建立预算执行监控机制，定期对比实际支出与预算，及时发现并调整偏差。三是强化预算意识。加强项目团队对预算重要性的认识，确保每个成员都明确自己的预算责任。

第二，产出。一是明确产出目标。在项目开始前，清晰界定项目的产出目标，确保所有工作都围绕这些目标展开。二是优化产出流程。分析并改进项目流程中的瓶颈和低效环节，提高产出的数量和质量。三是强化质量控制。建立严格的质量管理体系，对项目产出的每一个环节进行把关，确保最终产出的质量符合标准。

第三，成本。一是降低采购成本。通过比价、招标等方式，选择性价比高的供应商，降低原材料和设备的采购成本。二是提高资源利用效率。优化资源配置，提高人力、物力和财力的利用效率，避免浪费。三是推行成本控制文化。在项目团队中培养成本控制意识，鼓励每个成员为降低成本出谋划策。

第四，可持续发展。一是延长项目影响周期。在项目设计和实施阶段，考虑项目的长期影响，确保项目成果能够持续发挥作用。二是促进项目成果转化。将项目成本转化为学校的教育教学资源或校园文化元素，进一步扩大项目的影响力。三是培养项目接班人。通过培训和指导，培养能够继续推进项目的人才，确保项目的可持续发展。

第五，满意度。一是定期收集反馈。通过问卷调查、座谈会等方式，定期收集学生和教师对项目的反馈意见。二是及时响应并改进。针对收集到的反馈意见，及时进行分析并制定相应的改进措施。三是提升服务意识和质量。加强项目团队的服务意识和能力培训，提高团队成员对项目参与者的服务质量和满意度。

第五节　年级绩效评价

一、考虑年级成本的年级绩效评价的指标与权重

年级绩效评价是根据学校教育教学的主要职责，针对与学生有关的经济事项进行绩效评价的事项。年级绩效评价用到的一级指标、二级指标及评价方法同样应与整体绩效评价保持一致。

然而，年级绩效评价的口径小于整体绩效评价，其结果更能反映出学校履行教书育人根本任务的水平。因此，年级绩效评价应以学生为中心，在制定三级指标时应尤其关注这一点。如在"产出指标—数量指标"下纳入学生活动的开展次数；在"产出指标—质量指标"下纳入学校的升学率；在"产出指标—时效指标"下纳入学校奖助学金的及时发放率；在"满意度指标—服务对象满意度指标"下单独设置学生及家长满意度等。此外，核算得出的年级成本值也应纳入成本指标。由于学生培养的持续性和未来的不确定性，现阶段学校对于学生成长过程中的正向引导程度无法准确衡量，为了提高绩效评价的准确度，可适当降低效益指标的权重。

因此，在自评指标权重设置的标准下，可适当调整为：产出指标40%～60%、效益指标10%～20%、成本指标10%～20%、满意度指标10%～20%。

二、年级绩效评价的过程

年级绩效评价是以学生为对象进行学校教育教学现状的总体评价工作。它是对学校教育教学工作效果的重要评估手段,旨在从学生角度出发,全面、客观地评价学校提供的教育教学环境和服务质量。

第一,前期准备阶段。在准备阶段要充分收集与学生有关的所有资料,尽可能完整、全面、多角度地反映学校教育教学能力。同时,各职能部门要协力配合达到以下目的:一是明确评价目的。确定年级学生绩效评价的目标,比如提升教学质量、优化教学资源配置、促进学生全面发展等。明确评价结果的预期用途,以便有针对性地设计评价方案。二是确定评价内容。考虑学生的个体差异和年级特点,围绕学生的学习状况、教师的教学质量、学校的教学管理等方面确定具体的评价内容,确保评价内容的针对性和适应性。三是构建评价指标体系。根据评价内容制定具体的评价指标,比如学生成绩、教师满意度、课程设置合理性等。确保指标体系的科学性、全面性和可操作性。四是组织评价团队。成立由教育专家、学校管理者、教师代表和学生代表组成的评价团队,明确团队成员的职责分工,确保评价工作的顺利进行。五是收集相关资料。全面收集与学生有关的所有资料,包括学生成绩、教师评价、课程安排和教学资源等;确保资料的完整性、真实性和有效性,以便准确反映学校教育教学现状。

第二,审查评估阶段。在审查评估阶段,要时刻从学生的角度出发,分析学校给学生提供教学环境、师资能力等方面的水平以及对学生发展的影响程度。一是资料分析。对收集的资料进行整理、归类和初步分析,提取关键信息。运用统计分析方法对数据进行处理,识别存在的问题与趋势。二是学生满意度调查。设计学生满意度调查问卷,了解学生对学校教育教学工作的满意度和期望,并对调查结果进行统计分析,找出学生关注的重点问题和改进方向。三是教学环境评估。对学校的教学环境进行评估,包括教学设施、实验室设备、图书资料等,从学生实际使用角度出发,分析教学环境的适宜性和便利性。四是师资能力评估。对教师的专业素养和教学能力进行评估,包括教学经验、教学方法、课堂管理等方面；结合学生评价和听课记录，分析教师对学生发展的影响程度。五是综合评价。将各项评价结果进行汇总和综合分析，形成对年级教育教学工作的整体评价。从学生全面发展角度出发，评估学校教育教学工作的优势和不足。

第三，结果分析阶段。以年级绩效评价表的形式展示评价结果，并在评价结果的基础上进行分析、总结。一是形成评价报告。编写年级学生绩效评价报告，概述评价过程、方法和结果。用数据和事实说话，确保报告的客观性和准确性。二是反馈评价结果。将评价结果反馈给学校管理者、教师和学生，帮助他们了解年级教育教学工作的现状和存在的问题。鼓励相关利益方积极参与评价结果的讨论与解读，促进共识的形成。三是提出改进建议。根据评价结果和分析结论，提出具体的改进建议和措施。优先关注对学生发展影响较大的问题和薄弱环节，确保改进工作的针对性和实效性。四是持续跟进和监督。对改进建议的实施情况进行持续跟进和监督，确保改进措施得到有效落实；定期回顾年级学生绩效评价过程，总结经验教训，不断完善评价方案和方法。

三、年级绩效提升的建议

年级绩效评价结果得出后，应首先结合年级成本核算与成本控制两方面对学校进行建议，其次基于绩效评价结果对学校进行综合的建议。

（一）基于年级成本核算与成本控制提出年级绩效提升的建议

年级绩效提升的建议应基于年级成本，以成本控制的视角提出，为事后成本控制提供参考依据。因此，应结合学校基本情况和成本耗费特点综合提出建议。同时，应特别关注绩效评价的对象——各年级学生，将各年级学生看作一个整体，从培养学生的角度出发，提出相关建议。

第一，成本核算方面。一是精细化年级成本核算。对年级各项费用进行细致分类，比如教学材料费、活动经费、考试费用等。确立明确的核算标准和方法，确保费用归属准确，避免成本混淆。二是建立年级成本数据库。整合历史数据，构建年级成本数据库，用于分析成本变动趋势；定期对数据库进行更新和维护，确保数据的准确性和时效性。三是推行成本核算透明化。将年级成本核算结果向师生和家长公开，增强成本意识；鼓励师生参与成本核算讨论，提出改进建议。

第二，成本控制方面。一是设定年级成本控制目标。基于历史数据和实际情况，设定合理的年级成本控制目标。将目标分解到各个学期或月度，确保目标的可操作性。二是优化年级资源配置。根据学生人数和课程需求，合理分配教室、教学设备等资源，提高资源利用效率，避免资源闲置和浪费。三是推行节约型年级管理模式。开展环保教育活动，培养学生的节约意识，倡导节约用水、电等日常消耗品，减少不必要的浪费。四是加强年级预算管理。严格执行预算审批制度，制定科学合理的年级预算，确保各项费用在预算范围内支出，对超预算支出进行严格控制。五是建立年级成本控制激励机制。将年级成本控制效果与教师的绩效考核挂钩，增强成本控制动力。设立年级成本控制奖励基金，对节约成果显著的班级或教师进行奖励。六是提升年级管理效率。引入现代化管理手段和技术，比如教学管理软件、在线协作平台等，提高年级管理效率，精简管理流程，减少不必要的管理成本。

（二）根据年级绩效评价结果提出年级绩效提升的建议

在基于年级成本核算与成本控制提出提升意见后再针对绩效评价的结果提出综合的意见。

第一，产出方面。一是增加学生活动次数来提升产出数量。鼓励各年级组织多样化的课外活动和学术竞赛，促进学生全面发展。利用课余时间或节假日安排特色活动，丰富学生的校园生活。二是提升升学率来提升产出质量。加强教学质量监控，确保年级教学水平稳步提升。提供针对性的辅导和支持，帮助学生克服学习困难，提高学习成绩。与高校和优秀教育机构建立合作关系，为学生提供更多的升学机会和资源。三是通过优化助学金发放率来提升产出时效。建立公平、透明的助学金评选机制，加大助学金宣传力度，让更多的学生和家长了解相关政策。定期评估助学金的使用效果，确保根据真正需要资助的学生需求及时调整和优化资助策略。

第二，成本方面，需要降低各年级成本。精细化管理年级预算，避免不必要的浪费，优化资源配置，共享教学设备和资源，降低教学成本，提高教师工作效率，合理安排课时和人员，减少人力成本。

第三，通过提升校园生活对学生的影响程度来提升效益指标。营造积极、健康的校园文化氛围，增强学生的归属感和荣誉感；举办具有年级特色的活动，培养学生的团队协作精神和社交能力；关注学生的成长需求，加强心理健康教育，促进学生身心健康发展。

第四，满意度方面。一是提高学生满意度。定期收集学生对年级教学、管理、服务等方面的意见和建议；及时响应学生需求，改进年级工作中存在的问题和不足；关注学生的个性化需求，提供多样化的教学服务和支持。二是提高教师满意度。为教师提供良好的工作环境和待遇，激发教师的工作热情和积极性；加强教师培训和专业发展支持，提高教师的教学水平和职业素养。

第六节　学校绩效评价的案例分析

本节将根据构建的绩效评价体系，结合第四章第六节中 Z 学校的整体成本、部门成本、项目成本和年级成本的核算结果，在考虑各类成本的基础上，对 Z 学校的整体绩效、部门绩效、项目绩效及各年级学生绩效进行分类评价，将绩效评价的结果作为依据；最后提出四类绩效提升的建议，旨在验证全面绩效评价的可行性。

一、现状和背景介绍

Z 学校目前仅针对部分项目开展了绩效评价工作。整体支出绩效评价工作由一级主管部门代为进行，且评价指标体系中的成本指标仅以支出代替，未利用成本核算的相关结果。另外，学校原有的绩效评价结果仅用于上级主管部门对学校下一年度同类型经费拨款规模的考量，未将评价结果运用到学校成本控制中。绩效评价指标体系中的成本指标也只能依照惯性按照资金使用金额填列。

综上所述，要想解决存在的问题，首先就要进行成本核算。根据本书构建的成本核算理论基础，通过试算整体成本、部门成本、项目成本以及年级成本，验证学校成本管理存在的相关问题；根据本书构建的成本控制理论基础，从成本核算的具体数据出发，找到成本控制的突破口；根据绩效评价理论基础进行多角度的评估，进而采取有针对性的措施才能破解难题，改善学校现状。

二、绩效评价的准备

Z 学校要开展整体绩效评价、部门绩效评价、项目绩效评价和年级学生绩效评价。每类绩效评价的准备工作如表 6-3 所示。

表 6-3 Z 学校绩效评价的准备工作

步骤	整体绩效评价	部门绩效评价	项目绩效评价	年级学生绩效评价
1	明确评价目标。确定学校整体绩效评价的目的和重点，比如提升教育质量，优化资源配置等	确定评价范围。明确被评价部门的工作职责和目标	项目立项资料。收集项目的立项书、预算报告、计划书等文件	明确评价对象。确定被评价的年级和学生群体
2	构建评价体系。设计涵盖教学、科研、管理、社会服务等各个方面的评价指标体系	根据部门特点制定具体的绩效评价指标	项目进度跟踪，了解项目的实施进度和阶段性成果	设计学生评价指标体系，涵盖学业成绩、综合素质、发展潜力等方面

步骤	整体绩效评价	部门绩效评价	项目绩效评价	年级学生绩效评价
3	收集数据资料。整理学校各部门的工作报告、统计数据、财务报表等，确保信息的全面性和准确性	收集部门工作计划、总结、活动记录等相关资料	项目效果评估。预先设计项目效果的评价指标和方法	收集学生信息，包括成绩记录、课外活动参与情况、教师评价等
4	组建评价团队。挑选具备相关知识和经验的人员组成评价团队，并进行必要的培训	安排人员参与。确保被评价部门的人员能够积极参与并配合评价工作	收集项目数据，包括财务数据、参与人员反馈、项目产出等	准备评价工具与环境，比如标准化试卷、面试场地、观察记录等
5	制定评价计划。明确评价的时间表、流程、方法以及资源分配	准备评价工具，比如问卷、访谈提纲、观察记录表等	针对项目特点组建具备相关专长的评价小组	通知与培训。向相关师生解释评价目的、流程和注意事项，并进行必要的培训

三、整体绩效评价示例

（一）整体绩效评价的指标体系

指标权重：资金执行率10%、产出指标40%、效益指标30%、成本指标10%、满意度指标10%。

得分标准：90（含）~100分为优秀；80（含）~90分为良好；60（含）~80分为合格；60分（不含）以下为不合格。

（二）整体绩效评价的过程

评价周期是2020~2021学年度。评价方式为学校自评。

1. 准备阶段

学校首先确定整体绩效评价的内容——全口径的基本经费和项目经费；成立以校领导为核心的评价小组；制订相关工作计划。收集的学校基础资料包含人事制度、职责分工、绩效工资方案、职称评审方案、预算表、决算表、政府采购项目统计表、家长信等。

2. 审查评估工作

学校整体绩效评价工作应从学校整体宏观考虑，涵盖面要广泛。将各业务部门提供的"成绩单"汇总后，可综合反映学校在教育、教学、人事任免、基础设施建设、经费管理等各方面的情况。

3. 评价结果

学校整体评价结果以绩效评价表的形式展现，如表6-4所示。绩效评价表中的评价指标根据学校特性进行选择。

（三）整体绩效评价的结果分析

Z学校整体绩效评价的指标及得分为：学年主要任务完成情况（满分10分得9.94分）；产出指标中，数量指标满分10分得10分，主要是因为项目数量要求大于5个，实际为12个；质量指标为工作完成率，满分20分得19分，主要是因为工作完成率只有95%；时效指标满分10分得10分，主要是因为运行周期预期和实际均为1学年。成本指标中，经济成本指标满分10分得8.1分，主要是因为目标成本为1211.13万元，实际成本为1494.56万元，发生了超支。效益指标中，社会效益指标满分20分得20分，主要是因为推动义务教育发展完成任务；可持续影响指标满分10分得10分，主要是因为学校社会影响力完成任务。满意度指标满分10分得8.2分，主要是因为学生和教师满意度只有74%。将每项得分求和得到Z学校的整体绩效评价综合得分95.24分（见表6-4）。

表6—4　Z学校整体绩效评价表（2020~2021学年度）

Z学校

学校名称								
学年主要任务	任务对象	主要内容	预算数A（万元）	执行数B（万元）	执行率（B/A）（%）	权重	得分（分）	
	学校整体	完成教育教学任务，建设基础设施	1211.13	1203.57	99.38	10	9.94	
目标			期初设定目标			期末目标完成情况		
绩效指标	一级指标	二级指标	三级指标	分值	学年指标值（A）	学年实际值（B）	得分（分）	未完成原因
	产出指标	数量指标	项目数量（个）	10	≥5	12	10	—
		质量指标	工作完成率（%）	20	100	95	19	工作周期延长
		时效指标	运行周期（学年）	10	1	1	10	—
	成本指标	经济成本指标	整体成本（万元）	10	1211.13	1494.56	8.1	—
	效益指标	社会效益指标	推动义务教育发展	20	定性：中	中	20	—
		可持续影响指标	学校社会影响力	10	定性：中	中	10	—
	满意度指标	服务对象满意度指标	学生及教师满意度（%）	10	≥90	74	8.2	—
总分							95.24	

Z 学校整体绩效评价结果为优秀。整体成本高于预期值的原因为此前并未制定成本值，仅简单用预算数代替成本值，而整体成本的核算内容还包含了折旧（摊销）等成本，这是在期初并未予以考虑到的，且因为部分项目资金支付周期的原因，导致预算执行率未达到 100%。总体分析，Z 学校在2020~2021 学年度的教育教学工作平稳有序地进行，基础设施不断购置。虽然学校受到招生生源的限制，但并未影响本学年度的基本运转。

（四）整体绩效提升的建议

根据 Z 学校整体绩效评价的指标及得分情况，从完成教育教学任务、产出、成本、效益和满意度五个方面，提出绩效提升的具体措施。

一是完成教育教学任务方面。Z 学校在学年主要任务完成情况上得分较高，但仍有提升空间。建议 Z 学校继续加强教育教学管理，确保各项任务能够按时、高质量完成。同时，可以进一步优化教学计划，提高教学效率，确保学生在有限的时间内获得更好的学习效果。

二是产出方面。Z 学校在数量指标上得分为满分，说明项目数量充足。但在质量指标上，工作完成率未达到 100%，存在一定提升空间。建议学校加强对工作质量的把控，提高工作完成率，确保每个项目都能够达到预期效果。此外，可以进一步优化项目管理流程，提高工作效率，减少资源浪费。

三是成本方面。Z 学校在成本指标上得分较低，主要是因为实际成本超过了目标成本。建议 Z 学校加强成本控制，优化资源配置，降低不必要的开支。同时，可以建立成本核算制度，定期对成本进行分析和评估，确保成本控制在合理范围内。此外，可以加强与供应商的合作和谈判，争取更优惠的价格和条件，降低采购成本。从整体绩效评价结果来看，Z 学校的办学能力较好，但办学成本较高是减分项。建议在下一学年度紧密结合预算，依照成本核算体系合理设定办学成本值，并在执行过程中重点关注固定资产的配置及更新情况。

四是效益方面。Z 学校在社会效益指标和可持续影响指标上均为满分，说明学校在推动义务教育发展和社会影响力方面表现优秀。建议 Z 学校继续加强与社会各界的合作与交流，扩大影响力，提高知名度。同时，可以积极探索新的教育模式和教育理念，不断提升教育质量和水平，为学生提供更优质的教育服务。

五是满意度方面。Z学校在满意度指标上得分较低，主要是因为学生和教师满意度只有74%。建议Z学校加强与学生和教师的沟通和交流，了解他们的需求和期望，及时解决他们遇到的问题和困难。同时，可以加强对学生和教师的管理和培训，提高他们的素质和能力，增强他们的归属感和满意度。此外，可以定期开展满意度调查活动，及时收集反馈意见并改进工作不足之处。

四、部门绩效评价示例

（一）部门绩效评价的指标体系

指标权重：资金执行率10%、产出指标40%、效益指标30%、成本指标10%、满意度指标10%。

得分标准：90（含）～100分为优秀；80（含）～90分为良好；60（含）～80分为合格；60分（不含）以下为不合格。

（二）部门绩效评价的过程

评价周期为2020～2021学年度。评价方式是评价部门、管理层、财务部门、教师综合评价。评价部门为教学处、教务处、德育处、总务处、人事处、财务室和资产处七个部门。

1. 准备阶段

准备资料：各部门工作计划及工作总结、教学处指导并评优的教学案例、月度教学计划表、教师课时数、学生作业抽查情况统计表、财务制度、德育活动档案、人事档案统计单、固定资产报表等。

2. 审查评估工作

教学处的部门工作计划及工作总结用于整体把握部门在学期内的工作完成质量和效果。而教学评优案例的个数也直接反映出教学处的工作侧重点及成效；学生的作业情况以及教师课时数可以反映出学生及教师在本学期应完成的任务、教务处安排的课时是否合理妥当；财务制度可以作为财务室在日常工作中是否按规定工作的依据；德育活动档案可以反映德育处组织活动内容及效果情况；人事档案统计单可以看出人事处在人员聘用、归档整理等方面的工作情况；固定资产报表可以反映出资产处在学年度内购置及报废资产是否按规定及时准确地入账等。以上信息可汇总评价各部门的绩效情况。

3. 评价结果

为了直观展示并比较七个部门的绩效评价结果，表6-5仅详细展示了重点部门——教学处的绩效评价表，其余各部门的绩效评价指标值及得分情况将汇总显示，如表6-6所示，最终得分分别为：教学处83.2分；教务处92.37分；德育处83.60分；总务处72.10分；人事处90.50分；财务室91.71分；资产处92.56分。

(三) 部门绩效评价的结果分析

1. 七个部门的总体情况

七个部门中有四个部门（教务处、人事处、财务室、资产处）优秀，优秀率为57.14%；两个部门（教学处、德育处）良好，良好率为28.57%；一个部门（总务处）合格，合格率为14.29%。

2. 七个部门的具体情况

教学处本学期的绩效评价得分为83.2分，结果为良好，在七个部门中排第六名。结果较好的原因为目标值制定得较为恰当、合理，符合当前教学情况。Z学校是体育特色学校，因此学生普遍较为活泼爱动，课堂注意力不集中，对于知识的吸收和掌握程度有限。但教学部门一直致力于开发学生潜力，培养学生爱学习的能力。从图6-1可以看出，教学处的失分原因主要是产出质量指标满分20分只得了10分，产出时效指标满分10分只得了5分。结果为中，表明产出时效指标的表现基本符合预期，没有特别突出也没有明显不足。经济成本指标满分10分只得了8.2分。因此，后续教学处的产出指标的改进是绩效提升的重点。

表6-5　教学处绩效评价表（2020~2021学年度）

学校名称	Z学校					
学年主要任务	任务对象	主要内容	预算数A（万元）	执行数B（万元）	执行率（B/A）（%）	得分（分）
	教学处	完成教育教学	31.66	37.83	100	10
目标	期初设定目标	完成教育教学				
	期末目标完成情况					

绩效指标	一级指标	二级指标	三级指标	分值	学年指标值（A）	学年实际值（B）	得分（分）	未完成原因
	产出指标	数量指标	教学评优案例个数（个）	10	5	6	10	—
		质量指标	教学质量	20	定性：良	中	10	（下述）
		时效指标	课堂有效时长（分钟）	10	≥30	20~25	5	（下述）
	成本指标	经济成本指标	部门成本（万元）	10	31.66	38.57	8.2	—
	效益指标	社会效益指标	学生知识的运用能力	20	定性：中	中	20	—
		可持续影响指标	教师教学对于学生的影响度	10	定性：中	中	10	—
	满意度指标	服务对象满意度	教师及学生满意度（%）	10	≥90	95	10	—
总分							83.2	

注：定性为"良"代表基本达成预期指标目标效果较好，下同。

表 6-6 部门绩效评价汇总表（2020～2021 学年度）

得分项		满分	满分	教学处	教务处	德育处	总务处	人事处	财务室	资产处
预算执行		10	10	10	10	7.6	5.1	9	8.71	6.56
产出指标	数量指标	40	10	10	10	7	10	10	10	10
	质量指标		20	10	20	10	6	18	20	18
	时效指标		10	5	10	10	3	10	4	10
成本指标	经济成本指标	10	10	8.2	9.42	10	10	10	10	10
效益指标	社会效益指标	30	20	20	20	20	20	20	20	20
	可持续影响指标		10	10	10	10	9	5	9	8
满意度指标	服务对象满意度	10	10	10	2.95	9	9	8.5	10	10
总分		100	100	83.2	92.37	83.6	72.1	90.5	91.71	92.56
等级				良好	优秀	良好	合格	优秀	优秀	优秀
名次				第六名	第二名	第五名	第七名	第四名	第三名	第一名

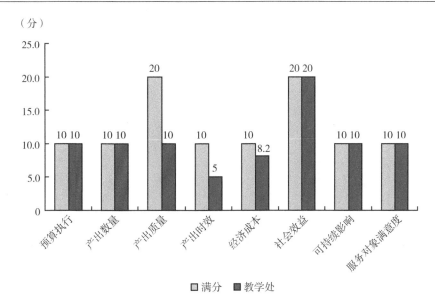

（分）

图 6-1　教学处的绩效评价结果分析

　　教务处的绩效评价得分为 92.37 分，结果为优秀，在七个部门中排第二名。从图 6-2 中可以看出，教务处主要失分原因为服务对象满意度较低（满分 10 分只得了 2.95 分），经济成本也少量丢分（满分 10 分得了 9.42 分），这与教务处担任教师课表的安排工作有关。因此后续教务处的改进重点是大幅提升服务对象满意度，尤其是改进排课质量。

　　德育处的绩效评价得分为 83.6 分，结果为良好，在七个部门中排第五名。德育处主要的工作任务是对学生进行德育教育、组织学生活动等。因此，该部门与学生和家长的接触程度较多。从图 6-3 可以看出，德育处失分主要原因有四个方面：产出质量满分 20 分只得 10 分；产出数量满分 10 分只得 7 分；预算执行满分 10 分只得 7.6 分；服务对象满意度满分 10 分只得 9 分，这与活动安排的内容与次数使部分学生或家长的满意度较低有关。后续，德育处的绩效提升可以从大幅提升产出质量、大幅增加产出数量以及提高预算执行率和提升服务对象满意度四个方面入手。

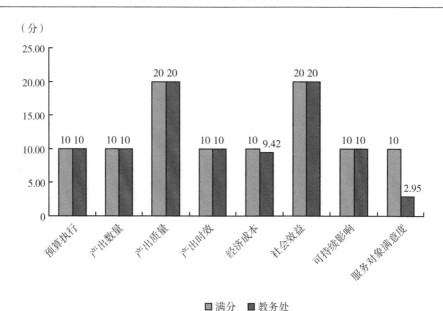

图 6-2　教务处的绩效评价结果分析

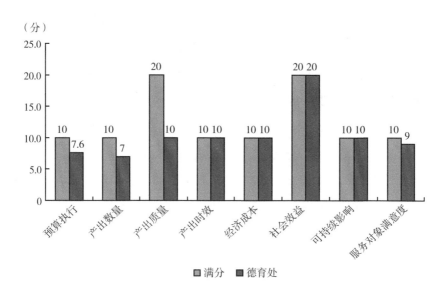

图 6-3　德育处的绩效评价结果分析

总务处的绩效评价得分为 72.1 分，结果为合格，在七个部门中得分最

低。从图 6-4 可以看出，本学年绩效评价较低的主要原因有：产出质量满分
20 分只得 6 分；产出时效满分 10 分只得 3 分；预算执行满分 10 分只得 5.1
分；可持续影响和服务对象满意度均是满分 10 分得 9 分。总务处承担学校物
资采购、设备维修等后勤事宜，存在物资领用记录不规范、设备维修不及时、
未按照合同约定内容执行的情况。后续，总务处的绩效提升可以从五个方面
改进：大幅提升产出质量，大幅增加产出时效，大幅提高预算执行率，促进
可持续发展，提升服务对象满意度。

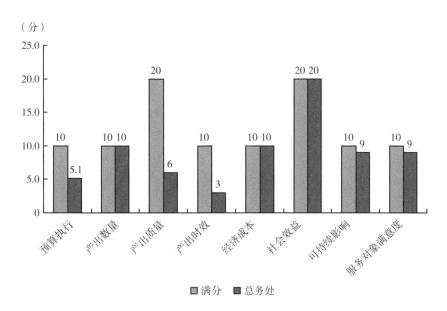

图 6-4　总务处的绩效评价结果分析

人事处的绩效评价得分为 90.5 分，结果为优秀，在七个部门中排第四
名。从图 6-5 可以看出，本学年绩效评价失分点主要在于：可持续影响满分
10 分只得 5 分；产出质量满分 20 分只得 18 分；服务对象满意度满分 10 分只
得 8.5 分；预算执行满分 10 分只得 9 分。人事处在人事聘用、人事档案整理
等方面均按照制度进行，工作完成情况较好，但在人员绩效工资记录上有失
误现象的发生。后续，人事处的绩效提升应主要改进以下方面：大幅提升可
持续影响，提升产品质量，提高服务对象满意度等。

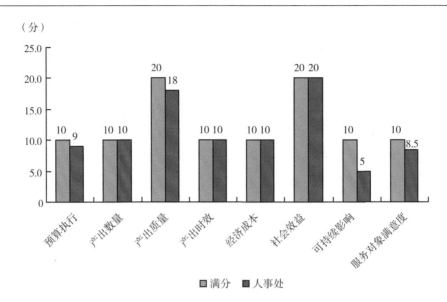

图 6-5　人事处的绩效评价结果分析

财务室的绩效评价得分为 91.71 分，结果为优秀，在七个部门中排第三名。从图 6-6 可以看出，本学年绩效评价失分点主要在于：产出时效满分 10 分只得 4 分；预算执行满分 10 分只得 8.71 分；可持续影响 10 分满分得 9 分。财务室本学年度完成了学校的账务处理及财务科、财政局安排的各项工作，但在资金到账方面关注得不够及时，并且在资金的规范使用方面还需要进一步提升。后续财务室绩效提升应主要改进以下方面：大幅提升产出时效，改进预算执行率，促进可持续发展。

资产处的绩效评价得分为 92.56 分，结果为优秀，在七个部门中得分最高。从图 6-7 可以看出，本学年绩效评价失分点主要在于：预算执行满分 10 分只得 6.56 分；产出质量满分 20 分得 18 分；可持续影响满分 10 分得 8 分。资产处本学年完成了资产的购置、报废及清查等工作；但并未关注到已到报废年限尚可使用的资产与新购置资产的重复率，导致学校出现已采购新设备，但旧设备仍可正常使用就处理的情况。后续资产处绩效提升应主要改进以下方面：大幅提升预算执行率，提升产出质量，促进可持续发展。

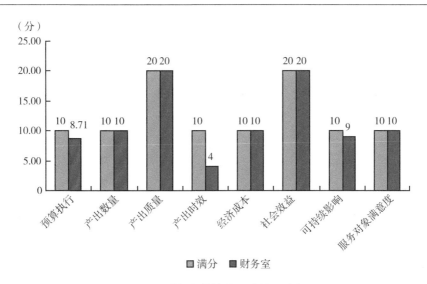

图 6-6 财务室的绩效评价结果分析

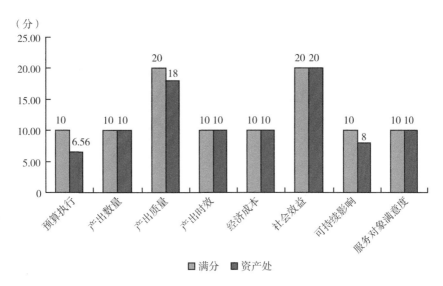

图 6-7 资产处的绩效评价结果分析

（四）分项分析

从图 6-8 可以看出，预算执行情况方面，教学处和教务处 10 分并列第一，人事处 9 分排第三，财务室 8.71 分排第四，德育处 7.6 分排第五，资产处 6.56 分排第六，总务处 5.1 分最低。

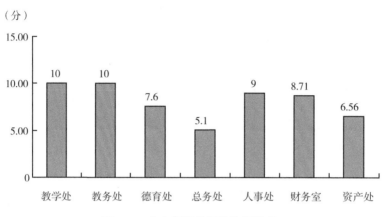

图6-8　七个部门的预算执行情况

从图 6-9 可以看出，在产出数量方面，除德育处 7 分最低外，其他六个部门都是 10 分满分。产出质量方面，教务处和财务室均 20 分满分，人事处和资产处均 18 分并列第三，教学处和德育处均 10 分并列第五，总务处 6 分最低。产出时效方面，教务处、德育处、人事处和资产处均 10 分满分，教学处 5 分排第五，财务室 4 分排第六，总务处 3 分最低。

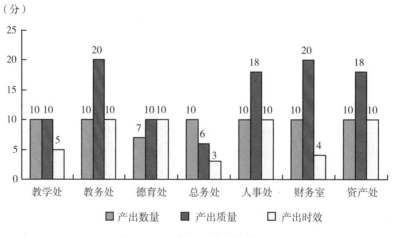

图6-9　七个部门的产出情况

从图 6-10 中可以看出，在经济成本方面，教学处 8.2 分最低，教务处 9.42 分第二低，其余五个部门均满分。

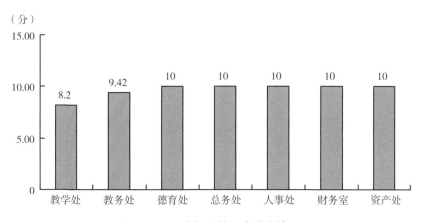

图 6-10　七个部门的经济成本情况

从图 6-11 中可以看出，七个部门的社会效益均为 20 分满分。如果所有部门均满分，那么该指标缺乏区分度，后续建议提升得分标准。在可持续影响方面，教学处、教务处、德育处三个部门为 10 分满分；总务处和财务室均为 9 分；资产处 8 分；人事处 5 分最低。

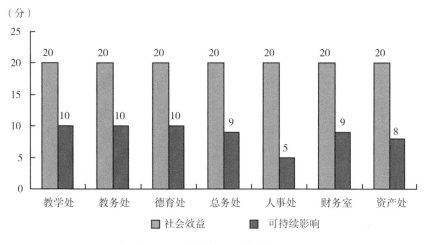

社会效益　可持续影响

图 6-11　七个部门的效益情况

从图6-12可知，在服务对象满意度方面，教学处、财务室和资产处均10分满分；德育处和总务处均9分；人事处8.5分；教务处2.95分最低。

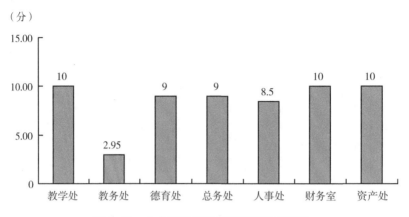

图6-12 七个部门的服务对象满意度情况

（五）部门绩效提升的建议

1. 教学处绩效提升的建议

建议教学处持续关注学生的课堂表现及作业完成情况，与一线教师共同研讨适合本校学生的教学方法。同时，合理安排本部门职工的工作量及采购任务，以达到控制成本的目的。针对薄弱之处的具体建议如下：

第一，产出质量提升措施。一是深入课堂，关注教学过程。教学处成员应定期深入课堂，观察一线教师的教学方法和学生的课堂表现，以及时了解教学中存在的问题和困难。二是制订个性化教学方案。针对Z学校体育特色和学生活泼爱动的特点，教学处应组织教师研讨会并开发适合本校学生的个性化教学方案，以提高学生的学习兴趣和课堂参与度。三是强化课后辅导和作业管理。教学处应加强对课后辅导和作业完成情况的监督和指导，确保学生能够巩固课堂所学知识，提高学习质量。

第二，产出时效提升措施。一是优化教学计划和管理。教学处应合理安排教学计划和进度，确保各项教学任务能够按时完成；同时，加强教学管理和调度，及时解决教学中出现的各种问题和延误。二是建立及时反馈机制。通过建立有效的信息反馈机制，教学处可以及时了解教学进度和效果，以便及时调整教学策略和方案，提高教学时效。

第三，经济成本控制措施。一是合理安排职工工作量。教学处应根据实际工作需要和职工能力，合理安排职工的工作量，避免人力资源的浪费和过度负荷。二是精细化采购管理。在采购教学材料和设备时，教学处应充分进行市场调研和比价，选择性价比高的产品和服务，以降低采购成本。同时，加强库存管理，避免物资积压和浪费。三是提高资源利用效率。教学处应鼓励教师和学生充分利用现有教学资源，如教室、实验室、体育设施等，提高资源利用效率，降低学校运行成本。

2. 教务处绩效提升的建议

建议教务处合理安排教师的课表，关注一线教师的心理情况；同时，关注本部门的人员用工成本，合理安排部门人数及加班次数。针对教务处薄弱之处的具体建议如下：

第一，提高教师满意度措施。一是优化课表安排流程。教务处应重新审视并优化课表安排流程，确保课表安排既符合教学需求，又充分考虑到教师的个人意愿和工作负荷。可以引入智能化排课系统，提高排课效率和公正性。二是加强与教师的沟通。教务处应定期与教师进行面对面沟通，了解他们对课表安排的意见和建议，及时解答他们的疑问和困惑。同时，可以通过问卷调查等方式收集教师的反馈，以便更好地满足他们的需求。三是关注教师心理健康。教务处应关注一线教师的心理健康状况，提供必要的心理辅导和支持。可以通过组织心理健康讲座、培训等活动，帮助教师缓解工作压力，提高教师的工作满意度。

第二，经济成本控制措施。一是精细化人员管理。教务处应合理安排部门人数，避免人员冗余。同时，优化工作流程，提高工作效率，减少不必要的加班次数；对于确实需要加班的情况，应合理安排并给予相应补偿。二是强化成本控制意识。教务处应加强员工成本控制意识的培养，鼓励员工在日常工作中节约开支，降低消耗；可以建立成本控制奖惩机制，对节约成本的员工给予表彰和奖励。三是定期进行成本审计。教务处应定期进行成本审计，检查各项开支是否合理、合规；对于发现的问题，应及时整改并追究相关责任人的责任。

3. 德育处绩效提升的建议

建议德育处关注学生活动的表现、活动后学生本人及家长的反馈意见，持续改进活动内容，以提升学生的兴趣度、家长的满意度。同时，在活动方案中关注活动耗材的成本、用工的成本。针对德育处薄弱之处的具体建议如下：

第一，提升产出质量。一是优化德育活动内容。德育处应重新审视并优化德育活动内容，确保活动既符合教育目标，又能引起学生的兴趣，吸引学生参与。可以通过问卷调查、座谈会等方式收集学生和家长的意见，以便更好地满足他们的需求。二是参加教师培训。定期对德育教师进行培训，提高教师的德育素养和教学能力。可以通过邀请专家举办讲座、组织教师参加研讨会等，使教师掌握更多的德育方法和技巧。三是建立活动评估机制。每次德育活动结束后，德育处组织人员对活动进行评估，总结活动的成功经验和不足之处，为下次活动提供改进依据。

第二，增加产出数量。一是拓展德育活动形式。德育处可以尝试开展更多形式的德育活动，如社区服务、主题演讲、德育比赛等，以丰富学生的德育体验。二是加强与家长的合作。通过家长会、家校互动等形式加强与家长的沟通和合作，争取家长对德育活动的支持和参与，共同提高学生的德育水平。

第三，提高预算执行率。一是精细化预算管理。德育处应制定详细的预算计划，合理分配各项费用，确保活动经费的充足和得到合理使用。二是加强成本控制。在活动实施过程中，德育处应加强对活动耗材、用工成本等的控制，避免不必要的浪费。三是定期预算审查。德育处应定期对预算执行情况进行审查，发现问题及时整改，确保严格执行预算。

第四，提升服务对象满意度。一是关注学生与家长反馈。德育处应定期收集学生和家长对德育活动的反馈意见，及时了解他们的需求和期望，为改进学生活动提供依据。二是建立有效的沟通渠道。通过设立意见箱、开展座谈会等方式建立有效的沟通渠道，方便学生和家长提供意见和建议。三是持续改进服务质量。根据学生的兴趣度和家长的满意度持续改进活动内容和服务质量，提高德育工作的针对性和实效性。

4. 总务处绩效提升的建议

建议总务处关注部门成本，及时准确地记录物资采购、合理分配各专业教室及办公室的设备，在工作中加强与资产处和财务室的沟通，合理安排学校资产采购，避免因固定资产存放较多而利用率较低的现象发生，从而间接导致学校成本较高。针对总务处薄弱之处的具体建议如下：

第一，提升产出质量。一是规范物资管理。总务处应建立完善的物资管理制度，规范物资采购、领用、存储等流程，确保物资质量可靠、使用高效。同时，定期对物资进行盘点和检查，及时发现并处理过期、损坏等物资。二是加强设备维修。建立设备维修档案，对设备进行定期维护和保养，确保设备处于良好状态；对于报修的设备，应及时响应并安排专业人员进行维修，提高设备维修效率和质量。三是强化合同管理。总务处在执行合同时应严格按照合同约定内容执行，确保各项服务的质量达到合同标准。同时，加强对合同履行情况的监督和检查，及时发现并纠正违约行为。

第二，增加产出时效。一是优化工作流程。总务处应对现有工作流程进行全面梳理和优化，减少不必要的环节和等待时间，提高工作效率。同时，建立紧急事务处理机制，确保突发事件能够得到及时有效处理。二是加强部门协作。总务处应加强与学校其他部门的沟通和协作，形成工作合力，共同推进各项工作的顺利开展。对于需要多个部门协同完成的任务，应明确各部门职责和分工，确保任务按时完成。

第三，提高预算执行率。一是精细化预算编制。总务处在编制预算时应充分考虑实际需求和市场价格变化等因素，确保预算的合理性和准确性。同时，将预算细化到具体项目和时间段，便于执行和监督。二是加强预算执行监控。建立预算执行监控机制，定期对预算执行情况进行检查和分析，及时发现并纠正预算偏差；对于超出预算的支出，应严格审批并说明原因。三是强化成本控制意识。总务处应加强成本控制意识的培养，鼓励员工在日常工作中节约开支、降低消耗；同时，建立成本考核机制，将成本控制情况和员工绩效挂钩。

第四，促进可持续发展。一是推进资源节约利用。总务处应积极推进资源节约利用工作，如推广节能设备、优化能源使用方案等，降低学校运行成本。同时，加强对废弃物的管理和回收利用工作，减少环境污染。二是加强环保宣传教育。通过开展环保宣传教育活动、设置环保标识等方式提高师生的环保意识和行为自觉性，鼓励大家共同参与环保工作，营造绿色校园氛围。

第五，提升服务对象满意度。一是关注师生需求。总务处应定期收集师生及员工对后勤服务的意见和建议，及时了解他们的需求和期望。同时，建立有效的反馈机制，确保师生及员工的意见能够得到及时响应和处理。二是提升服务质量。总务处应加强对员工的培训和管理，提高员工的服务意识和技能水平。同时，建立完善的服务质量考核体系，对服务质量进行定期评估和改进。三是加强与师生及员工的沟通。通过定期召开座谈会、设置意见箱等方式加强与师生及员工的沟通与交流，增进彼此的理解和信任。同时，积极宣传总务处的工作成果和亮点，提高师生及员工对总务处工作的认可度和满意度。

5. 人事处绩效提升的建议

针对前面提到的可持续发展、产出质量、服务对象满意度和预算执行率四个方面的薄弱之处，人事处绩效提升的具体建议如下：

第一，大幅提升可持续发展。一是人才队伍建设规划。人事处应制定长期的人才队伍建设规划，包括教师队伍、行政队伍和后勤队伍等，确保学校各项工作的持续性和稳定性。通过优化人员结构、提升人才队伍素质，为学校的长期发展提供有力保障。二是完善员工培训体系。建立健全员工培训体系，包括新员工入职培训、在职员工技能提升培训和职业发展规划等。通过培训提高员工的工作能力和素质，增强学校的整体竞争力。三是激励和留人机制。建立有效的激励和留人机制，包括薪酬激励、晋升机会、工作环境改善等；通过提高员工的工作满意度和归属感，降低人员流失率，确保学校各项工作的顺利进行。

第二，提升产出质量。一是优化人事管理流程。对人事管理流程进行全面梳理和优化，简化办事程序、提高办事效率。同时，加强流程监管和质量控制，确保各项人事工作的准确性和及时性。二是强化人事档案管理。建立完善的人事档案管理制度，规范档案的收集、整理、保管和利用等环节。通过加强档案信息化建设，提高档案查询和利用效率，为学校各类决策提供有力支持。三是严格绩效工资管理。对绩效工资管理进行全面梳理和规范，确保工资记录的准确性和公正性；同时，加强工资发放的监督和审核，防止失误现象的发生。

第三，提高服务对象满意度。一是关注员工需求。定期收集员工对人事工作的意见和建议，及时了解员工的需求和期望；通过改进工作流程、提高服务质量等措施，满足员工的合理需求，提高员工的满意度。二是加强沟通与反馈。建立有效的沟通和反馈机制，确保员工能够及时了解学校的政策和制度，反映自己的问题和困难。通过加强互动和交流，增进彼此的理解和信任，提高员工的归属感和满意度。三是优化服务流程。对人事服务流程进行全面优化，提高服务效率和服务质量；通过设立服务窗口、提供在线咨询等方式，为员工提供便捷、高效的服务体验。

第四，提高预算执行率。一是精细化预算编制。在预算编制过程中充分考虑实际需求和资金状况等因素，确保预算的合理性和准确性，同时将预算细化到具体项目和时间段以便于执行和监督。二是加强预算执行监控。建立预算执行监控机制，定期对预算执行情况进行检查和分析，及时发现并纠正预算偏差，对于超出预算的支出应严格审批并说明原因。三是强化成本控制意识。在人事处内部加强成本控制意识的培养，鼓励员工在日常开支中节约开支、降低消耗。建立成本考核机制，将成本控制情况与员工绩效挂钩，以提高员工的节约意识。

6. 财务室绩效提升的建议

建议财务室及时关注资金到账，并按照规定进行资金支付。同时，关注本部门资产的配置情况，合理利用设备，以减少部门存放资产的折旧情况，降低部门成本。针对财务室薄弱之处的具体建议如下：

第一，大幅提升产出时效。一是优化工作流程。财务室应对现有工作流程进行全面梳理，识别出影响产出时效的瓶颈环节，并进行优化。通过简化流程、减少审批环节、提高自动化程度等方式，提升工作效率，缩短处理时间。二是加强人员培训。定期对财务人员进行培训，提升其专业技能和业务素质，培训内容可包括最新的财务管理知识、账务处理技巧、资金支付规定等，以提高财务人员的工作能力和效率。三是建立激励机制。建立产出时效的激励机制，将产出时效纳入员工绩效考核体系；对于在提升产出时效方面表现突出的员工，给予相应的奖励和表彰，激发员工的积极性和创造力。

第二，改进预算执行率。一是精细化预算管理。在制定预算时，财务室应充分考虑学校的实际需求和资金状况，确保预算的合理性和准确性。同时，将预算细化到具体项目和时间段，以便于执行和监督。二是加强预算执行监控。建立预算执行监控机制，定期对预算执行情况进行检查和分析；对于预算执行偏差较大的项目，及时查明原因并采取相应措施进行纠正。三是强化资金支付管理。严格按照资金支付规定进行资金支付，确保资金及时、准确到账。对于资金支付过程中出现的问题，及时与相关部门进行沟通和协调，确保问题解决时效。

第三，促进可持续发展。一是优化资产配置。财务室应关注部门资产的配置情况，根据实际需求合理利用设备资源；对于闲置或利用率较低的资产，及时进行调配或处置，以降低部门成本并提高资产使用效率。二是推广节能减排措施。积极推广节能减排措施，如使用节能型设备、减少纸张浪费等，降低能源消耗和环境污染。同时，加强对员工节能减排意识的培养和教育。三是建立长期财务规划。制定长期财务规划，明确学校未来的发展方向和资金需求；通过合理规划和使用资金，确保学校的可持续发展需求得到满足。

7. 资产处绩效提升的建议

建议资产处重新归纳整理本校固定资产及无形资产情况，梳理达到报废年限仍可继续使用的资产，对于资产处学校降低整体成本、部门成本甚至是年级成本均有较大的影响。针对资产处薄弱之处的具体建议如下：

第一，大幅提升预算执行率。一是精细化预算编制。资产处在编制预算时应更加精细化，充分考虑学校实际需求和资产状况，确保预算的合理性和准确性。同时，加强与财务室和其他部门的沟通，确保预算编制的全面性和协调性。二是加强预算执行监控。建立预算执行监控机制，定期对预算执行情况进行检查和分析，及时发现并纠正预算偏差；对于超出预算的支出，应严格审批并说明原因，防止浪费和滥用资金。三是提高预算意识。加强资产处员工的预算意识培养，让员工充分认识到预算的重要性和严肃性；通过培训和宣传，提高员工对预算执行的自觉性和主动性。

第二，提升产出质量。一是优化资产管理流程。对资产管理流程进行全面梳理和优化，确保资产购置、报废和清理等工作的规范性和高效性。通过简化流程、提高自动化程度等方式，提升工作效率和准确性。二是加强资产维护保养。建立资产维护保养制度，定期对学校资产进行维护和保养，延长资产使用寿命。同时，加强对资产使用情况的监督和检查，确保资产得到合理利用和保护。三是提高资产使用效率。通过合理调配和共享资产，提高资产使用效率；对于闲置或利用率较低的资产，及时进行调配或处置，避免浪费和重复购置。

第三，促进可持续发展。一是关注长远效益。在资产购置和报废决策中，更加关注长期效益和可持续发展需求，充分考虑资产对环境、能源和社会的影响，选择环保、节能和可持续的资产。二是推广绿色采购。积极推广绿色采购理念，优先选择环保、节能和可再生的产品和设备。同时，加强对供应商环保和社会责任的评估和监督，确保采购活动的可持续性和合法性。三是建立资产回收机制。建立资产回收和再利用机制，对于达到报废年限仍可继续使用的资产进行梳理和分类；通过修复、升级或重新配置等方式，使其继续发挥作用，降低学校整体成本。

五、项目绩效评价示例

（一）项目绩效评价的指标体系

指标权重：资金执行率10%、产出指标40%、效益指标30%、成本指标

10%、满意度指标 10%。

得分标准：90（含）~ 100 分为优秀；80（含）~ 90 分为良好；60（含）~ 80 分为合格；60 分（不含）以下为不合格。

（二）项目绩效评价的过程

评价周期为 2020 ~ 2021 学年度，评价方式是学校自评。评价项目有三个：中小学生实践活动、校园文化建设、心理健康教育。

1. 准备阶段

中小学生实践活动项目绩效考评准备资料为：项目申报书、项目资金批复单、项目实施方案、学生活动照片、随机采访学生及家长的感想纪录片、财务项目经费明细账。

校园文化建设项目绩效考评准备资料为：项目事前评估清单、立项表、项目合同、施工记录、审计单、验收结算单及财务项目经费明细账。

心理健康教育项目绩效考评准备资料为：心理健康教育活动方案、劳务费发放明细、活动合同、活动现场照片及财务项目明细账。

2. 审查评估工作

中小学生实践活动项目的审查工作包括审核项目申报书，明确制定的绩效目标；确认项目款项额度，比照活动方案细则和活动现场记录的照片确认方案的执行情况；根据财务项目经费明细账比照活动方案中的预算金额确定有无超支现象。中小学生实践活动的主要目标是培养学生的兴趣爱好，促进学生全面发展、个性发展。因此，评价该项目的效果应以学生的反馈和表现为核心，学校的纪录片以及班会等活动总结的场合都应给学生及家长说出心声的机会。学校据此综合评估学生和家长的满意度。

校园文化建设项目的审查工作包括审查项目是否有事前评估清单，评估清单的内容是否全面及详细地评估结果；项目的立项表是否按照上级主管部门的要求进行流程式审批和签章；项目合同内容是否全面；项目施工工期是否按照合同规定执行；款项结算是否按照审计后的项目金额及合同约定付款方式和期限予以足额支付；项目验收过程是否手续齐全、实地验收等。校园文化建设项目的主要目标是丰富校园内的文化氛围。因此，所建设的相关基础设施应契合该目标，不得将款项用于与建设学校文化氛围无关的其他基础设施中。

心理健康教育项目的审查工作包括审核心理健康教育活动方案是否适宜该学段学生；所外聘的专家是否严格按照劳务费发放标准进行发放，有无超标发放的现象；活动是否按照合同内容进行，有无未经学校审批擅自删减或增加的内容出现；活动现场照片是否符合活动方案内容；项目资金的支付是否按照合同约定的付款方式及时间支付等。心理健康教育项目的主要目标是帮助学生完善心理健康水平，从活动中有所收获和感悟。因此，学生的反馈对于项目实施的效果起着决定性作用。

3. 评价结果

学校项目评价结果以绩效评价表的形式展现，如表6-7、表6-8 和表6-9所示。

（三）项目绩效评价的结果分析

中小学生实践活动综合得分为94.49 分，结果为优秀。从图6-13 可以看出，扣分之处在于预算拨款有部分资金并未支出，预算执行率为83%，满分10 分得分8.30 分，与该时期受疫情影响导致学生活动的推迟和规模减小有关。"经济成本—项目成本"满分10 分得了6.19 分。另外，项目成本高于预期值的原因为项目开展前未制定成本值，仅简单用支出代替成本值，而项目成本的核算内容包含了在编人员成本、内部领用的物料成本、使用设备带来的折旧（摊销）成本，这些在期初并未予以考虑。

校园文化建设项目综合得分为89.3 分，结果为良好。从图6-14 可以看出，扣分之处在于项目拨款资金有结余，"经济效益—资金有效利用率"满分15 分得14.58 分。学校在该项目资金的使用安排上存在一定问题，没有事前最好足够的规划，导致资金的浪费。预算执行率满分10 分得9.72 分。

表6-7　中小学生实践活动项目绩效评价表

学校名称	乙学校						
学年主要任务	任务对象	主要内容	预算数A（万元）	执行数B（万元）	执行率（B/A）（%）	得分（分）	
	中小学生实践活动	培养学生兴趣爱好	4.8	3.98	83	8.3	
目标	期初设定目标						

期末目标完成情况

绩效指标	一级指标	二级指标	三级指标	分值	学年指标值（A）	学年实际值（B）	得分（分）	未完成原因分析
	产出指标	数量指标	活动次数（次）	20	2	2	20	—
		质量指标	学生参与率（%）	10	100	100	10	—
		时效指标	项目实施周期（学年）	10	1	1	10	—
	成本指标	经济成本指标	项目成本（万元）	10	4.8	7.76	6.19	—
	效益指标	社会效益指标	促进学生发展	15	定性：良	定性：良	15	—
		可持续影响指标	项目可持续影响周期（学年）	15	1	1	15	—
	满意度指标	服务对象满意度指标	学生及家长满意度	10	≥90	≥90	10	—
总分							94.49	

表 6—8　校园文化建设项目绩效评价表

乙学校

学校名称						预算数 A（万元）	执行数 B（万元）	执行率（B/A）（%）	得分（分）
学年主要任务	任务对象		主要内容			15	14.58	97.2	9.72
	校园文化建设		改善校园文化氛围						
目标	期初设定目标						期末目标完成情况		未完成原因分析
绩效指标	一级指标	二级指标	三级指标	分值		学年指标值（A）	学年实际值（B）	得分（分）	
	校园文化建设	产出指标	数量指标	建设校史宿数量（间）	20	1	1	20	—
			质量指标	环保材料使用率（%）	10	100	100	10	—
			时效指标	施工工期	10	≤1个月	25天	10	—
		成本指标	经济成本指标	项目成本（万元）	10	15	14.79	10	—
		效益指标	经济效益指标	资金有效利用率（%）	15	100	97.2	14.58	有结余资金
			可持续影响指标	项目可持续影响期（年）	15	≥1	1	15	—
		满意度指标	服务对象满意度指标	师生满意度（%）	10	≥95	95	10	—
总分									89.3

表6-9 心理健康教育项目绩效评价表

学校名称			Z学校						
学年主要任务	任务对象	主要内容							
	心理健康教育	提升学生心理健康							
目标	期初设定目标		提升学生心理健康						
绩效指标	一级指标	二级指标	三级指标	分值	预算数A（万元） 学年指标值（A）	执行数B（万元） 学年实际值（B）	执行率（B/A）（%） 得分（分）	得分（分）	
					9万	9	100	10	
					期末目标完成情况			未完成原因分析	
	产出指标	数量指标	辅导课时（课时）	20	≥50	61	20	—	
		质量指标	学生参与率（%）	10	≥95	97	10	—	
		时效指标	培训时间	10	1学年	7个月	10	（下述）	
	成本指标	经济成本指标	项目成本（万元）	10	9	10.25	8.78	—	
	效益指标	经济效益指标	健全学生心理，促进学生健康发展	15	定性：良	定性：良	15	—	
		可持续影响指标	提升学生心理健康水平	15	定性：良	定性：良	15	—	
	满意度指标	服务对象满意度指标	学生满意度（%）	10	≥95	100	10	—	
总分								98.78	

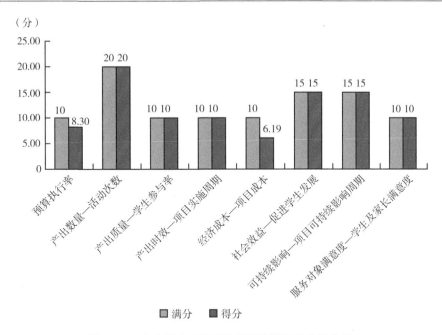

图6-13 中小学生实践活动项目绩效评价结果分析

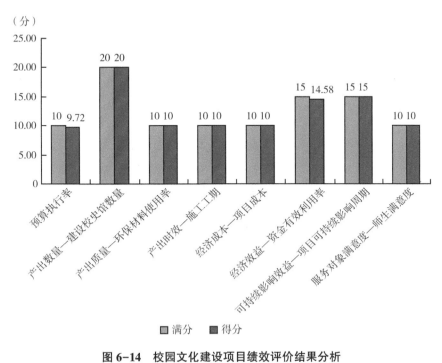

图6-14 校园文化建设项目绩效评价结果分析

心理健康教育项目综合得分为98.78分，结果为优秀。扣分之处在于项目成本高于目标值，"经济成本—项目成本"满分10分得8.78分。原因为该项目在实施前，学校未进行成本核算，仅将拨款金额作为预期成本值进行估计。而实际该项目资金执行率达到100%，在资金付出成本之外，还产生了在编人员成本及固定资产折旧成本，导致成本值高于拨款值（预期值）（见图6-15）。

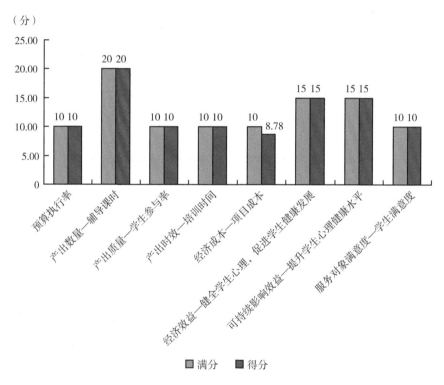

图6-15　心理健康教育项目绩效评价结果分析

（四）项目绩效提升的建议

1. 中小学生实践活动项目绩效提升的建议

中小学生实践活动应在项目资金的安排上予以重视。在进行活动策划时，需考虑疫情等突发情况，及时调整活动内容和形式，足额安排预算资金，尽量不留结余。同时，在项目实施过程中应提高资产使用效率，合理安排活动人员及活动时间，减少不必要的成本浪费。针对薄弱之处（预算执行率、经济成本—项目成本）的具体建议如下：

第一，预算执行率提升措施。一是精细化预算编制。在项目开始之前，进行更为精细化的预算编制工作。除了考虑常规的活动费用外，还应预留一部分资金应对可能的突发情况，如疫情导致的活动推迟或规模缩减。二是加强预算动态调整。在项目执行过程中，密切关注外部因素的变化，并根据实际情况及时调整预算。比如，当活动规模需要缩小时，应及时减少相应的预算支出，以避免资金浪费。三是完善预算执行监督机制。建立预算执行情况的定期检查和报告制度，确保每一笔支出都符合预算规定；对于未按预算执行的支出，应进行深入分析并找出原因，以便及时纠正。

第二，"经济成本—项目成本"提升措施。一是明确成本核算内容。在项目开始之前，应明确项目成本的核算内容，包括在编人员成本、内部领用的物料成本、使用设备带来的折旧（摊销）成本等，这有助于更准确地预测和控制项目成本。二是建立成本控制机制。制定详细的项目成本控制计划，并指定专人负责成本控制工作。在项目执行过程中，定期对实际成本与预期成本进行比较分析，如发现偏差，及时采取纠正措施。三是提高资产使用效率。合理安排活动人员和活动时间，避免资源闲置和浪费。对于可以共享或重复使用的设备和物料，应尽量进行共享或重复使用，以降低项目成本。四是加强内部沟通与协作。加强项目团队内部的沟通与协作，确保各部门之间的信息畅通。这有助于及时发现和解决可能导致成本增加的问题。

当然，产出质量虽然得分较高，后续也可以采取措施继续保持高分。在产出数量上，可以增加实践活动的频次和多样性；在产出质量上，提高学生参与率，确保活动对学生的实际收益；在产出时效上，优化活动流程，缩短项目实施周期。

效益指标得分也较高，后续也可以采取措施继续保持高分。一是强化实践活动的教育目标，明确促进学生发展的方向；二是延长项目的可持续影响周期，确保长期效益。

满意度要保持持续高分，可以定期收集学生和教师对活动的反馈，及时调整活动内容；提升活动的趣味性和教育性，增加师生满意度。

2. 校园文化建设项目绩效提升的建议

校园文化建设项目同样应在资金安排上提高意识。将拨款资金足额且合理地使用到位。在施工过程中，注意耗材的成本及人工成本、施工天数，保证不超预算也不浪费资源成本。针对薄弱之处（预算执行率、经济效益—资金有效利用率）的具体建议如下：

第一，预算执行率提升措施。一是加强事前规划与预算编制。在校园文化建设项目开始之前，学校应组织相关部门和人员进行充分的事前规划和预算编制工作。通过对项目需求、建设内容、施工周期等方面的细致分析，确保预算的合理性和准确性。同时，预算编制应充分考虑可能的风险因素和变化情况，留有一定的预算余地。二是严格执行预算。在项目实施过程中，学校应严格按照预算安排使用资金，确保每一笔支出都符合预算规定；对于超出预算的支出，应及时进行审批和调整，避免随意增加支出导致资金浪费。三是建立预算执行监督机制。学校应建立预算执行情况的定期检查和报告制度，对校园文化建设项目的预算执行情况进行动态监控。对于预算执行中的问题和偏差，应及时发现并采取措施予以纠正。

第二，经济效益—资金有效利用率提升措施。一是优化施工方案和成本控制。在施工过程中，学校应注重优化施工方案和成本控制措施。通过对耗材成本、人工成本、施工天数等方面的精细化管理，确保项目成本不超预算也不浪费资源。同时，鼓励采用节能环保材料和设备，降低能耗和排放。二是提高资产使用效率。对于校园文化建设项目中购置的设备和物资，学校应合理安排使用计划和维护保养工作，提高资产使用效率，避免设备闲置和浪费现象的发生，降低项目成本。三是加强项目团队沟通与协作。加强校园文化建设项目团队内部的沟通与协作能力培训，提高团队成员之间的信息传递与协作效率。这有助于及时发现和解决可能导致成本增加的问题，确保项目顺利推进。四是建立项目后评估机制。在项目完成后，学校应组织相关部门和专家进行项目后评估工作，对项目资金的使用效果进行综合评价，通过总结经验教训和提出改进建议，为今后的校园文化建设项目提供借鉴和指导。

产出方面得分很高，后续保持高分可以从三个方面入手：在产出数量上，合理安排建设校史馆等项目的数量和规模；在产出质量上，提高环保材料使用率，注重建设的环保性；在产出时效上，优化施工流程，缩短施工周期。

成本方面保持高分可以通过招标、比价等方式控制项目成本，也可以提高资金有效利用率，确保经济效益。

3. 心理健康教育活动项目绩效提升的建议

心理健康教育活动应关注后续给学生带来的变化。针对薄弱之处（经济成本—项目成本）的具体建议如下：

第一，精确核算项目成本。一是细化成本核算。在心理健康教育项目开始之前，学校应组织专业人员进行详细的项目成本核算，包括讲座费用、活动材料费、在编人员工资、场地使用费以及可能产生的固定资产折旧成本等，确保所有相关成本都被充分考虑，避免遗漏。二是建立成本核算体系。构建完善的项目成本核算体系，对项目实施过程中产生的各项费用进行实时跟踪和记录。这有助于学校准确掌握项目成本情况，及时发现并解决成本超支问题。

第二，优化资源配置和利用。一是共享资源。充分利用学校内部现有资源，如场地、设备等，实现资源共享，避免重复购置造成的浪费，降低项目成本。二是提高资产使用效率。合理安排心理健康教育活动的时间和地点，确保资产能够得到充分利用；同时，加强资产的维护保养工作，延长其使用寿命，从而降低折旧成本。

第三，创新活动形式与内容。一是增加学生参与度。通过举办心理健康知识竞赛、心理剧表演等形式多样的活动，吸引更多学生参与其中。这不仅可以提高学生的兴趣，还有助于培养学生的团队协作和沟通能力。二是引入学生演讲。鼓励有代表性的学生分享自己的心理健康经验和故事，代替部分专家讲解。这不仅可以节约成本，还能增强学生的归属感和自信心。

第四，建立成本控制与评估机制。一是设定成本控制目标。根据项目实际情况，设定合理的成本控制目标，并将其分解为具体的指标和任务。这有助于明确责任，确保成本控制措施得到有效执行。二是定期评估成本效益。定期对心理健康教育项目的成本效益进行评估，分析项目投入与产出的比例关系；通过总结经验教训，及时调整成本控制策略，实现项目成本的最优化管理。

当然，其他维度得分较高，后续维持高分也需要采取相应措施。在预算执行率上，可以精确预算心理辅导等活动的经费需求，加强预算使用的监控与调整。在产出上，通过增加心理辅导的课时和频次改进产出数量；通过提高学生参与率，确保辅导的有效性，来改进产出质量；通过合理安排培训时间，避免影响学生学习，来提升产出时效。在效益上，明确心理健康教育项目的目标，健全学生心理，促进健康发展；延长项目的可持续影响周期，确保长期效益。

六、年级绩效评价示例

（一）年级绩效评价的指标体系

指标权重：产出指标40%、效益指标30%、成本指标10%、满意度指标20%（年级指标体系不设资金执行率10%的考核，为了体现培养学生所产生的社会满意度的重要性，将该权重加注在满意度指标中）。

得分设置标准为：90（含）~100分为优秀；80（含）~90分为良好；60（含）~80分为合格；60分（不含）以下为不合格。

（二）年级绩效评价的过程

评价周期为2020~2021学年度，评价方式为学校自评。

（1）准备阶段。由德育处提供学年度部门工作计划、工作总结、学生资助情况表、学生活动纪录片、家长信及回访问卷等资料。总务处提供：教学环境维修改造记录单、教室物资配备领用单等资料。由教学处提供学生作业抽查情况总结、学生成绩分析图等。

（2）审查评估工作。Z学校的年级绩效评价以学生为核心。评价从学生德育教育、学习指导、校园生活等方面进行。由各职能部门综合评估汇总。

（3）评价结果。年级评价结果以绩效评价表的形式展现。

Z学校2020~2021学年度年级绩效评价见表6-10。

表6-10　Z学校2020~2021学年度年级绩效评价表

学校名称						Z学校				
学年主要任务		任务对象				各年级学生		完成义务教育学校学生培养工作		
目标		期初设定目标						期末目标完成情况		
绩效指标	一级指标	二级指标	三级指标		分值	学年指标值（A）	学年实际值（B）	得分（分）	主要内容	未完成原因
	产出指标	数量指标	学生活动次数（次）		20	15	9	12		（下述）
		质量指标	升学率（%）		10	100	100	10		—
		时效指标	助学金发放率（%）		10	100	100	10		—
	成本指标	经济成本指标	年级成本（万元）		10	6.55	7.98	8.2		—
	效益指标	可持续影响指标	校园生活对学生影响程度（学年）		30	1	1	30		—
	满意度指标	服务对象满意度指标	学生及家长满意度（%）		20	≥90	95.6	20		—
总分								90.2		

（三）年级绩效评价的结果分析

Z学校年级绩效评价得分为90.2，评价结果为优秀。失分原因（见图6-16）：产出数量—学生活动次数满分20分只得12分，主要在于学生活动的实际开展次数与计划数之间的差异，需要开展15次学生活动才能得20分，实际只开展了9次。由于疫情影响，学校一直在线上教学与线下教学的随时切换状态中，为了遵循防疫要求，学生活动开展次数大量减少。经济成本—年级成本满分10分得8.2分，目标成本值为6.55，实际成本值为7.98，年级成本值较高的原因同样为学年初未进行准确的成本核算，仅将学校整体拨款金额作为成本，导致实际核算的成本值大于预期。

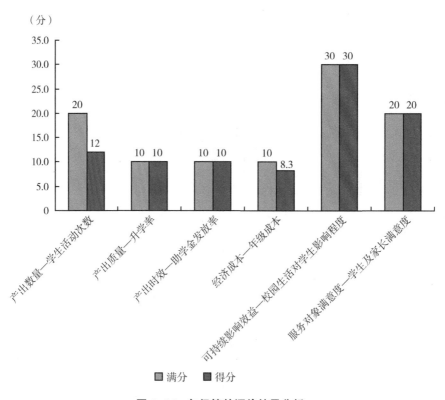

图6-16　年级绩效评价结果分析

(四) 年级绩效提升的建议

Z 学校的学生培养工作整体上稳步而有序地进行，但也存在许多问题。如部门间协调配合能力不足导致学校效率较低，由于学生人数较少而基础设施、人力资源配置较高导致年级成本较大等。建议学校严格按照编制人数规划各职能部门及一线教育教学人数，避免人力资源的浪费、年级成本的加大。此外，合理购置资产数目及使用部门，提升学生用设备的使用效率。针对薄弱之处（产出数量—学生活动次数、经济成本—年级成本）的具体建议如下：

第一，提升产出数量—学生活动次数的绩效。一是灵活调整活动计划。学校应更加灵活地制定和调整学生活动计划，比如可以根据疫情防控要求和线上与线下教学切换的实际情况，适时调整活动形式和内容，确保在防疫安全的前提下尽可能多地开展学生活动。二是创新活动形式。鼓励学生参与线上活动，如线上知识竞赛、虚拟实验室等，以弥补线下活动次数减少的不足。同时，可以探索线上与线下相结合的活动形式，如线上指导和线下实践相结合，以提高学生的参与度和活动效果。三是加强部门间的协作。加强学校各部门之间的沟通与协作，确保活动计划的顺利实施。比如，教学部门可以与后勤部门、卫生部门等密切合作，共同制定活动方案，明确各部门职责，确保活动的顺利进行。

第二，降低经济成本—年级成本的支出。一是精细化成本核算。学校应加强对年级成本的精细化核算，确保各项成本数据的准确无误。在核算过程中，应充分考虑各项费用因素，包括人员工资、设备购置和维护费用、场地租赁费用等，确保年级成本的真实性和准确性。二是优化资源配置。根据学校实际情况和学生人数，合理规划基础设施和人力资源配置，避免过度配置导致的资源浪费和成本增加。比如，可以根据学生人数和课程需求合理分配教室、实验室等资源，确保资源的充分利用。三是提高资源使用效益。加强对学校资产的管理和维护，提高资产使用效率。比如，可以建立资产共享机制，实现资产的跨部门共享和高效利用；定期对设备进行维护保养，延长设备使用寿命；加强对学生用设备的管理和培训，提高学生的设备使用技能等。

四是加强预算管理。学校应加强对年级预算的管理和控制，确保预算的合理性和有效性。在预算编制过程中，应充分考虑各项费用因素和历史数据，确保预算的准确性和可行性；在预算执行过程中，应加强对各项支出的监控和管理，确保支出符合预算规定和成本控制要求。

第七章　结论与展望

第一节　结论

本书构建了学校成本核算理论体系、学校成本控制理论体系，完善了绩效评价理论体系；介绍并分析了 Z 学校成本核算、成本控制与绩效评价方面存在的问题；利用本书所述的理论体系对 Z 学校 2020～2021 学年度的整体成本、部门成本、项目成本和年级学生成本进行了核算；基于成本核算结果对四类学校成本又分别进行了成本控制分析并提出了详细的建议；基于成本核算结果并考虑成本控制视角对四类成本进行了绩效评价的分析与建议。

成本核算、成本控制与绩效评价具有紧密的联系。只有基于成本核算的数据，才能有针对性地对成本进行控制。四类学校成本核算、成本控制与绩效评价体系的提出从不同角度出发，可综合、全面地反映出学校的现状及问题，这也是本书的创新之处。本书以 Z 学校为例，验证了学校成本核算、成本控制及绩效评价体系的实操性，并为学校今后的整体优化和体系的全面推广提供参考和借鉴。

一、学校成本核算的结论

理论上，本书进行了九个方面的创新：一是界定了学校成本核算的概念

（审核、汇总、核算一定时期内教育费用的发生额和计算学校成本工作的总称）。二是明确了学校成本核算的三个具体目标（准确反映学校成本、实现成本控制、提高学校绩效）。三是明确了学校成本核算的四个前提（会计主体、会计分期、持续经营、货币计量）。四是阐述了学校成本核算的六个基本原则（相关性、可靠性、适应性、及时性、可比性、重要性）。五是比较了六种学校成本核算方法（倒挤法、会计调整法、统计法、分步法、作业成本法、会计核算法），并选择作业成本法和会计核算法作为本书的核算方法。六是明确了学校成本核算的费用范围为政府会计制度的财务会计的费用类科目（业务活动费用、单位管理费用等）。七是明确了学校成本核算的四个对象（学校整体、部门、项目和年级）。八是界定了学校成本核算的四个指标（整体成本、部门成本、项目成本、年级成本）。九是将四类成本核算报表（学校整体成本核算报表、学校部门成本核算报表、学校项目成本核算报表、学校年级成本核算报表）作为学校成本核算的主要结果，并将其分别运用于四类学校成本控制和四类学校绩效评价。

案例上，本书首先分析了Z学校成本核算的现状（成本意识薄弱，存在"等、靠、要"思想）与原因（成本核算制度暂未健全导致无成本意识），其次分析了Z学校成本核算的准备工作，主要是归集整理相关资料。

第一，学校整体成本核算方面：

理论上，本书将学校财务会计的费用类账户金额加总得到学校整体成本，并计算单位整体成本（学校整体成本总额/学年财政拨款），编制整体成本报表，按经济分类和功能分类分别展示学校整体成本的具体构成。

案例上，本书计算Z学校2020～2021学年度的整体成本，并编制整体成本报表。

第二，学校部门成本核算方面：

理论上，学校部门成本的核算过程主要是计算并加总部门用工成本和部门耗费成本，并编制每个部门的成本报表（展示某部门用工成本和耗费成本的总额和具体构成）和所有部门成本汇总报表。

案例上，本书计算Z学校七个部门2020年9月至2021年8月的成本，先分别核算每个部门的用工成本（包括在编人员、聘用人员和其他三类）和耗费成本（包括物资采购、办公领用、资产折旧和其他四类），再编制每个部门的成本报表。

第三，学校项目成本核算方面：

理论上，项目成本核算周期不是学年而是项目周期。本书首先核算学校各项目的人员成本（包括在编人员、外聘人员、其他三类）、物料成本（包括外部采购和内部领用两类）、折旧与摊销成本（包括固定资产折旧和无形资产摊销两类），其次编制每个项目的成本报表（人员成本、物料成本、折旧与摊销成本均按外包成本和内部成本分类）。

案例上，本书首先分别计算三个项目的人员成本、物料成本和折旧与摊销成本，其次分别编制三个项目的成本报表。

第四，学校年级成本核算方面：

理论上，本书首先分别计算人员类成本的归集和分配（包括直接成本（教师）、直接成本（学生）、间接成本三类）、运转类成本的归集和分配（包括直接成本和间接成本两类）、折旧与摊销成本的归集与分配（包括固定资产折旧成本和无形资产摊销成本两类），还涉及会计核算法和作业成本法的组合运用；其次编制年级成本报表。

案例上，本书首先计算 Z 学校 2020 年 9 月至 2021 年 8 月九个年级的人员成本、运转成本和折旧与摊销成本，其次分别编制每学期的人员成本统计表、运转成本统计表、折旧与摊销成本统计表，最后汇总编制整学年的年级成本报表。

二、学校成本控制的结论

理论上，本书在以下六个方面进行了创新：一是界定学校成本控制的概念（教育管理者在教育过程中，对教育资源的耗费过程进行规划、调节和监督，以使学校成本按预期方向发展的管理活动）。二是明确学校成本控制的七个具体目标（控制学校成本、优化教育资源配置、提高教育质量和效益、促进教育公平、增强学校竞争力、为决策提供依据、推动学校可持续发展）。

三是明确学校成本控制的四个原则（厉行节约、优化支出结构原则；优先保障原则；全员、全口径成本控制原则；适度弹性原则）。四是学校成本控制的四个对象（学校整体、部门、项目、年级学生）。五是分析了各种学校成本控制方法（目标成本法、内部控制、预算控制、成本管理理念、作业成本法）的优缺点和适用范围，并选择目标成本法作为本书的成本控制方法进行事前、事中、事后全流程的成本控制。六是确定了学校成本控制的数据基础是成本核算结果（成本核算报表等）。

案例上，本书首先分析 Z 学校成本控制的现状（整体经费投入较大，人员成本较高；日常运转类支出结构不合理，存在浪费现象）与原因（学校行业特征造就人员成本大幅投入的必要性；学校各部门工作协调性不强，浪费现象严重）。其次分析 Z 学校成本控制的三大原则（以制度为基准，全员参与原则；保人员、控运转原则；关注资产成本原则）。

第一，学校整体成本控制方面：

理论上，本书首先分析整体成本报表，找到整体成本控制的重点。其次明确整体成本控制的六个原则（非营利、精打细算、满足需要、避免浪费、全员参与、持续改进）。再次采用目标成本法进行全流程的整体成本控制：通过设立目标成本进行事前的整体成本控制，通过执行和监控进行事中的整体成本控制，通过评估和改进进行事后的整体成本控制。最后针对 Z 学校整体成本控制的具体问题提出建议（了解并优化学校成本结构、提高资金利用效率、强化成本控制意识）。

案例上，本书首先运用 Z 学校整体成本核算结果（整体成本报表）确定整体成本控制的重点（各项成本基本符合要求）。其次采用目标成本法进行整体成本的全程控制：通过确定及分解目标成本来进行事前控制，通过成本控制与差异分析来进行事中控制，通过成本考核和绩效评价来进行事后控制。最后提出 Z 学校整体成本控制的建议（包括人员成本控制、公用运转成本控制和资产配置优化等）。

第二，学校部门成本控制方面：

理论上，本书首先根据部门成本核算结果（部门成本报表等）确定部门成本控制的重点。其次确定部门成本控制的六个原则（部门计划导向、稳定性与连续性、资源使用效率原则、部门间协作原则、灵活性和适应性原则、透明与责任原则）。再次采用目标成本法进行全流程的部门成本控制：通过目标成本的设定和预算编制进行事前的部门成本控制，通过成本控制和执行监控进行事中的部门成本控制，通过成本分析和考核评估进行事后的部门成本控制。最后提出部门成本控制的建议（部门用工成本控制措施、部门耗费成本控制措施）。

案例上，本书首先基于 Z 学校七个部门成本核算结果（教学处和教务处发生成本超支，德育处、人事处、财务室均有小幅的成本节约，总务处和资产处成本节约幅度较大，判断每个部门的用工成本和耗费成本的结构是否合理）确定部门成本控制的重点（学校重点对超支的教学处和教务处两个部门进行成本控制；各部门重点对用工成本和耗费成本中超支的部分进行成本控制）。其次采用目标成本法进行全流程的部门成本控制：通过确定目标成本并分解进行 Z 学校各部门的事前成本控制；通过各部门的成本控制和差异分析进行事中成本控制；通过成本考核和绩效评价进行 Z 学校七个部门的事后成本控制。最后根据各部门情况分别提出 Z 学校七个部门成本控制的措施、各部门用工成本控制的措施、各部门物料消耗成本控制的措施（包括对采购成本、办公领用成本和资产折旧与摊销成本的控制）。

第三，学校项目成本控制方面：

理论上，本书首先根据项目成本核算结果（项目成本报表）确定项目成本控制的重点。其次明确项目成本控制的三个原则（项目支出不超项目拨款；严格遵循项目适用范围及相关合同规定执行；综合考虑人力、物力和财力耗费）。再次采用目标成本法进行全流程的项目成本控制：事前项目成本控制（确定目标成本、制订详细成本计划、建立成本控制体系），事中的项目成本控制（实时监控项目成本、及时发现并纠正偏差、加强沟通与协作），事后的项目成本控制（进行项目成本分析、总结经验教训、完善成本控制体系）。最后提出项目成本控制的建议（项目成本控制建议以项目成本核算结果为基础；以学校项目绩效评价结果为参考依据；考虑学校项目的特性）。

案例上，本书首先根据三个项目成本核算结果分析每个项目成本控制的重点，尤其是成本超支项目的成本控制。其次采用目标成本法进行全流程的项目成本控制。最后对每个项目提出成本控制的具体措施。比如"中小学生实践活动"项目需要优化人员配置和成本结构、精细化管理物料成本、提高项目执行率和预算管理、强化资产管理与折旧控制。

第四，学校年级成本控制方面：

理论上，本书首先根据年级成本核算结果（年级成本报表）确定年级成本控制的重点。其次明确年级成本控制的六个原则（教育优先、整体性、成本核算基础、灵活性与可持续性、参与和透明、技术与创新）。再次采用目标成本法进行全流程的年级成本控制：事前年级成本控制（确定年级成本目标、制定成本控制计划、建立成本控制机制）、事中年级成本控制（实时监控年级成本、及时发现并纠正偏差、结合学校特点进行成本纠正）、事后年级成本控制（分析年级成本结果、结合年级绩效评价进行反馈、完善成本控制体系）。最后提出年级成本控制的建议。

案例上，本书首先根据Z学校年级成本核算结果确定年级成本控制的重点（包括重点控制的年级：六年级成本最高，九年级成本第二高；重点控制的成本项目：人员成本、运转成本、折旧与摊销成本）。其次采用目标成本法对Z学校各年级成本进行全程控制。最后提出Z学校各年级成本控制的建议（人员成本控制措施、运转成本控制措施、折旧与摊销成本控制措施）。

三、学校绩效评价的结论

理论上，本书得出以下九条结论：一是明确了学校绩效评价的概念。二是分析了学校绩效评价的六个具体目标（提升教育质量、优化资源配置、促进教育公平、激励与约束、提高决策水平、推动教育改革与创新）。三是厘清了学校绩效评价的三类主体（自评、上级主管部门评价、第三方机构评价）。四是明确了学校绩效评价的对象（学校整体、部门、项目和年级学生)。五是阐述了学校绩效评价的三个原则(分类管理原则;科学规范、客观公正原则;注重经济效益与成本控制原则)。六是将成本作为绩效评价的投入指标来构建学校绩效评价的指标体系。七是介绍了多种学校绩效评价的方法,并选择简单打分法。八是阐述了学校绩效评价的程序(前期准备、具体实施、总结)。九是总结了学校绩效提升的措施(优化教学资源配置;改进教学方法与手段;加强教师培训与发展;完善绩效评价体系;推动教育信息化发展;加强家校合作和社会支持)。

案例上,本书首先分析Z学校绩效评价的现状(Z学校目前仅针对部分项目开展绩效评价)和原因(上级主管部门及学校均未树立绩效评价指导日常工作的意识)。其次进行Z学校四类绩效评价的准备,主要是收集、整理相关资料。

第一,学校整体绩效评价方面:

理论上,首先考虑学校整体成本作为投入指标来构建学校整体绩效评价的指标体系(一级指标包括预算执行情况、产出、成本、效益和满意度;其中产出指标的二级指标包含数量、质量和时效,成本指标的二级指标包含经济成本、社会成本、生态成本、持续影响,效益指标的二级指标包含经济效益、社会效益、生态效益、可持续影响)。其次分析整体绩效评价的过程(明确评价周期和方式;包含的三个阶段:准备阶段、审查评估阶段、结果反馈与改进阶段)。最后分析绩效评价结果来针对性地提出整体绩效提升的建议。

案例上,本书首先明确Z学校整体绩效评价的指标体系;其次分三个步骤进行Z学校整体绩效评价,得到Z学校整体绩效得分为95.24分,结果为优秀;最后针对薄弱环节(得分较低的三级指标),提出Z学校整体绩效提升的建议(改进得分较低的三级指标)。

第二,学校部门绩效评价方面:

理论上,本书首先考虑部门成本作为投入指标来构建部门绩效评价的指标体系。其次分析部门绩效评价的过程(前期准备、审查评估、结果分析)。最后分析绩效评价的结果,找出薄弱之处,提出部门绩效提升的建议。

案例上，本书首先明确 Z 学校七个部门绩效评价的具体指标。其次评价每个部门的绩效，并对结果进行分析，找出每个部门绩效的薄弱之处（比如教学处的产出时效得分很低）。最后针对每个部门绩效存在问题之处，提出改进建议（比如教学处产出时效较弱，需要深入课堂，关注教学过程；制订个性化教学方案；强化课后辅导和作业管理）。

第三，学校项目绩效评价方面：

理论上，本书首先考虑项目成本作为投入指标来构建项目绩效评价的指标体系。其次分析项目绩效评价的过程（也是前期准备、审查评估和结果分析）。最后分析项目绩效评价结果，提出针对性的项目绩效提升建议。

案例上，本书首先明确 Z 学校三个项目绩效评价的指标体系（一级指标和二级指标基本相同，三级指标因项目不同存在差异）。其次对三个项目进行评价，并对结果进行分析。最后针对每个项目绩效不足之处（比如中小学生实践活动项目的预算执行率、经济成本—项目成本）提出针对性改进建议（通过精细化预算编制、加强预算动态调整、完善预算执行监督机制来改进中小学生实践活动项目的预算执行率偏低的情况）。

第四，学校年级绩效评价方面：

理论上，本书首先考虑年级成本作为投入指标来构建年级绩效评价的指标体系。其次明确年级绩效评价的过程（也是三个阶段）。最后基于年级绩效评价结果来提出年级绩效提升的建议。

案例上，本书首先构建 Z 学校年级绩效评价指标体系（与前面整体、部门、项目不同的是，年级绩效评价没有预算执行情况指标）。其次对 Z 学校九个年级的绩效评价结果进行分析。最后针对年级绩效薄弱之处（产出数量—学生活动次数偏少、经济成本—年级成本偏高）提出年级绩效提升的建议（比如通过灵活调整活动计划、创新活动形式和加强部门间协作来增加学生活动次数）。

第二节 展望

一、学校成本核算的展望

学校推行成本核算是大势所趋，这既是财政性资金问效的重要体现，也是向社会公众披露办学过程的责任态度。

学校成本核算，尤其是中小学成本核算，与一般事业单位有着本质的区别，具有自己的独特性。因此，在开展此项工作时，前期需要投入大量的精力，需尽可能地将学校现状、人员配置、职责分工、基础核算内容及特点等摸排清晰；在此基础上，将学校分类，每类分别抽取最具代表性的学校进行试点。在试点过程中，建议统一制定记账规则，以保证基础数据的准确性。此外，要加强试点校的培训力度，确保相关科室操作员与财务人员共同学习。

需要特别关注的是，本书在成本核算的过程中发现由于数据量较大，成本归集与分配的过程较为复杂。若此方法推广普及，未来需要考虑以信息化的方式进行成本核算较为稳妥。一方面，可以增加成本核算过程中数据归集与分配的准确性；另一方面，可以减少成本核算相关人员的工作量。尤其要考虑到学校作为二级预算单位，其编制人数有限，若因成本核算需要而增加相关人员的编制聘用人数是较为困难的。因此，成本核算信息化系统的研发和推广使用将是学校成本核算推行之路上不可或缺的一环；而信息系统的建设要在财务专业人员指导下进行，避免出现系统使用不符合专业要求的情况，阻碍成本核算的推广进程。

学校在进行成本核算时可参考本书构建的理论体系对办学成本、部门成本、项目成本和年级成本分别进行核算。同时，将学校成本核算的结果运用到学校成本控制中，来明确学校成本控制的重点；将学校成本核算的结果运用到学校绩效评价中，构建考虑四类学校成本的学校绩效评价指标体系，并基于成本信息进行绩效评价。

二、学校成本控制的展望

学校成本控制相较于学校成本核算而言，更加需要上下通力配合。从上级主管部门的培训力度、相关政策文件的出台等，带头引导学校管理层、基层教职员工树立成本控制意识。从预算到下达拨款，再到使用，全员、全流程参与，这样才能最终得到一个较好的控制效果。

对于成本控制实操而言，学校应紧密结合现阶段已形成体系的内部控制制度。本书认为未来成本控制可以采纳内控和拨款双控制的方法：将成本控制编入内部控制体系的核心环节，与收支业务控制、预算业务控制、资产控制、采购业务控制等体系相互呼应。同时，将成本控制形成评分体系，在每年度拨款时设置额外的成本绩效额度，以奖励成本控制评分较高的学校，督促其他学校树立成本控制概念并落实，据此才能促进成本控制的有效性。学校在进行成本控制时可参考本书构建的理论体系，采用目标成本法对办学成本、部门成本、项目成本和年级成本分别进行全流程成本控制。同时，将绩效评价作为事后成本控制的手段之一。

三、学校绩效评价的展望

学校绩效评价的开展早于成本核算及成本控制。学校层面对于绩效评价这一概念并不陌生，然而就开展此项工作以来，实际效果并不显著。绩效评价通常情况下由学校自评、专家抽评组成，对于学校而言其深远意义并未完全体现。如何让学校重视绩效评价是首要任务。

绩效评价结果的运用也十分重要。绩效评价的结果与学校的未来发展与定位密不可分，可以指导学校下年度拨款规模的大小、项目资金批复的比例、学校绩效总额的增减变化等。这样既可以最大限度地发挥绩效评价的作用，也能反馈给学校，使其更加注重学校资金的使用效率和效果，提高绩效评价等级。

学校可参考本书构建的绩效评价体系，进行学校整体、部门、项目和年级的四类绩效评价，而不仅局限于已有的整体支出绩效评价、项目支出绩效评价。同时，还可基于成本核算的数据进行绩效评价，使绩效评价与成本核算、成本控制相互促进。此外，学校绩效评价工作在未来全面推广实行后，可建立数据模型，通过人工智能和专家共同分析评价以提升结果的准确性和客观程度。

参考文献

［1］ Elehanan Cohn. The Economics of Education ［M］. Oxford：Pergamon Press，1979.

［2］ Greenlee J S，Bukovinsky D. Financial Rations for Use in the Analytical Review of Charitable Organizations ［J］. The Ohio CPA Journal，1998，57（1）：32-38.

［3］ Niven P R. Balanced Scorecard Step-By-Step for Government and Nonprofit Agencies ［M］. Hoboken，NJ：John Wiley & Sons，2004.

［4］ Schultz T W. The Economic Value of Education ［M］. New York：Columbia University Press，1963.

［5］ Vaizey J. The Economics of Education ［M］. London：Faber and Faber，1962.

［6］ Vaizey J. The Costs of Education ［M］. London：Allen and Unwin，1958.

［7］ William J，Ritchie，Robert W. Nonprofit Organization Financial，Performance Measurement，Nonprofit Management and Leadership ［J］. Nonprofit Management and Leadership，2003，17（3）：367-381.

［8］ 阿儒涵，程燕林，李晓轩，等. 关于财政绩效评价综合打分制方法的思考 ［J］. 中国科学院院刊，2020，35（12）：1439-1447.

［9］ 毕超越. 高等职业学校绩效评价体系优化研究——以 A 职业技术学院为例 ［D］. 山东财经大学硕士学位论文，2018.

［10］ 财政部. 管理会计应用指引第 304 号——作业成本法 ［S］. 财会 ［2017］ 24 号.

［11］蔡兰．高等学校教育成本核算的会计原则［J］．会计之友，2009（19）：48-49.

［12］曹原，姜海玲，边思远，等．高等学校二级单位成本核算在内部绩效评价中的应用探讨——以 G 大学为例［J］．会计师，2023（18）：117-120.

［13］陈敬良．高等教育成本管理论［M］．上海：上海科技教育出版社，2001.

［14］陈乳燕．基于管理会计视角下的高校财务管理探究［J］．北方经贸，2016（10）：81-82+126.

［15］陈乳燕．高校财政支出绩效评价指标体系［J］．中国市场，2006（23）：2.

［16］陈乳燕．项目支出预算绩效管理的实践与思考——以 S 职业大学为例［J］．会计师，2022（12）：63-65.

［17］陈铁权．高校信息化建设项目成本控制影响分析——以辽宁金融职业学院为例［J］．甘肃科技，2019，35（18）：108-110.

［18］陈曦．关于财政绩效评价工作的思考［J］．财会学习，2019（33）：45+47.

［19］陈燕，林梦泉，王宇，等．广义教育绩效评价理论与应用方法研究［J］．中国高教研究，2019（5）：6.

［20］成刚，袁佩琦．构建公共教育支出绩效评价指标体系的研究［J］．继续教育研究，2007（6）：149-151.

［21］初宜红．作业成本法在 H 大学教育成本管理中的应用［J］．财务与会计，2019（6）：75-77.

［22］丛培才，程春龙，白建明．大数据背景下高校成本核算的内部控制管理平台建设研究［J］．佳木斯大学学报（自然科学版），2018，36（5）：702-703.

［23］戴薇．基于事业单位成本核算基本指引的高职院校教育成本核算探究［J］．财经界，2021（8）：73-74.

［24］党建宁，杨晓宏，王馨晨．教育信息化 2.0 下的高校信息化绩效评价模型和指标体系研究［J］.电化教育研究，2019（8）：45-52.

［25］狄韶珏．平衡计分卡在高校绩效评价指标体系构建中的应用研究——以 C 大学为例［J］.中国农业会计，2023，33（22）：9-11.

［26］杜育红．教育大百科全书——教育经济学分卷［M］.西南师范大学出版社，海南出版社，2006.

［27］冯建明．浅谈高校后勤项目管理中的成本核算体系［C］//管理与服务——北京高校后勤服务社会化改革研究论文集．北京科技大学，2003.

［28］高燕．作业成本法在决策与成本控制中的应用［J］.会计之友（B版），2005（7）：40.

［29］郭丽蓉．浅析新政府会计制度下事业单位的成本核算与管理［J］.现代经济信息，2020（24）：84-85.

［30］郭志丹．基于绩效预算的高校办学成本控制研究［J］.教育财会研究，2010，21（4）：27-31.

［31］韩英．市场经济条件下高等学校教育成本控制研究［D］.山东师范大学硕士学位论文，2009.

［32］何昊．刍议作业成本管理法下的高校生均教育成本控制［J］.经济研究参考，2015（5）：93-96.

［33］何晓红．试论高校教育成本控制——基于作业成本法在高校教育成本核算及管理中应用的思考［J］.中国市场，2012（13）：91-92+94.

［34］侯锦婷．政府会计改革视角下学校教育成本核算研究［J］.财会学习，2020（4）：3-6.

［35］黄莉莉．高校绩效评价体系构建问题研究［J］.人文之友，2020（11）：135.

［36］黄培源．基于内部控制理论视角的行政单位行政成本控制研究——以云南省行政成本控制为例［D］.云南大学硕士学位论文，2016.

［37］黄琪，方州闽．高校教育教学预算绩效评价分析及应用建议［J］.品牌研究，2022（15）：105-108.

[38] 黄祥林. 关于建立高等学校教育成本控制机制的思考 [J]. 中国高教研究, 2003 (4): 2.

[39] 黄晓燕. 高校教育资源投入产出综合绩效评价研究 [J]. 经济研究导刊, 2020 (6): 99-100+113.

[40] 黄钰莹, 李琳. 基于层次分析法的高校学生干部绩效评价体系研究 [J]. 漯河职业技术学院学报, 2021, 20 (5): 92-94+97.

[41] 姜宏青, 王翔. 预算绩效管理与政府成本会计信息体系的融合研究 [J]. 会计与经济研究, 2020, 34 (3): 36-49.

[42] 蒋静. 高校财政专项资金管理改革思考 [J]. 财会通讯, 2022 (14): 167-170.

[43] 蒋鸣和. 教育成本分析 [M]. 北京: 高等教育出版社, 2000.

[44] 金荣学, 毛琼枝, 张说. 基于 AHP 和熵权法的我国高等职业教育绩效评价 [J]. 财会月刊, 2017 (36): 59-66.

[45] 鞠骐丞, 韩梅. 事业单位会计成本核算的问题及加强对策 [J]. 统计与管理, 2017 (8): 86-87.

[46] 李丹彤. 基于 ABC 成本法的 J 学院生均培养成本核算研究 [D]. 山西财经大学硕士学位论文, 2023.

[47] 李桂兰. 高等院校生均教育成本的发展变化及优化控制探讨 [J]. 教育财会研究, 2007 (6): 18-22.

[48] 李兰云, 李虹. 试论高等学校成本核算问题 [J]. 西安财经学院学报, 2003, 16 (3): 4.

[49] 李连霞. 谈谈高校后勤部门的成本管理 [J]. 财会通讯 (理财版), 2007 (7): 2.

[50] 李鹏, 逯进. 属性分析视角下的高校科研项目成本核算研究——基于青岛大学化工类项目 A 案例分析 [J]. 青岛大学学报 (自然科学版), 2016, 29 (2): 114-121.

[51] 李强, 王智宁, 关艳民. 基于作业成本法的高校学生培养成本计量研究 [J]. 财务与金融, 2012 (6): 5.

［52］李秋南．普通高中教育成本增长影响因素分析——以重庆市为例［D］．西南大学硕士学位论文，2012.

［53］李霞．论基于绩效财务建设背景下的管理会计策略［J］．财富生活，2022（18）：151-153.

［54］李艳．高等教育财政支出绩效评价指标体系的构建研究［J］．对外经贸，2015（9）：152-154.

［55］廖志超，李搏，刘谷金．地方高校硕士生培养成本核算与控制浅析［J］．财会学习，2016（4）：89-91.

［56］刘德坤，李华，冯波．分类管理背景下民办高校教学质量绩效评价——基于平衡计分卡视角［J］．浙江树人大学学报，2019（5）：9.

［57］刘欢欢．高校科研项目绩效评价的体系建设［J］．今日财富，2023（6）：49-51.

［58］刘莉．高校教育成本的核算及分担［D］．西南财经大学硕士学位论文，2007.

［59］刘千，訾莉，范秀坤．医学生教育成本控制研究［J］．中国卫生经济，2014（2）：82-84.

［60］刘千．高校教育成本控制与预算管理研究［J］．商业会计，2019（5）：85-87.

［61］刘天佐．新财务制度下高校财务工作的基本思路［J］．事业财会，1998（1）：7-10.

［62］刘晓凤．印度高等教育支出绩效评价制度及启示［J］．金融教学与研究，2012（6）：67-70.

［63］刘晓凤．我国财政教育支出绩效评价研究［J］．西部财会，2011（10）：5.

［64］刘宜鑫．平衡计分卡在高校绩效管理中的应用［J］．商品与质量（理论研究），2012（11）：65-66.

［65］刘泽云．教育经济学［M］．上海：华东师范大学出版社，2008.

［66］龙力钢．高校教育成本控制探讨［J］．财务与金融，2019（5）：

56-59.

[67] 龙宗庭. 试谈中职学校教学设备的会计核算 [J]. 中国校外教育, 2009 (4)：499.

[68] 路帷. 目标成本法在云南民办高校教育成本管理中的应用研究——以 G 学院为例 [D]. 西南财经大学硕士学位论文, 2017.

[69] 吕丽丽. 新会计制度下事业单位成本核算与管理探析 [J]. 现代经济信息, 2020 (9)：103-104.

[70] 马立春, 袁求真. 论高等学校成本核算的一般原则 [J]. 事业财会, 2005 (5)：75-77.

[71] 毛素平. 高校教育成本绩效考评指标体系构建问题探析 [J]. 河南商业高等专科学校学报, 2020, 33 (3)：76-80.

[72] 孟海峰, 张滢, 刘温, 等. 高校绩效评价体系构建思考 [J]. 合作经济与科技, 2022 (1)：146-147.

[73] 潘洹. 事业单位成本控制体系的建构 [J]. 产业与科技论坛, 2008, 7 (10)：232-234.

[74] 齐丽娜. 新《中小学校会计制度》视角下的中学教育成本计量问题研究 [D]. 首都经济贸易大学硕士学位论文, 2015.

[75] 秦顺红, 于生生. 普通高校部门成本核算问题探究——以某高校 A 学院财政经费为例 [J]. 中国乡镇企业会计, 2023 (7)：99-102.

[76] 曲京山, 张晶, 孟宪宝, 等. 基于社会责任视角的"双一流"高校绩效评价研究——以河北省为例 [J]. 会计之友, 2021 (9)：125-131.

[77] 曲京山. 高等学校教育成本核算体系研究 [D]. 东北财经大学博士学位论文, 2011.

[78] 任伟, 杨莉, 李雨阳. 再谈公立高等学校教育成本核算方法 [J]. 财会月刊, 2017 (31)：56-61.

[79] 宋满. 基于目标成本法的公共事业单位成本管理研究 [D]. 长安大学硕士学位论文, 2013.

[80] 宋巧姐. 高校设备管理中成本控制理念的运用 [J]. 科技风, 2019

（35）：185.

[81] 孙晓松．绩效评价过程探索——以连云港市海州区环卫资金绩效评价为例 [J]．品牌研究，2022（11）：139-141.

[82] 谭建伟，陈理涛．高校职能管理部门绩效评价研究 [J]．重庆工学院学报（社会科学版），2009，23（8）：4.

[83] 陶林凤．高校基建项目绩效评价体系研究——以山东某高校基建项目为例 [D]．山东建筑大学硕士学位论文，2021.

[84] 田景仁．高校教育成本核算的确认路径研究——基于新《高等学校会计制度（征求意见稿）》[J]．教育财会研究，2012（3）：35-39.

[85] 童俊杰．高等学校体育工作绩效分析与评价 [J]．内江科技，2011，32（3）：37.

[86] 童敏慧．我国高等教育绩效综合评价——基于改进的 CRITIC-TOPSIS 方法的实证分析 [J]．财政监督，2020（5）：56-59.

[87] 涂湘琼．关于建立高等学校教育成本控制机制的思考 [J]．当代经济，2016（6）：81-82.

[88] 汪伟，周宁．关于折旧费用会计核算的两点思考 [J]．吉林会计，2003（5）：15-16.

[89] 汪也．基于 BSC 理念的 MPAcc 专业学生绩效评价体系设计——以 S 高校为例 [J]．统计与管理，2020，35（5）：117-120.

[90] 王博．事业单位目标成本控制研究——基于 A 教育训练中心案例分析 [D]．北京交通大学硕士学位论文，2019.

[91] 王婧．高校科研项目的成本核算 [D]．东北大学硕士学位论文，2011.

[92] 王珂．基于 DEA 模型的高等教育绩效评价研究 [D]．西安电子科技大学硕士学位论文，2018.

[93] 王琳，刘燕．高等学校教育成本核算研究——基于《事业单位成本核算基本指引》[J]．江苏商论，2021（6）：130-133.

[94] 王善迈．改革高等教育管理体制 提高高等教育投资效益 [J]．教

师教育研究，1992（6）：23-26.

[95] 王善迈. 教育投入与产出研究 [M]. 石家庄：河北教育出版社，1996.

[96] 王同孝，李爱国，于辉. 高等学校预算绩效评价体系应用研究 [J]. 会计之友，2008（9）：51-53.

[97] 王同孝，王以涛. 论高等学校教育成本 [J]. 会计之友，2013（27）：5.

[98] 王文辉，付怜敏，关颖. 高校生均成本探析 [J]. 才智，2014（34）：256-257.

[99] 王小男. 高校教育成本核算初探 [J]. 商业会计，2007（16）：53-54.

[100] 王雪冬. 应用型本科院校教育成本控制探讨 [J]. 职业技术教育，2021，42（23）：23-26.

[101] 王亚军. 浅谈目标成本管理法在高校节能减排中的应用 [J]. 消费电子，2013（22）：160-161.

[102] 王莹. 政府会计制度下高校教育成本核算与控制探析 [J]. 财务与会计，2019（21）：69-70.

[103] 魏安琪.《政府会计制度》下高校行政运行成本核算路径探讨——以 G 大学为例 [J]. 财会学习，2021（16）：180-182.

[104] 魏一鸣，冯向前. 基于 DEA 模型的高等学校二级学院绩效评价实证研究——以 N 大学为例 [J]. 高校教育管理，2014，8（6）：66-70+91.

[105] 吴高波，王瑞欣，孟凡斌. 高校财政专项资金绩效评价及其提升对策研究 [J]. 会计之友，2022（18）：102-108.

[106] 吴桃娥，姜东升，李华. 地方高校食堂经营成本控制长效机制研究——以江西九江学院为例 [J]. 高校后勤研究，2014（6）：3.

[107] 武雷，林钢. 论高等教育成本管理 [J]. 会计之友，2016（7）：107-111.

[108] 薛肇东. 全成本核算在医院绩效管理中的应用探讨 [J]. 会计之

友，2020（11）：39-43.

［109］阎达五，王耕．教育成本研究［M］．北京：北京出版社，1989.

［110］杨葵．财政专项资金绩效评价研究［J］．中国集体经济，2022（24）：22-24.

［111］杨世忠，许江波，张丹．作业成本法在高校教育成本核算中的应用研究——基于某高校成本核算的实例分析［J］．会计研究，2012（4）：6.

［112］杨正．基于 DEA 效率的高校科研评价研究［D］．中国科学技术大学硕士学位论文，2010.

［113］姚小玲，黄弦和，朱珠静．高校教育成本核算方法探析［J］．财经界，2021（20）：61-62.

［114］叶显明．高等学校财务预算绩效评价体系研究［D］．北京化工大学硕士学位论文，2008.

［115］殷俊明，王平心．基于 DEA 的高等学校内部院系绩效评价［J］．管理评论，2011，23（7）：8.

［116］殷雅竹，李艺．论教育绩效评价［J］．电化教育研究，2002（9）：20-24.

［117］袁连生．教育成本计量探讨［M］．北京：北京师范大学出版社，2000.

［118］袁连生．评价指标是绩效评价的核心［J］．大学（研究版），2011（10）：33-34.

［119］张宝玲，李伟，丁锦希．高校后勤劳务派遣实践绩效评价研究——以江苏省为例［J］．南京农业大学学报（社会科学版），2012，12（4）：133-137+144.

［120］张川，张景可．基于预算与绩效管理一体化的高校教育经费新分类探索［J］．教育财会研究，2023，34（6）：24-32.

［121］张虹．高校信息化项目绩效管理框架与评价体系构建［J］．商业会计，2023（15）：88-91.

［122］张纪轩．论职业教育财政绩效评价［J］．职教通讯，2015（35）：

5-6.

[123] 张男星, 王春春, 姜朝晖. 高校绩效评价: 实践探索的理论思考 [J]. 教育研究, 2015, 36 (6): 10.

[124] 张锐陶. 学校教育成本核算的思考 [J]. 新财经 (理论版), 2013 (5): 330.

[125] 张艳. 高校教育成本核算及教育成本控制 [J]. 商场现代化, 2011 (18): 2.

[126] 张友昌. 基于内部控制原则的高校饮食成本控制——以华南师范大学为例 [J]. 财务与会计, 2017 (8): 37-38.

[127] 张昱华. 中小学校办学绩效评价系统设计与实现 [D]. 华北电力大学硕士学位论文, 2013.

[128] 章维. 高等中医药院校教学成本有效控制研究——以某省属中医药高校为例 [D]. 南京中医药大学硕士学位论文, 2016.

[129] 赵茜, 相华伟. 基于高校内部视角的绩效评价体系构建研究 [J]. 财经界, 2023 (30): 96-98.

[130] 赵善庆. 有效控制高校教育成本的对策研究 [J]. 会计之友, 2014 (18): 91-93.

[131] 赵西卜, 邵贞棋, 张强. 中国政府成本会计框架体系研究 [J]. 会计研究, 2021 (6): 3-18.

[132] 赵玉梅, 刘晴晴, 王红梅. 地方高校财务多维绩效评价体系构建研究 [J]. 北华航天工业学院学报, 2010, 20 (2): 32-35.

[133] 郑颖, 徐高峰, 童章成. 基于层次分析法的职业教育专业教学资源库绩效评价指标体系的构建 [J]. 纺织服装教育, 2021, 36 (4): 379-384+388.

[134] 周常青. 高等教育成本控制存在的问题及对策建议 [J]. 财会月刊, 2019 (S1): 112-115.

[135] 周奇杰, 唐万宏, 高正. 财政性高等教育经费绩效评价模型建构初探 [J]. 会计之友, 2022 (10): 141-147.

［136］周元武．教育投资的项目管理［M］．北京：高等教育出版社，2000．

［137］庄丽霞．行政事业单位财政支出绩效评价思考［J］．行政事业资产与财务，2022（15）：30-32．

［138］宗文龙．高校教育成本核算与控制研究［M］．北京：中国财政经济出版社，2006．

［139］宗文龙．高校教育成本核算与控制研究——作业成本法视角［D］．中国人民大学博士学位论文，2005．

［140］宗晓洁．新《事业单位会计制度》视角下的中职教育成本核算和控制研究［D］．山东大学硕士学位论文，2013．

［141］邹雨桐．基于作业成本法的 S 高校生均成本核算与管控研究［D］．南华大学硕士学位论文，2022．

［142］曾玲，李捷．试论教育成本的核算前提及原则［J］．绵阳师范学院学报，2007（12）：32-35+40．

［143］曾晓东．对中小学教师绩效评价过程的梳理［J］．教师教育研究，2004，16（1）：5．

［144］曾亚玲．EPC 模式下 Y 大学新校区一期工程成本控制研究［D］．中南林业科技大学硕士学位论文，2022．

［145］翟婷婷．论高校绩效预算控制的问题与对策［J］．福建质量管理，2019（16）：93．